해피 엔딩,

우리는 존엄하게 죽을 권리가 있다

해피 엔딩,
우리는 존엄하게 죽을 권리가 있다

최철주 지음

궁리
KungRee

차례 |

프롤로그

집에서 기르는 챔프에게 광견병 예방 주사를 놓기 위해 동물병원에 갔을 때 소동이 벌어졌다. 교복 차림의 여중생이 헉헉거리며 개를 안고 뛰어 들어왔다. 얼굴이 하얗게 질려 있었다.

"선생님, 아롱이 좀 살려주세요."

소녀가 소리 지르며 나무 탁자 위에 털썩 내려놓은 하얀 애완견의 목덜미에서 피가 줄줄 흘러내리고 있었다.

"어떻게 된 거야?"

"동네 떠돌이 개한테 꽉 물렸어요. 학교 갔다 오자마자 산책 좀 시키려고 데리고 나갔다가……."

소녀는 발을 동동거리다가 의자에 풀썩 주저앉았다. 수의사는 개의 눈꺼풀을 까뒤집어보고 앞다리 사이에 청진기를 갖다대고 하더니 고개를 좌우로 흔들었다. 간호사도 탁자에서 멀찌감치 떨어졌다. 개는 아무런 움직임이 없었다.

"선생님, 죽었어요? 죽었어요?" 하고 소녀가 소리치더니 까무리쳤다.

"아니, 얘가 이러면 안 되는데!"

이번에는 수의사가 당황해서 소녀를 소파에 눕혀 응급조치에 들어갔다. 간호사가 허겁지겁 소녀의 호주머니를 뒤졌다. 지갑 속에서 신분증을 찾아내고 휴대전화로 전화번호를 검색해서 집으로 연락하느라 진땀을 흘렸다. 우리 안에 갇혀 있는 20여 마리의 개들이 한꺼번에 짖어대는 바람에 고막이 찢어질 듯 아팠다.

"요즘 아이들 이래서 큰일이에요. 애완견이 어떻게 됐다 하면 쓰러지고 넘어지고, 아주 다 죽어가요. 아이들만 그러는 게 아니라 어른들도 똑같아요."

수의사가 혀를 찼다. 집에서 기르던 개도 짧게는 7년, 길어야 12년이 되면 생명을 다하는데 애완견이 어떻게 됐다 하면 모두들 심한 충격에 빠지니 큰일이라며 긴 한숨을 내쉰다. 개도 사고를 당하거나 수명이 다해 죽는다는 사실을 아이들은 선뜻 받아들이지 못한다. 그 슬픔에서 헤어나지 못해 등교 거부를 하거나 우울증을 앓는 아이들이 많다고 한다.

"애완견을 가족처럼 여기는 건 그렇다 치고 좀 심한 경우가 자꾸 늘어납니다. 어떤 아이들을 보면 자기 부모가 죽어도 저렇게 슬퍼할까 싶을 정도로 심한 증상을 앓는 경우도 있어요."

애완견을 기르는 집의 부모들이 아이들에게 동물의 삶과 죽음을 자연스럽게 설명하는 시간을 평소에 가져야 하는데 그런 가정이 아주 드물다고 말했다. 간호사가 숨이 끊어진 개를 조심스럽게 안아 작은 상자 안에 뉘었다. 우리 속의 개들이 다시 짖어대기 시작했다. 한참 후 소파에 누워 있던 소녀가 크게 숨을 몰아쉬며 실눈을 뜬 채 주위를 두리번거렸다. 죽은 개를 찾는 눈치였다. 소녀는 벌떡 일어나 상자 쪽으로 달려가서 죽은 애완견을 껴안고 주르륵 눈물을 흘리더니 이윽고 엉엉 소리를 냈다.

내가 데리고 간 챔프는 광견병 예방 접종이 끝난 후에도 멀뚱멀뚱 소녀를 쳐다보다가 이미 숨진 개를 다시 한 번 눈여겨보는 눈치였다. 냄새에 예민한 동물적 본능이 사태의 전모를 알아차렸을 터이다. 자하문 길 끝에서 세검정 길로 접어들 때까지 나와 챔프는 앞만 보고 걸었다. 단독주택들이 빽빽이 들어선 골목에 들어서자 서너 집 건너 한 집꼴로 개들이 짖어댔다. 그래도 챔프는 반응이 없었다. 눈빛이 슬퍼 보인다는 생각이 퍼뜩 들었다. 챔프를 어루만져주는 것 외에 나는 아무것도 할 일이 없었다.

골든 레트리버 종인 챔프는 8년 전 딸과 사위가 선물해서 우리 집과 인연을 맺기 시작했다. 아빠 엄마의 친구로 키우라는 것이었다. 처음에 나와 챔프는 데면데면한 사이였다. 내가 개를 그다지 좋아하지 않았던 탓이다. 매일 마당에 있는 우리에 들어가 밥을 주는 정도의 사귐이 고작이었다. 그러다 챔프를 자주 운동시키지 않으면 비만증에 시달린다는 딸의 경고를 받아들여 같이 산책을 다니다가 정이 들기 시작했다.

딸이 어느 날 자궁암으로 입원했을 때부터 챔프와 산책할 여유가 없어졌다. 딸의 병이 위중해지면서 관계는 더욱 멀어졌다. 밥 주는 시간을 제때 맞추기는커녕 잊어버리는 일도 있었다. 그게 스트레스가 되어 한밤중에 우리를 드나드는 일도 있었다. 챔프도 마당에 있는 우리 안에 입원하고 있는 신세나 다름없었다.

가을이 끝나갈 무렵 딸이 기로에 섰다. 몸의 다른 장기로 전이된 암세포를 도려내기 위해 콩팥을 제거하고 직장도 잘라내야 했다. 직장을 크게 절개하면 이 기능을 대신할 인공항문을 항상 몸에 달고 살아야 한다. 딸은 처음부터 수술을 완강히 거부했다. 소변기에다 대변기까지 몸에 부착하고 지내야 하는 인생은 살고 싶지 않다는 젊은 여성으로서의 자존심이 의외로 강했다. 의료기술이 발달해 휴대용 의료기기에서 전혀 냄새가 나지 않을뿐더러 일상생활에도 불편이 없다고 강조해도 막무가내였다. 산부인과와 가정의학과, 정신과 의사의 설득도 먹혀들지 않았다.

어느 날 저녁, 딸은 병실에 혼자 남아 있게 해달라고 말했다. 자신의 인생을 고민해보겠다는 뜻이었다. 가족이 병원 근처 어디에 있어도 안 된다는 조건이었다. 그래야 가족에 신경쓰지 않고 자기 결정을 내릴 수 있다는 것이다. 딸은 화장실 드나드는 것까지 도움을 받아야 할 처지여서 부모 입장에서 딸의 요구를 받아들인다는 건 어려운 일이었다. 사위의 입장은 더욱 그랬다. 그러나 긴 시간의 승강이 끝에 병실에서 가족이 완전 철수했다. 간호사에게 환자 병실을 자주 체크해달라고 몰래 당부했다. 떠나기 전 병실의 창문 구

해피 엔딩, 우리는 존엄하게 죽을 권리가 있다

조를 다시 확인했다. 누구도 창문을 통해 뛰어내리기 어려웠다. 방 안에 줄로 쓸 만한 게 하나라도 있으면 안 되겠다 싶어 침대 밑까지 샅샅이 뒤져보았다.

집으로 가는 도중에 아내는 눈물만 흘렸다. 딸을 걱정하는 말은 아무도 꺼내지 않았다. 그러나 모두들 근심에 빠졌다. 집에 도착한 다음, 나는 마당의 우리로 들어가 챔프에게 덤으로 밥 한 끼를 더 주었다. 그간 챔프를 돌봐주지 못한 것이 미안해서 그랬는지, 딸에게 용기를 내라는 마음속 기도 끝에 아무 생각 없이 주었는지 나도 모르겠다. 잠시 후 아내 몰래 차를 몰아 병원 건물 앞에 섰다. 멀찌감치 서서 병실을 하나 둘 세어가며 딸이 입원해 있는 호수를 확인했다. 병실에는 불이 켜져 있었다. 간호사에게 전화를 걸어 별일 없었느냐고 물었다. 다시 집으로 돌아와 눈을 붙였나 싶으면 곧 깨고 말았다. 새벽녘에 다시 병원으로 달려갔다. 병실의 불은 아직도 꺼지지 않았다. 몸을 뒤척이며 생각에 골몰해 있을 딸의 그림자가 창가에 나타날까 기다렸다. 헛수고였다.

"아무 일 없어요. 괜찮을 것 같아요. 걱정 마세요."

휴대전화기에서 울리는 간호사의 목소리가 한없이 반가웠다. 다시 집으로 돌아왔을 때 동이 트기 시작했다.

"챔프야, 고맙다. 챔프야, 고맙다."

나는 챔프의 머리를 쓰다듬으며 중얼거렸다. 챔프가 틀림없이 딸에게 어떤 메시지를 보냈을 거라고 믿었다. 챔프는 나의 구원자였다. 챔프와 내 입장이 바뀌었다. 내가 챔프에게 의지하고 있었다.

깜박 새벽잠이 든 아내를 흔들어 깨웠다. 아내와 함께 다시 병실 문을 들어섰을 때 딸이 웃고 있었다. 수술을 받겠노라고 말했다. 딸이 격심한 통증을 겪으면서도 생명의 존엄을 깨달은 것이 기뻤고 인생은 여전히 살 만한 가치가 있음을 받아들인 것이 고마웠다.

내가 국립암센터에서 주관하는 호스피스 아카데미 고위과정에 등록해서 반년 동안 교육을 받기 시작한 것도 그 무렵이었다. 거꾸로 딸이 나를 격려해주었다. 환자들이 너무 쉽게 암 치료를 포기하지 않고 마지막까지 싸우도록 지원하라고. 그리고 하늘이 부르는 마지막 순간이 오면 그때는 담담히 자신의 운명을 받아들일 수 있도록 도움을 주는 게 좋겠다고 말했다.

그때부터 나는 여러 병원에서 많은 죽음을 목격했고, 죽음에 이르기까지 인간이 겪는 고통의 크기를 조금씩 알게 되었다. 지금까지 죽음은 내 생활과 거리가 멀었다. 그제야 나는 도무지 죽을 것 같지 않은 모습으로 모두들 살고 있다는 것을 깨닫게 되었다. 그러다 험한 모습으로 세상을 떠나는 인물들도 차차 눈에 들어오기 시작했다.

우리 사회의 리더로 불리는 사람들이 중환자실에서 눈을 감는 경우를 직접 보고 또는 전해 들었다. 10여 가지 이상의 의료기기에 둘러싸인 채 아무 말도 남기지 못하고 떠나버린 사람들에게 말기치료가 한없는 고통일지도 모른다는 생각을 가족들은 하지 못했다. 오히려 그런 치료가 망자에게 최선을 다한 것인 양 마음의 위안을 삼는 사람들이 의외로 많았다. 말기치료는 도대체 누구를 위한 것일까.

호스피스 치료를 받는 일이 드문 이유에도 그런 심리가 숨어 있었다. 떠나는 사람과 보내는 사람 모두 치료에만 매달리는 나머지 죽음의 존엄성이 들어설 자리가 없었다. 우리가 평소 건강할 때도 끌어내지 못한 문제들이 위급할 때 새삼스럽게 등장하는 일은 더더욱 없었다. '죽음 복'을 부러워하면서 정작 그 복을 받기 위해서는 아무런 준비 없는 모습이 우리네 삶이었다. 편안한 모습으로 숨을 거두는 일은 정말 어려운 일처럼 보인다. 품위나 존엄이라는 말로 포장한다 한들 쉬운 일은 아니다. 평소부터 죽음의 문화에 생각이 미치지 못한다는 아쉬움이 짙게 남아 있다.

1984년 11월 초 뉴델리, 나는 인디라 간디 총리의 화장터에 취재기자로 서 있었다. 당시 인디라 간디 총리는 독립을 요구하는 시크교도 분리주의자들을 진압하면서 수백 명의 사상자를 낳았다. 이는 총리 암살로 이어졌다. 자신의 시크교도 경호원의 총에 맞아 사망한 총리의 시신은 피라미드 식으로 쌓아올린 2미터 높이의 백단향 더미 위에 안치되었다. 다음 총리로 지명된 그의 아들 라지브 간디가 나무에 불을 붙였다. 인도 전통에 따른 화장이었다. 각국에서 온 조문 사절단은 바로 눈앞에서 인디라 간디의 시신이 불더미 속에서 사라지는 것을 목격했다.

영광과 권력도 한꺼번에 불 속에 묻혔다. 힌두교인들은 존경하는 현직 총리의 암살에 충격을 받아 시내 곳곳에서 시크교도를 상대로 폭동을 일으켰다. 그러나 장례식은 매우 엄숙하게 치러졌다. 인도 사람들이 전혀 울지 않는 것이 참으로 기이했다. 죽은 자를 조용히 떠나보내는 의식은 오직 경건할 뿐이었다.

이틀이 지나서야 나뭇더미 불길이 사그라졌다. 후임 라지브 간디 총리가 화장터에 나타나 힌두 스님들이 지켜보는 가운데 인디라 간디 전 총리의 유골을 단지에 넣었다. 세상은 고요했다. 사람이 태어나고 죽는 자연의 법칙을 다시 깨달았다. 자무나 강변의 화장터 한 귀퉁이에서는 아직까지도 모락모락 연기가 났다. 스님들은 잿더미 위에 암소에서 갓 짠 우유를 뿌렸다. 그들은 암소 우유를 대지의 어머니라고 생각했다. 간디의 유골은 갠지스 강과 히말라야 산맥 등에 뿌려졌다.

간디 장례식 현장에서 내가 느낀 경외감은 2007년 서울에서 재상영된 이탈리아 영화감독 파솔리니의 〈인도의 한 영화를 위한 노트〉에서 다시 살아났다. 다큐멘터리 형식의 이 작품은 독립 후 인두의 식민 상태를 치밀하게 들여다본 것이었다. 천민들의 죽음 의식 역시 무서울 만큼 담담하게 진행되었다.

또 다른 모습으로 죽음의 분위기를 엿보게 된 것은 사할린에서였다. 1989년 정월 초 나는 한국과 외교관계가 없었던 당시 소련 정부로부터 비자를 발급받아 모스크바에서 주요 인터뷰를 끝낸 뒤 아홉 시간 반의 비행 끝에 사할린에 도착했다. 사할린의 중심도시인 유즈노사할린스크에서 내가 찾은 곳은 자작나무로 둘러싸인 라시스카야 산록의 공동묘지였다. 태평양 전쟁이 일어나기 전 일본

해피 엔딩, 우리는 존엄하게 죽을 권리가 있다

에 의해 사할린으로 징용되었던 한국인 8만여 명, 그들이 차례차례로 숨지면서 묻힌 곳이었다. 그들의 죽음은 너무나 서러웠던 탓으로 한 맺힌 절규들이 곳곳에 남아 있었다.

비석마다 한 움큼씩 덩어리로 붙어 있는 눈덩이를 헤쳐놓으면 이런 비문들이 나타난다.

"사랑하는 남편 앞."

"존경하신 아버님 앞."

한낱 주검으로 묻혀 있지만 죽음으로써 자신이 남편에게로 돌아가고, 아버지 옆에서 잠들고 싶다는 염원이 비문에 담겼다. 서투른 모국어로 새겨진 비문이 백만 마디의 언어를 압축했다. 어떤 이는 소련국적으로, 어떤 이는 북한국적으로 그리고 무작정 한국 갈날을 기다리던 또 다른 이들은 무국적자로 분류된 떠도는 영혼들의 비문이었다. 당시 사할린 동포들을 위해 조선어로 발행된 신문 《레닌의 길로》편집장은 그들의 죽음을 이렇게 증언했다.

"고향에 돌아가고 싶다고 헛소리를 하며 죽어간 사람들이 많았어요. 남아 있는 조선인들은 숙연한 마음으로 그들을 보냈습니다. 통곡하기엔 너무 지쳤지요."

"레닌의 길로"라는 한글 제호 옆에 "전 세계 프롤레타리아들이여, 단결하라"는 구호를 단 이 신문이 우리 동포들의 외로운 죽음에 관한 기사를 게재한 적은 없었다. 소련 공산당 사할린 주 위원회의 기관지였기 때문이다. 그런데 이 신문의 편집장은 말했다.

"조선인들은 이곳의 자작나무처럼 곧게 죽었어요."

ⓒ 최철주

사할린 라시스카야 산록 공동묘지로 향하는 길목.

서투른 모국어로 새겨진 비문이 백만 마디의 언어를 압축한다.

"곧게요?"

"하늘을 향해서 똑바로, 그러니까 하늘이 오라는 대로 간 것이지요."

먼 이국땅에서의 죽음을 운명으로 곱게 받아들였고 그것을 숙명으로 여겼다는 뜻으로 나는 이해했다. 첩첩 쌓인 고난 속에서 맞이한 죽음이었기에 오히려 담담한 모습이었을까. 내 메모 수첩에 기록된 라시스카야 산록의 공동묘지 이야기는 이것으로 끝났다.

2년 후 우리나라와 소련 사이에 외교관계가 수립되고 김포공항과 사할린 간 임시 비행기가 취항했다. 같은 시기에 배우 김지미 씨가 사할린 동포의 비극적인 삶을 그린 영화 〈명자 아끼꼬 쏘냐〉를 촬영하기 위해 유즈노사할린스크에 도착했다.

그 무렵 50대 초반의 한 여인이 서울의 내 사무실에 나타났다. 낯선 인물이었다. 그러나 그녀는 나를 단번에 알아보았다. 사할린에서 내가 동포들을 집단 인터뷰할 때 몸이 불편한 남편을 부축해 함께 자리했다고 했다. 그리고 내게 펑펑 눈이 내리는 겨울밤에 새벽녘까지 모두를 인터뷰하지 않았느냐고 물었다. 그제야 내 기억은 사할린의 추억으로 되돌아갔다. 그녀는 낡은 핸드백에서 편지 봉투를 꺼냈다.

"제 남편이 두 달 전에 암으로 세상을 떠났어요. 초청을 받아 서울 여행을 준비하고 있을 때 남편이 그런 일을 당했지요. 남편은 죽기 얼마 전 이 편지를 쓰면서 서울에 가면 선생님을 꼭 찾아뵙고 전해달라고 했어요."

해피 엔딩, 우리는 존엄하게 죽을 권리가 있다

편지 겉봉에는 "남조선에 게시는 최 선상님깨"라고 쓰여 있었다.

선상님, 제게 희망을 주서서 감사합네다. 저 대신 아내가 남조선에 감네다. 이제 저도 편하게 눈을 감을 수 있습네다. 제 복 임네다.

삐뚤빼뚤하게 쓰인 아주 짤막한 글이었다. 편하게 세상을 떠날 수 있다는 것이 복(福)이라는 그의 생사관(生死觀)이 가슴에 와닿았다. 어렸을 적 동네 어른들이 이야기하던 죽음 복을 다시 떠올렸다. 그녀는 사할린의 라시스카야 산록에서 캔 고사리 한 묶음을 내게 선물로 건넸다. 나는 지금도 시장이나 슈퍼마켓에서 고사리를 볼 때마다 사할린을 생각하고, 사할린 하면 죽음 복을 감사하게 여긴 그녀의 남편이 떠오른다.

몇 해 전 벚꽃이 피기 시작한 4월 초, 딸은 조용히 세상을 떠났다. 죽기 전에 인공호흡기도 달지 않았고 심폐소생술도 거부했다. 자신에게 고통을 주는 일체의 의료행위를 중단시켰다. 중환자실이 싫다며 일반병실에서 누워 지냈다. 어느 날 새벽 간병인의 급한 연락을 받고 내가 병원에 도착했을 때 딸은 이미 숨을 거둔 뒤였다. 10여 분을 기다리지 못한 채 저세상으로 성급하게 떠나버렸다. 딸아이의 임종을 지키지 못한 것이 두고두고 한으로 남았다. 나중에 들은 이야기이지만 딸은 숙기 얼마 전에 아직 결혼하지 않은 자기 친구를 남편에게 소개하며 괜찮으면 빨리 재혼하라는 유언을 남겼다.

호스피스 교육 과정이 끝난 다음 나는 여행을 꿈꾸었다. 죽음을 앞둔 사람들의 고통을 이해하기 위한 여행이었다. 그들이 건강할 때 어떤 죽음을 생각했으며, 그것이 현재의 삶에 어떤 영향을 주고 있는지 알고 싶었다. 햇빛이 밝게 비치는 서울대학병원에서 투병하고 있는 말기환자나 인적이 드문 음성 꽃동네의 환자들을 찾아갔다. 꽤나 명예를 누렸던 사람들의 죽음이 추하더라는 이야기를 간간이 듣기도 하고 그 죽음을 목격하기도 했다.

돈더미에 쌓인 채 죽음을 거부하고 삶을 연장하려다 재물도 잃고 사랑도 잃어버린 사람들이 눈에 들어왔다. "인간일까, 아니야 동물이 됐어"라는 소문이 일 정도로 험악한 모습으로 임종한 사람도 있었다. 시간이 갈수록 나는 죽음 교육을 받아야겠다는 생각이 커졌다. 세상의 시간이 흐를수록, 살아 있는 시간을 더 충실하게 메우기 위해서라도 정말 그래야겠구나 하고 마음이 굳어졌다.

외국에서는 어린 시절부터 접하는 죽음 교육을 왜 우리는 어른이 되고 나이가 한참 더 들어서도 받을 기회가 없을까? 건강할 때의 삶을 더욱 알차게 이끄는 원동력인 죽음을 왜 전혀 모른 채로 세상을 끝내는 것인지 의아했다. '죽음'이란 소리 자체도 듣기 싫다는 지식인들의 말투나 몸짓이 영원히 살 것처럼 교만을 부리는 이유도 더듬어보고 싶었다. 오히려 보통 사람들이 지식인들보다 죽음에 의연한 경우가 더 많았다.

죽음을 거부하는 인간의 본능도 최소한의 품위를 갖추는 자기 훈련을 할 수는 없을까. 오만 가지 언동에 인격을 따지고 품격을 논하면서 죽음의 품위에 대해서는 결코 언급하지 않는 것이 우리네 일상이다. 바빠 달리기만 했던 우리의 삶이 그랬다. 정치에서부터 문화, 체육에 이르기까지 잘도 격을 따지는 사회에 이렇게 숨겨진 이면이 있다는 것은 별로 놀라운 일이 아니다.

오직 무심할 뿐이다. 그래서 우리가 죽음으로 더 고통당하고 가족이 붕괴되고 있는 점을 지나쳐 보는 것은 안타까운 일이다. 한 인간의 임종이 비참할수록 가족은 분열했다. 누가 어떻게 간호하나 하고 싸우고 언제까지 무작정 치료해야 하나 하며 속앓이를 했다. 치료비용 염출에 신경을 곤두세우고 환자가 남긴 재산분배에 눈을 밝히다가 종국에는 충돌하고 남남으로 돌아섰다. 간호하고 병원비 대느라 직장 잃고 가산을 탕진하는 경우도 허다했다. 이것은 사회적 문제이다. 1인당 국민소득이 2만 달러를 넘어 3만 달러로 달려가고 OECD(경제협력개발기구) 국가 중에서도 한층 국격(國格)을 높여 일류국가로 지향한다는 우리나라에 아직 죽음 교육이 없고, 품위 있는 죽음을 유도할 제도적 장치가 마련되지 않은 점은 참으로 이상한 일이다.

삶과 죽음이 둘이 아니라 하나인 것을, 별개의 인생인 양 딱 잘라 생각하는 우리의 이분법적 사고는 왜 고쳐지지 못할까. 미국과 일본 그리고 우리나라의 삶과 죽음의 현장에서 생각의 씨앗들을 주어야겠다. 기계적인 시각이 아니라 인간적인 시각에서 삶과 죽음을 들여다보기 위해 긴 여행을 떠났다.

1부

———

죽음, 삶이 되다

미국의 또 다른 세상

호스피스 치료로 널리 이름이 알려진 캘버리 병원이 시야에 들어
왔다. 제대로 목표물을 찾았다는 안도감이 비로소 들었다. 야트막
한 언덕에 자리 잡은 몇 개의 건물이 서로 버팀목처럼 서 있다. 짙
은 갈색 건물 한 가운데에 쓰인 "CALVARY"라는 큰 영문자가 시선
을 사로잡았다. 뉴욕의 브롱스-화이트스톤 다리를 지나 뉴잉글랜
드 국도를 달릴 때만 해도 캘버리 병원에 접근하기 어려울지 모른
다는 걱정이 앞섰다. 사전 예약 없이 방문을 시도하는 무모함이 어
깨를 짓눌렀다. 이스트체스터 거리로 들어섰다. 1740번지의 병원
앞 주차장에 차를 세웠다. 건물 외곽의 지붕과 측면에 달린 몇 대의
감시 카메라가 쏘아보듯 돌고 있었다.

109년의 역사를 지닌 캘버리 병원. 이름이 따뜻했다. 캘버리를
갈보리라고 읽는 우리식 발음이 주는 친숙한 이미지 탓일 것이다.

그것이 예수가 십자가에 못 박혀 숨진 골고다 언덕의 영어식 표현이란 것까지 어렴풋한 기억으로 되살아났다. 환자들이 캘버리를 찾는 이유도 어쩌면 이름이 풍기는 종교적 아늑함 때문일지 모른다. 2001년 발생한 9·11 테러 사태 때 이곳은 이송 환자들을 위해 몇 개 층을 완전히 비워둘 만큼 병원 시설이 완벽하고 이름 있는 의료진들이 환자들을 돌본다는 소문이 나돌았다.

병원 안에 들어서자마자 세 명의 안내창구 여직원이 일제히 입구 쪽으로 얼굴을 돌렸다. 원형 접수대에 서 있던 다른 방문객들도 낯선 동양인의 출현에 눈이 커졌다. 링거액 비닐 주머니 등이 주렁주렁 달린 이동 거치대를 껴안듯 붙잡고 있는 휠체어 소녀가 웃어 보였다. 왜 웃을까. 빨간 모자 사이로 금발이 길게 늘어져 있다.

안내창구의 백인 여성은 말기 암 환자들이 어떤 모습으로 치료를 받고 있는지 취재하고 싶다는 내 의도를 한참 만에 이해했다. 몇 군데에 전화를 걸고 나서 그녀는 엄지와 검지로 동그라미를 만든 왼손을 번쩍 들어올렸다. 뜻밖이었다. 너무나 빨리 오케이 신호가 온 것이다. 병원에 들어서기 전 들려온 산새들의 재잘거림을 내게 좋은 일을 가져올 징조로 여겼는데 그게 들어맞았을까.

20여 분이 지나자 흰 가운을 걸친 동양인 여성이 안내인과 이야기를 나눈 후 방문자를 찾아내려는 듯 사방을 두리번거렸다. 그녀는 메모지를 왼쪽 호주머니에 넣으면서 내게로 다가왔다. 순간 한국인임을 직감했다. 그녀의 얼굴에서도 반가움이 스쳐 지나갔다. 캘버리 병원에 한국인 의료진이 있다니 천만다행이었다. 그녀

해피 엔딩, 우리는 존엄하게 죽을 권리가 있다

가 입은 하얀 가운에는 "YUN"이라고 적힌 이름표가 달려 있었다.

"저는 윤인덕입니다. 미국식으로 남편 성씨를 따랐는데 본래 성은 박이고요."

그녀는 가볍게 고개를 숙였다. 50대 중반의 해사한 얼굴이 하얀 가운의 빛을 받아 더욱 맑아 보였다. 그녀는 이 병원에서 꼬박 21년 동안 약사로 일해왔다고 말했다. 주치의들과 함께 산 자와 죽은 자의 틈바귀에서 오랜 세월을 보낸 그녀에게서 먼발치에서도 병원에 들어선 사람들의 고통을 찾아낼 것 같은 시선을 느꼈다.

그녀는 말기환자들의 상태를 너무나도 훤히 알고 있었다. 캘버리 병원의 의료진들이 그녀의 도움을 받아 처방하고, 의료진들과 쉴 틈 없이 상의하면서 다음 단계의 처방에 대비하기 때문에 환자들과도 친숙해진다고 설명했다.

"그렇군요. 그렇군요."

내가 할 수 있는 말은 그것뿐이었다. 그녀의 한국어가 술술 이어져서 오히려 내 마음이 차분해졌다. 그러나 안내창구를 거쳐 가는 미국인들의 구두 소리가 사라지면 또 다른 무리의 발자국 소리가 쿵쿵 울려와 인터뷰가 얼른 끝나기를 재촉하는 것 같았다. 질문을 짧게 또 짧게 던져야 했다. 더 많은 소재의 이야기를 들을 수 있으리라는 생각에서였다. 군더더기 이야기로 시간을 낭비할 순 없었다.

"여기서 더러 한국 환자들도 만나게 되나요?"

그녀는 해야 할 말을 미리 정리하려는 듯 2, 3초간 침묵했다. 그런데 그게 습관이라는 걸 나중에야 알았다. 신중한 화법이 몸에 배어 있었다.

"한국의 전직 고위 관리가 여기 와서 치료받은 적이 있었어요. 그 사람의 이름을 밝힐 수는 없지만요. 처음 그를 보자마자 정말 도와줘야겠구나 생각했어요. 그만큼 그는 지쳐 있었고 몸도 말이 아니었어요. 암이 정말 마지막 단계까지 진행되고 있었으니까요."

"가족은 있었나요?"

"…… 그 사람 옆에 아무도 없었어요. 사람 옆에 사람이 없다는 게 얼마나 황량한 일인지 당해보지 않으면 짐작이 안 될 거예요. 그 사람은 미국에서 꽤 활발하게 사업도 하고 그랬다는데 병이 들자 주변 사람들이 다 떠나갔대요."

"말 못할 사정이 있었나 보군요."

"글쎄요. 이유를 말하긴 어려워요. 어쨌든 가족이 도통 나타나지 않았어요. 그는 이 병원에서 정말 쓸쓸하게 인생을 마감했습니다."

"그런 경우가 많습니까?"

"더 삭막한 경우를 말할까요. 말기 암 환자가 세상을 떠나면 그래도 가족이 시신을 찾아보겠다고 나서는 게 도리잖아요. 그마저 없는 경우가 있어요. 그런 환자들도 돕고 있지만 어떨 때는 그만 힘이 쭉 빠지고 말아요. 어떻게 해줄 방도가 없어서요. 아무리 이국땅이라고 하지만 내가 아무짝에도 쓸모가 없다는 것을 느낄 때 가슴이 먹먹해지는 것 같아요."

비슷한 한국 사람을 만나면 그녀는 고통을 이기기 어려워 기도에 몰입한다고 말했다.

"한국인 환자들이 너무너무 외로워 보여요."

그녀의 표정이 어두워졌다. 그런데 그녀 자신도 외로워 보였다. 곧장 다음 질문을 이어가기가 힘들었다. 우리 사이에 침묵이 흐르고 있을 때 지나가던 미국인들이 힐금힐금 쳐다보았다.

"한국 환자들을 만나면 무슨 이야기를 하시지요? 통상적인 증상 이외에……."

"나는 입원하는 환자가 한국인이라는 사실을 알게 되면 반드시 찾아봅니다. 필요한 게 무엇인지, 언어 소통에 불편함은 없는지를 물어보곤 하지요. 가장 중요한 게 있습니다. 그들이 가는 세상을 제대로 보는지 알아보는 겁니다. 세상 떠나가는 길을 잘 가르쳐주어야지요. 이곳에 오는 환자들 중에는 병원의 성격조차 모르고 오는 경우가 적지 않아요."

"결국 이 병원은 모든 환자들에게 무엇을 알려주고자 하나요?"

"말기환자들이 편안하게 통증치료를 받으면서 임종을 준비하도록 돕는 것이 이 병원의 역할이기도 합니다. 말기 암 환자들에겐 약물 치료가 오히려 몸에 해롭다는 것을 정성을 다해 알려줍니다. 항암제 치료를 계속하면 별 효과도 없이 간 수치만 높아지고 혈압이 상승해서 결국 환자가 크게 고통을 겪는다는 등의 각종 정보도 제공하지요. 그들의 얼굴을 보면 알아요, 무슨 생각을 하는지. 이해 못 한 눈치이면 또 설명해줍니다. 설득이 중요해요."

그녀의 자상한 말솜씨에 나도 여유가 생겼다. 그는 싫은 표정 하나 없이 내 질문을 다 받아주었다. 내가 가방 속에서 디지털 카메라를 꺼내자, "그것만은, 그것만은……" 하면서 손사래를 쳤다. 그녀가 앉은 소파 옆 벽에는 교황과 함께 이 병원을 세운 브롱스 교구의 천주교 신부들 사진이 걸려 있었다. 캘버리 병원은 언뜻 호스피스 전문 병동처럼 보인다. 그러나 일반 종합병원이다.

"이 병원은 다른 종합병원과 뭐가 다르지요?"

"호스피스 완화의료 치료를 강조하고 있지요. 환자들이 돈 없다고 쫓아내는 일이 없습니다. 빈민 환자들도 돌보고 있고요. 각종 기부금과 정부 지원 그리고 환자들의 의료보험으로 오랜 역사를 이어가고 있습니다. 이곳에서 치료받고 있는 말기 암 환자들 가운데는 대학교수 등 지식인들과 고소득층이 꽤 많습니다."

교육 수준이 높을수록 자신이 임종 때까지 해야 될 일을 빨리 결정하며 담담하게 인생을 마무리한다고 그녀는 말했다.

"숨이 끊어지는 마지막 단계까지 항암치료를 받겠다는 말기환자가 있다면요?"

"그때는 환자가 원하는 병원에 보내줍니다. 환자가 예상치 않았던 고통에 시달리고 난 다음에야 말기치료가 부질없다는 걸 뒤늦게 깨닫는 경우가 많아요. 되돌아오겠다며 통사정하는 경우도 있습니다. 그래도 군소리 없이 다시 받아줍니다. 캘버리 병원의 방침입니다."

이렇듯 통증완화 중심의 말기 암 치료가 환자를 위해서 결국 옳았다는 여러 가지 사례들이 수십 년 동안 축적되어왔다. 그녀가 가슴 아파하는 일들이 또 있다. 다른 병원에서 거의 의식을 잃어버린 상태에서 실려 오는 환자들과 부딪칠 때이다. 백인, 흑인, 동양인 가릴 것 없이 그들에게 너무 많은 암 치료제가 투약된 경우이다.

항암제, 신경안정제, 진통제 등등. 그들을 유심히 들여다보면 약에 취해서 몰골이 말이 아니다. 캘버리 병원 문턱에 들어서면서부터 모든 투약 행위가 중단된다. 며칠이 지나면서 환자들의 상태가 호전되고 예전의 모습으로 돌아온다. 삶의 마지막 단계를 스스로 준비하는 기간으로 갖는 데 오히려 행복을 느낀다고 한다. 아니 그때쯤이 무슨 행복일 수 있을까? 그런데도 그녀는 행복이라고 표현했다.

"온몸이 격심한 통증에 쌓인다고 생각해보세요. 통증치료가 끝나면 사람이 달라져요. 얼굴이 밝아지고 고맙습니다, 고맙습니다 하고 수도 없이 인사해요. 환자들에게서 그런 이야기를 들을 때마다 그냥 손을 잡아주는 것으로 인사를 대신해요. 그게 우리들의 또 다른 모습 아닌가요."

이렇게 말하며 그녀가 고개를 숙였다.

가족들도 환자에 준하는 치료를 받는다. 환자를 돌보느라 몸과 마음이 상했고 시름에 겨웠던 나날을 보내면서 지쳤기 때문이다. 의사는 환자 가족과 상담하면서 마음의 병을 더듬는다. 정신적 치료가 아수 숭요하단다. 나는 그녀를 따라 이 병동 저 병동의 복도를 지나갔다. 그녀와 눈이 마주친 환자들이 손을 흔들어준다. 긴 복도

중간쯤에 작은 수족관들이 놓여 있었다.

환자들이 그린 그림들이 적당한 거리를 두고 벽에 걸렸는데 언뜻 보아 태양을 그려 넣은 게 많구나 하는 생각이 들었다. 몇몇 병실을 지나칠 때 웃음소리가 흘러나왔다. 그녀가 내 표정에서 궁금증을 읽었나 보다.

"환자나 가족들이 많이 웃어요. 미국인들은 유머 감각이 특별하잖아요. 얼마나 보기 좋아요. 웃음도 좋은 치료약이거든요" 하며 미소 짓는다.

병동 사이의 빈 터에 놓인 10여 개의 테이블을 둘러싸고 휠체어 환자들과 가족들이 함께 흥얼거리고 있었다. 간간이 깔깔 웃음소리가 병동을 채웠다. 기타 반주도 곁들여져 영락없는 야유회 분위기를 자아낸다. 암 환자들이 많은 병원에 웃음이 있고 음악도 흐른다. 거기에다 유머도 있다. 이런 것들도 이 병원의 상비약인가 보다. 캘버리 병원은 특이하게도 환자면회 시간을 하루 24시간 허용한다. 환자들이 울적하지 않도록 마음의 공간을 채워주기 위한 배려란다. 그 대신 병원 안팎의 보안이 아주 엄격했다.

그녀의 호주머니 속에서 휴대전화가 몇 차례 울렸다. 그녀의 눈이 '이제 저 가봐야겠어요. 이만 돌아가도 되겠지요?'라고 말했다. 병원 출입구에 걸려 있는 시곗바늘이 네 시 반을 가리키고 있었다. 그때 한 백인 여인이 커다란 가방을 어깨에 걸치고 들어섰다.

그녀가 왼손으로 가슴에 그러안듯 쥐고 있는 잡지 표지인물이 눈에 들어왔다. 낯익은 얼굴이었다. 검정색 셔츠에 청바지 그리고

뉴욕 뉴잉글랜드 국도변에 있는 캘버리 병원의 전경. 109년의 역사를 지닌 캘버
리 병원은 호스피스 완화의료 서비스를 제공하는 일반 종합병원이다. 각종 기부
금과 정부 지원, 의료보험 혜택으로 오랜 역사를 이어오고 있다.

짧은 머리. 아, 그래 애플의 스티브 잡스구나, 여전히 화제를 몰고 다니는구나 생각했다. 그녀와 헤어지면서 혹시 스티브 잡스가 이 병원에 온 일이 있느냐는 엉뚱한 질문을 던질 뻔했다.

맨해튼으로 돌아가는 길은 확 트여 있었다. 반대 차선이 도심에서 빠져나오는 차들로 막히기 시작하는 것을 보면서 마음이 차분해졌다. 스티브 잡스가 다시 떠올랐다. 내가 그를 암병동과 연결시켜 기억하고 있다는 자의식에 놀랐다. 그가 내 머릿속에 깊게 못 박혀 있었던 것은 2005년 스탠포드 대학교 졸업식 축사 때문이었다.

애플 컴퓨터의 창업자이며 현재 최고경영자인 그가 축하 분위기로 들뜬 캠퍼스에서 감히 죽음에 대한 연설을 한 것이다. 그때 스티브 잡스에 관한 외신 보도의 맨 끝머리 부분에서 이에 관한 짤막한 기사를 읽었다. 내 상식으로는 얼른 그림이 그려지지 않았다. 어떻게 그런 어두운 주제를 들고 나올 수 있을까. 나는 인터넷 동영상을 찾아보고 연설문도 입수했다. 놀랍게도 그의 졸업식 축사의 3분의 1이 죽음에 관한 것이었다. 축사의 후반부는 이렇게 시작된다.

"죽음에 대해 이야기를 하겠습니다."

그는 언제나 입었던 청바지 차림 대신 학위 가운으로 몸을 두르고 있었다. 테이블 위에 있는 원고를 잠시 보다가 졸업생들 쪽으로 시선을 돌렸다.

"인생의 중요한 순간마다 곧 죽을지도 모른다는 사실을 명심하는 것이 저에게 가장 중요한 도구였습니다. 왜지 아십니까? 여러 가지 자부심과 자만심 그리고 수치심과 실패에 대한 두려움은 죽음과 직면할 때 모두 떨어져나갑니다. 진실로 중요한 것들만이 남습니다. 이걸 기억해두세요. 죽음을 생각하는 것이야말로 무언가 잃을지도 모른다는 두려움에서 벗어나는 최고의 길이거든요."

스티브 잡스의 연설을 들을 때 해적 깃발을 걸어놓고 매킨토시 개발팀을 독려하던 그의 과거 모습이 오버랩되었다. 뭔지 모를 느낌이 몸 안으로 퍼져나갔다. 내 몸 안에 나타난 현상이 의아스러울 정도였다. 나는 이제야 스티브 잡스의 해적 깃발에 담긴 의미를 어렴풋이 짐작했다.

"저는 1년 전에 암 진단을 받았습니다. 주치의는 제게 집으로 돌아가 신변 정리를 하라고 했습니다. 죽음을 준비하라는 뜻이었지요. 제가 세상을 떠날 때 사람들이 받을 충격이 덜하도록 모든 걸 처리해놓으라는 말로 받아들였습니다. 작별 인사를 준비하라는 거였지요. 불치병 판정이었어요."

그의 목소리가 잠시 잠겼다. 몇 초간의 침묵이 졸업생들과 학부모들을 사로잡은 듯 화면에 비친 사람들은 미동도 없었다. 그는 말을 이었다. 의사들이 조직검사를 해본 결과 다행히도 치료가 가능한 아주 희귀한 췌장암으로 밝혀졌단다. 수술 결과는 좋았고, 그래서 다시 컴퓨터 개발 현장으로 돌아올 수 있었다고 말했다.

"제가 열일곱 살 때 이런 글을 읽은 적이 있습니다. '하루하루가 인생의 마지막 날인 것처럼 산다면 언젠가는 바른 길에 서 있을 것이다'라는 내용이었지요. 이 글에 감명받은 저는 그 후 지금까지 쉰 살이 되도록 매일 아침 거울을 보면서 자신에게 묻곤 합니다. '오늘이 내 인생의 마지막 날이라면 지금 하려고 하는 일을 정말 할 것인가'라고 말입니다.

죽음은 여전히 우리의 숙명입니다. 삶이 만든 최고의 발명이 죽음이니까요. 죽음이 인생을 변화시키더군요. 죽음은 헌것을 새것으로 바꿔놓도록 길을 닦아놓지요. 여러분의 삶에도 끝이 있지 않습니까. 그러니까 인생을 낭비하지 마세요. 다른 사람들의 생각, 도그마에 사로잡혀선 안 됩니다."

죽음에 관한 스티브 잡스의 연설은 아주 길다. 그러나 졸업식장에 모인 학생들과 학부모들은 그의 이야기에 빨려들고 있었다. 웅성거림도 사라졌다. 사람들의 더욱 진지해진 표정이 카메라에 잡혔다. 죽음 이야기가 어떻게 졸업생들을 사로잡을 수 있을까. 나는 동영상을 보면서 줄곧 이런 생각에 잠겼다. 스티브 잡스. 당시 나이 50세. 끊임없이 컴퓨터의 역사를 바꿔왔다. 그가 새로운 제품을 내놓을 때마다 시장의 반응은 뜨거웠다.

미국의 시사주간지 《타임》은 최근 탄생한 성공적인 발명품을 스티브 잡스가 내놓은 아이폰으로 꼽았다. 여러 기능의 제품을 융합하는 데 성공했을 뿐 아니라 감각적이고 세련된 디자인으로 새로운 트렌드를 만들어냈다고 평가했다. 그러던 그가 가장 영광스러운 장소에서 죽음의 문제를 세상에 던졌다. 뜻밖의 화두였다.

인생의 은폐된 부분을 다시 보라는 강한 메시지였다. 애플의 부활과 성공에는 그의 통찰력과 안목이 기여했다고 시장은 평가해왔다. 그의 판단력은 항상 아슬아슬한 변곡점에서 힘을 발휘했다. 죽음이라는, 정말 받아들이기 힘든 불편한 진리를 그는 힘의 원천으로 받아들이고 있는 것이 아닐까.

존엄사 토론을 즐기는 청소년들

미국 청소년들은 스티브 잡스처럼 세상 물정 모를 때부터 죽음이란 문제를 주변에서 듣고 보고 자라는 것 같다. 그들이 읽는 베스트셀러 작품 가운데 삶과 죽음 이야기를 청소년 버전으로 바꾼 재미있는 책들이 많다. 죽음을 미화하거나 감추지도 않는다. 있는 그대로 보여주면서 만일에 대비해야 한다고 가르친다. 미국의 크고 작은 서점에는 이에 관한 어린이책 여러 권이 진열되어 있다.

『개들도 하늘나라에 가요』, 『오래 슬퍼하지 마』, 『유령이 된 할아버지』, 『내가 함께 있을게』 등도 그런 종류이다. 책장을 넘겨보면 모든 이야기에 그림이 곁들어져 있다. 죽음이라는 대면하기 어려운 문제를 담담하게 그러나 따뜻하게 설명했다. 누구에게나 늘 죽음이 따라다닌다는 걸 기억시키는 것이다. 반년쯤 지난 2007년이 되서야 이런 책들 가운데 일부가 한국에서도 번역되었다.

《뉴욕타임스》가 선정한 베스트셀러 작가들이 2000년에 펴낸 『세상을 바꾸는 아이들의 33가지 이야기』를 읽다가 미국 어린이들이 어렸을 때부터 죽음 교육을 받는 이유를 깨달았다. '힘든 세상을 살아가면서 좌절하지 않는 법을 배워라, 죽음을 아는 사람이 앞날에 대한 전망과 용기와 꿈을 갖게 된다'는 것이다. 이 책의 서른세 가지 이야기 중 여덟 가지가 어린이들이 죽음을 받아들이면서 극복하는 내용이었다.

　축구 선수를 꿈꾸는 소년이 재생불량성 빈혈로 세상을 떠난다. 그러나 그의 누이동생 미아 햄이 오빠의 뜻을 이어받아 결의에 찬 모습으로 어려운 훈련을 이겨내며 자란다. 그녀는 1996년 애틀랜타 올림픽에서 미국의 우승을 끌어낸다. 그는 한 경기를 뛸 때마다 오빠가 자신의 영웅이며 그 영웅을 위해 달렸다고 자랑스러워한다.

　또 다른 소녀는 이혼한 엄마가 구강암에 시달리는 모습을 지켜보면서 자신이 더욱 굳건하게 인생을 살아야 한다는 것을 배웠다고 고백한다.

　스쿨버스 정류장까지 따라온 애완견이 자동차에 치여 죽는 장면을 목격한 한 소년은 슬픔을 이기지 못해 며칠 동안 식사를 못한다. 그러다 마음의 문을 열면서 강아지가 살아 있는 동안 좀더 자주 쓰다듬어주며 사랑한다고 말할걸 그랬다고 후회한다. 소년은 사람에겐 태어나고 죽는 생명의 방식이 있으며 개들도 어김없이 이를 따르는 것 같다고 혼자 중얼거린다.

　그렇구나. 미국인들은 어린 시절부터 이런 책을 읽으며 자라는

구나. 스티브 잡스가 던진 메시지의 뿌리가 어디에 있는지 손에 잡혔다.

2007년 7월, 내가 뉴욕에 도착하기 전부터 미국은 2008년 대통령 선거 이야기로 뜨겁게 달구어져 있었다. 그때까지만 해도 민주당의 대통령 경선 후보로 각광받고 있던 버락 오바마와 힐러리 클린턴 못지않게 존 에드워즈 전 상원의원도 화제를 몰고 다녔다. 에드워즈를 둘러싼 화제의 중심은 그의 아내 엘리자베스의 유방암에 있었다. 엘리자베스는 단순한 암 환자가 아니었다. 그의 몸 안에 있는 암세포는 이미 치료가 불가능하다는 판정이 내려질 만큼 늑골과 고관절에까지 전이된 상태였다. 그녀는 어느 날 다가올 마지막 시간을 준비하고 있었다. 짬을 내어 아이들에게 줄 편지도 써놓았다는 소문도 나돌았다.

아내도 아내이지만 남편인 에드워즈를 향한 여론은 동정론과 비정론으로 완전히 갈라졌다. 아내가 언제 세상을 떠날지도 모르는데 에드워즈는 정치적 야망을 위해 감히 아내를 희생시킬 생각인 거냐, 그처럼 못된 정치인이 이 세상 어디에 또 있겠느냐가 비정론의 핵심이었다. 더구나 에드워즈가 1996년에 당시 열여섯의 아들 웨이드를 교통사고로 잃었고 이제는 아내마저 암세포 공격의 희생자가 될 것이 뻔한 상황에서 대권 욕심을 불태운다는 건 이해하기 어렵다는 것이었다.

남편이 곤경에 빠지자 그의 아내 엘리자베스가 지원에 나섰다.

"나는 아직 죽을 준비가 되어 있지 않아요. 우선 남편을 도와주고 싶어요. 남편이 아내인 나를 위해 희생하는 것보다 국가를 위해 일하는 것이 더 옳다고 봐요."

남편이 경선 일정을 중단하는 일이 없도록 독려하는 그녀의 모습이 언론에 보도됐다. 신문은 이런 평가를 내리기도 했다. '엘리자베스는 세 명의 자녀들에게 자신이 어떻게 죽어가면서 살아가는가를 보여주려 한다'고 말이다.

그런데 나는 미국 각 주의 여러 고등학교에서 벌어지고 있는 예상치 않은 일들에 관심이 쏠렸다. 경선 후보인 에드워즈는 어떤 선택을 해야 옳은가, 아내의 간호에 전념할 것인가 아니면 아내의 염원대로 계속 대선에 도전해야 하는가, 또 말기 암 환자인 아내 엘리자베스는 쓰러질 때까지 남편의 대선 운동을 도와야 할까, 그렇지 않으면 집에서 조용히 마지막 운명을 기다려야 할까 등에 대한 토론이 시작되었다.

교사들은 사회과목 시간에 에드워즈 문제를 곧장 토론 주제로 올렸다. 학생들이 현실 문제에 대한 토론에 직접 참가하도록 한 것이다. 아직은 나이에 어울릴 것 같지 않은 어려운 주제지만, 청소년 시절부터 삶과 죽음을 둘러싼 사생관(死生觀) 이야기를 꺼내고 인생을 어떻게 사는 것이 바람직한 일인가에 대해 가치관을 갖도록 도와주는 교육이 매우 신선하게 느껴졌다. '삶과 죽음, 야망과 희생, 거짓과 진실 등에 대해 네 의견을 들어볼 테니 내 견해에도 귀를 기울여라.' 이런 진지한 토론이 교육 현장에서 뜨거워진 것이다.

2007년 봄부터 여름까지 에드워드 후보의 인터넷 홈페이지엔 이 문제를 둘러싸고 청소년들과 일반 유권자들의 엄청난 의견들이 쏟아졌다. 도대체 누구의 인생이란 말인가, 누구의 죽음인가, 살아 있다는 희망의 증표는 무엇인가 등에 대해 서로 물고 물리는 토론이 이어졌다. 그러고 보니 미국 청소년들이 호스피스 병동에서 자원봉사 활동을 하도록 적극 추천받는 이유가 어느 정도 수긍이 갔다. 인간과 사회를 이해하기 쉬운 직접적이고도 적나라한 현장이 바로 그곳이기 때문이리라.

20여 년 전 레이건 대통령 시절에 퍼스트 레이디였던 낸시의 유방암 수술이 큰 화제로 등장한 적이 있었다. 낸시 자신이 방사선 치료를 거부하고 여성의 상징인 유방을 완전히 절제하는 수술을 선택했기 때문이다. 암에 걸렸다는 것도 쇼킹한 뉴스였지만 대통령 부인이 유방을 떼어달라고 요청한 것은 더욱 미국인들을 놀라게 했다. 그녀는 방사선 치료를 받을 경우 오랜 기간 병원 신세를 지게 되어 남편인 대통령을 도울 수 없는 점을 우려했다.

사람들이 세상을 살아가는 방식은 나라마다 다르다. 위기의 순간마다 대응하는 자세에도 차이가 있다. 생의 마지막을 담담히 정리하고 싶어하는 미국인들의 이야기가 하나 둘씩 내 가슴에 파고들었다. 설령 미국 사회의 지도층이라 하더라도 모두가 생의 마지막에서 울림을 주는 것은 아니다. 그러나 눈을 크게 뜨고 보면 그들은 삶의 질 못지않게 죽음의 질을 존중하는 정서를 만들어가고 또 이어가고 있다.

해피 엔딩, 우리는 존엄하게 죽을 권리가 있다

나는 우리에게 잘 알려진 빌리 그래함 목사에 관한 이야기를 전해 들었다. 2007년 여름 시사주간지 《타임》이 그래함의 슬픔을 보도한 시기였다. 그의 아내 루스가 폐렴으로 회복 불능 상태에 빠졌을 때 가족과 상의해서 진통제 이외에는 어떤 음식도 물도 공급하지 않았다는 것이다. 그로부터 사흘 뒤 그의 아내는 마지막 숨을 거두었다. 사랑하는 이의 죽음은 아무리 준비했다고 하여도 충격이라고 그래함은 말했다. 또 의료발전이 없었더라면 자신은 지금까지 살아 있지 못했을 것이라며 선진의료 기술은 삶이 아니라 죽음을 연장하고 있다고 지적했다.

결국 그는 무엇을 말하고 싶어하는 것일까. 아내에게 음식 공급 중단을 결정했을 때 느꼈을 그의 아픔이 밀려왔다. 미국인은 그가 위대하다고 말한다. '위대한 신앙인'의 삶의 철학이 보통 시민들에게도 아주 쉽게 다가온다. 마치 어제 거리에서 만났던 사람의 이야기처럼. 그해 90세를 맞은 그래함 역시 전립선암과 파킨슨병을 앓고 있었다.

그는 한 설교에서 수많은 사람들이 지상으로부터 사라져간다는 사실을 잊어버리려 하는 것이 이상하지 않느냐고 미국인들에게 물은 적이 있다.

"이 땅에 살고 있는 수십억 인구의 대부분은 100년 이내에 다 죽을 것입니다. 이들의 몸은 감각을 잃을 것입니다. 그러나 생명의 본질적이고 영원적인 요소인 영혼은 어떻게 될까요? 여기에 신비가 있습니다."

오늘 운전하다가 죽을 줄도 모르고 운전대에 오르는 사람이 해마다 4만 명이라고 그래함 목사는 외쳤다. 여러 가지 안전 조치에도 불구하고 자기 집에서 사고로 죽어가는 사람도 3만 명에 이른다고 슬퍼했다. 그러면서 모두가 죽음을 생각해야 된다고 강조해왔다.

세계적 복음주의자도 우리와 똑같이 고뇌하면서 운명의 시간을 준비하고 있는 것이다. 그는 여전히 미국인의 사랑과 존경을 한 몸에 받고 있다. 한때 화제를 모았던 일부 부흥사들은 타락했거나 여론의 비난에 매몰되어 이름조차 기억에 남아 있지 않았다. 세월이 그들의 거짓을 벗겨냈다. 그러나 그래함은 반세기 동안 변함없이 성직자의 길을 지켜가고 있다. 그는 힘겹게 투병하면서 '인생을 이렇게 살아가고 있습니다' 하고 국민에게 모든 것을 보여주고 있다.

호스피스 호텔

뉴욕의 맨해튼은 일 중독자들의 행진으로 동이 튼다. 42번가 지하철 출구는 줄줄이 샐러리맨들을 쏟아낸다. 그들은 목표를 향해 행진하는 돌격대처럼 보인다. 언뜻 전장을 연상시킨다. 직장인들의 구두 소리로 귀가 멍멍한 곳은 34번가 펜스테이션 광장이다. 오케스트라가 모든 악기를 동원해 각각의 소리를 일제히 토해내는 것처럼 소란스럽다. 삶의 열기이다. 그러나 정오가 지나고 태양이 고층 건물 뒤로 가려질 때쯤이면 거리는 칙칙한 모습으로 바뀐다. 뉴요커들이 지쳐 보인다. 도로는 그냥 혼잡 덩어리다. 그들은 어디에 행복을 연결하며 사는 것일까. 맨해튼에서 헤매일 땐 이런 생각들이 자주 떠오른다.

　이곳에서 알음알음으로 한 비영리 기관을 소개받았다. 죽음을 앞둔 사람들을 위해 일하는 호스피스 케어 네트워크(Hospice care

Network)라는 곳이다. 샐러리맨들이 이따금 들리는 작은 규모의 봉사단체이겠거니 생각했다. 시끌벅적한 도심을 벗어나 교외로 빠지는 길은 바다 냄새를 풍겼다. 며칠 진부디 직열힐 듯 열을 품기 시작한 태양에 나뭇잎도 늘어졌다. 7월에 접어들자마자 벌써부터 이상 고온 현상으로 계절의 리듬마저 깨졌다고 야단들이다. 그러나 끈적끈적한 대서양 바닷바람도 낯선 여행의 설렘을 가라앉히지는 못했다.

우드버리의 서니 사이드 도로변에 있는 아담한 4층 건물에 이르러서야 내 생각이 달라졌다. 호스피스 활동을 하는 곳치곤 어지간했다. 엘리베이터 옆에는 이런 안내문이 붙어 있었다.

언어가 불편하신 분은 직원에게 미리 연락해주세요. 각국 언어를 자유롭게 사용하는 자원봉사자들이 여러분을 도와드립니다. 영어와 독일어, 프랑스어, 스페인어, 포르투갈어, 한국어, 일본어, 중국어, 러시아어, 힌두어, 몽골어, 아랍어, 베트남어 지원이 가능합니다.

세계의 주요 국가 언어들이 이곳에서 죄다 사용이 가능하다는 게 쉽게 믿기지 않았다. 영리를 목적으로 한 병원도 아니고 더더욱 국제기관도 아닌데 아시아 작은 나라의 언어까지 통역 서비스를 받을 수 있다는 게 신기할 정도였다. 입구에 배치된 각종 안내문을 훑어보았다.

© 최철주

호스피스 케어 네트워크는 지역 주민 중 암 등 불치병 환자들에게 완화의료 서비스를 제공하기 위해 1988년에 설립되었다. 말기환자들의 통증을 줄여주면서 편안하게 임종을 맞이할 수 있도록 돕기 위해서다. 많은 수의 미국인들은 때가 되면 호스피스 케어를 선택한다.

이 호스피스 기관은 환자들이 편안하게 투병생활을 할 수 있도록 도와줍니다. 우리는 환자들을 치료하는(curing) 것보다 육체적으로나 정신적으로나 편안한 투병생활을 할 수 있도록 돌보는(caring) 데 전념하고 있습니다. 그들은 품위(dignity) 있는 모습으로 여생을 보냅니다.

이 설명으로 취재의 절반은 이미 끝난 거나 다름없다고 생각했다. 소파에서 기다린 지 10여 분 후에 50대 후반의 여성이 접견실에 들어섰다. 아주 선한 인상을 주는 얼굴이었다. 모린 힌켈만 씨. 호스피스 케어 네트워크를 총괄 지휘하는 사장 겸 CEO다.

그녀는 처음에 나를 몹시 경계하는 눈치였다. 미국인들이 왜 호스피스 병동에 몰려드는지, 자원봉사자들의 서비스는 충분한지 그리고 기부금은 어느 정도 걷히는지 줄줄이 궁금증을 쏟아놓았기 때문이다. 그녀의 답변은 대개 한 문장으로 마무리됐다. 듣기에 맨송맨송했다. 호스피스에 어울리는 따뜻한 맛이 느껴지지 않았다. 인터뷰를 빨리 끝내려는 눈치여서 나는 적잖이 당황했다.

나 자신에 대한 설명이 부족했다는 걸 뒤늦게 깨달았다. 나를 구체적으로 증명해 보인다는 건 힘든 일이었다. 내가 한국에서 6개월 동안 호스피스 교육을 받은 바 있으며 서울의 몇몇 병원에서 자원봉사 활동을 해왔다는 이야기를 건넸다. 한국의 말기환자들은 마지막 임종 순간까지 중환자실에서 격심한 고통에 시달리다 세상을 떠나는 경우가 많으며 호스피스 조직은 제대로 힘을 쓰지 못하고 있다. 그리고 이를 둘러싼 다양한 활동이 많은 오해에 부딪혀 어려움이 더욱 쌓여가고 있다고 설명했다. 그녀의 시선은 줄곧 내 표정에 고정되어 있었다. 한참 후에 그녀의 눈가 잔주름들이 펴지면서 엷은 미소가 나타나는 것을 보았다.

"여기서 4킬로미터 떨어진 곳에 저희가 운영하는 호스피스 병동들이 있어요. 크기로 따지자면 미국에서 스무 번째 규모입니다. 이곳에는 많을 땐 하루에 40명 정도의 환자들이 들어올 때도 있습니다. 보살핌을 받고 있는 환자들은 연간 3,500명에 이르지요. 해마다 늘어나는 추세입니다."

그녀는 옛날 이야기하듯 말을 이어갔다. 접견실 밖에서 내방객들의 떠드는 소리가 요란했지만 인터뷰는 계속되었다. 그녀가 이끌어가고 있는 호스피스 케어 네트워크는 뉴욕 주의 낫소와 서포크, 퀸스 카운티를 총괄한다. 지역 주민 중 암 등 불치병 환자들에게 완화의료 서비스를 제공하기 위해 1988년에 설립되었다. 말기 환자들의 통증을 줄여주면서 편안하게 임종을 맞이할 수 있도록 돕기 위해서다. 고소득층 환자들도 이곳을 찾는다. 그렇다고 꼭 뉴욕 주민들만 혜택을 보는 것은 아니다. 플로리다 등 다른 주에서 거주하는 여유 있는 계층도 이 호스피스 기관을 찾는다. 부자나 가난한 사람이나 관계없이 미국인들은 때가 되면 이런 선택을 한다고 힌켈만 씨는 설명했다.

완화의료 치료에 많은 경험과 노하우가 축적된 이 호스피스 병동은 뉴욕 주 세 개 카운티에 있는 마흔 개의 노인요양소와 제휴하여 필요한 지원을 아끼지 않는다.

환자들이 치료받고 있는 수십 채의 호스피스 병동은 'hospice inn(호스피스 호텔)'으로 불리고 있다. 2층 건물 외벽의 연초록 색깔도 숲과 잘 어우러져 영락없이 고급 리조트 호텔처럼 보인다. 각 병실은 30제곱미터쯤 되는 크기다. 병실 한 가운데 꽃무늬 이불이 덮여 있는 침대, 그리고 그 옆 전기스탠드에 걸린 가족사진들, 햇볕이 잘 드는 창가에 놓인 꽃병, 창문 너머 보이는 울창한 나무들……. 환자들의 얼굴이 밝다. 가족과 함께 손을 잡고 얼굴을 비벼대기도 한다.

힌켈만 씨는 접견실 유리문을 통해 환자들을 면회 오는 가족들을 보면서 이렇게 말했다.

"우리 기관은 오래전 롱아일랜드 지역에서 처음으로 생긴 호스피스 기관입니다. 각 지부는 독립적으로 운영됩니다. 우리는 환자들의 감성과 영적인 문제에 대해서도 끊임없이 자문합니다. 어떻게 하면 환자들이 이곳을 자기 집처럼 편안하게 느낌까 하고 늘 머리를 짜내지요. 환자 방에 딸린 부엌도 편리하도록 센스를 발휘했어요. 바깥의 테라스도 마찬가지입니다."

"가족들도 자주 방문할 수 있습니까?"

"밤이나 낮이나 가족들이 쉽게 여기에 올 수 있도록 여러 가지 방안을 마련해놓았습니다. 낫소와 서포크 카운티 경계선에 있는 주요 간선도로에 편의시설까지 만들어놓았지요. 환자와 가족들의 만남의 장소로 이용됩니다. 환자들은 완화의료에 해박한 지식을

해피 엔딩, 우리는 존엄하게 죽을 권리가 있다

갖춘 내과 의사와 간호사, 사회복지사, 정신과 의사, 미술 및 음악 치료사 이외에 훈련된 자원봉사자들을 자주 만나게 됩니다. 그들은 환자와 별도로 가족 상담도 맡아요. 특히 사랑하는 사람들을 이곳에서 떠나보낸 가족들, 그중에서도 어린이들을 특별관리합니다. 사별(死別) 뒤의 슬픔과 공허함을 극복하도록 여러 가지 프로그램도 만들었습니다."

"좀 특이하다 싶은 치료법이 있습니까?"

"최근에는 이런 프로그램을 시작했습니다. 애완동물 치료법(pet therapy)이라는 거지요. 환자들이 개나 고양이 등 애완동물과 친숙하게 지내도록 하는 겁니다. 네발 달린 동물들은 의외로 환자들을 기쁘게 하는데 그게 놀라울 정도로 효과가 있어요. 애완동물팀이 따로 있어서 이들이 일주일에 몇 차례 호스피스 병동을 방문합니다. 물론 이 동물팀은 자택에서 치료받고 있는 환자들을 찾아가기도 합니다."

"통증을 호소하는 환자들을 어떻게 다루고 있나요?"

"말기 암 환자들의 통증을 치료하기 위해 의료진들이 24시간 대기하고 있습니다. 환자들의 고통을 줄여주는 최선의 방법이 무엇인가 늘 고민합니다. 환자에게 투여하는 진통제로 여러 가지를 사용합니다. 헤로인은 절대 사용하지 않습니다. 그걸 쓰면 불법이지요. 우리는 모르핀이나 딜라우디드, 메타돈 등을 처방합니다."

모르핀 등은 중독성이 거의 없는 의학약품으로 알려졌지만, 헤로인은 강한 중독성 때문에 의료용으로 사용할 수 없는 것이다.

"환자들이 머물 수 있는 기간이 정해져 있습니까?"

"환자들은 의사들의 추천을 받아 이곳에 온 뒤 대략 5일 정도 머무르지요. 경우에 따라서는 2주, 3주까지 연장합니다. 우리의 규정이 그래요. 이들을 돌보는 비용은 의료보험과 정부 지원으로 메워갑니다. 그러나 국민들이 보내주는 기부금이 꽤 많습니다. 의료보험이 없는 환자들은 의사들의 소견을 들어보고 호스피스 치료를 해줄 것인지 여부를 결정하지요."

"그런데 기부금 총액 같은 걸 물어봐도 되나요?"

힌켈만 씨는 작년 2006년도 재무보고서 자료를 꺼내 보였다. 연간 기부금 총액은 151만 5,221달러. 한국 돈으로 계산하면 15억 원에 이른다. 총예산(3,270만 달러=약 313억 원)의 4.7퍼센트다. 보고서에는 기부자 명단이 상세히 적혀 있다. 그들에게는 기부금이 어떻게 쓰였는지 구체적인 내역을 알려주고 인터넷을 통해 공개하기도 한다. 기부금은 다채로운 행사를 통해서 걷는다.

지난 2006년 3월에는 사별가족 프로그램을 위한 연례 디너 파티에서 7만 5,000달러를 마련했다. 4월에는 어린이 호스피스 활동을 지원하는 롱아일랜드 지역 이사회의 카지노의 밤 행사에서 8,000달러가 걷혔다. 6월에는 맥마흔 형제들이 골프 대회에서 모금한 30만 달러를 전달했다. 맥마흔 형제는 그들의 어머니가 이 호스피스 기관에서 행복한 임종을 할 수 있도록 도와준 데 대한 감사의 표시로 2000년부터 매년 골프 대회를 열어왔다. 이 밖에 칵테일 파티, 모터사이클 대회, 무도회, 현충일 기념행사, 자선 챔피언 대회 등이 1년 내내 이어진다. 가끔 슈퍼마켓 매장에서 고객들이 모금함에 몇 달러씩 집어넣도록 유도하는 행사도 마련된다. 호스피스 활동을 지원하기 위한 다양한 모금 아이디어가 이벤트 전문가들에 의해 쏟아지는 것이다.

호스피스와 같은 비영리 기구도 목적이 뚜렷하면 역시 국민들이 공감한다. 이 사회는 확실히 공감을 일으키는 봉사활동이 많다. 사회 밑바닥 이곳저곳을 유심히 들여다보면서 그것을 몸으로 느낀다. 미국인들은 삶의 질(well-being) 못지않게 죽음의 질(well-dying)을 중시한다. 그런 문화를 이어가거나 증폭시키는 행사를 통해 돈을 모으는 재주 또한 비상하다. 힌켈만 씨의 말을 빌리자면 10대 청소년들이 이곳에서 자원봉사하는 프로그램을 몇 년 전에 시작했는데 그들에게도 당연히 삶과 죽음의 여러 가지 모습을 보여준다. 그리고 이런 것을 강조한다. 품위 있는 죽음을 알고 용기 있는 인생을 살아야 한다는 것이다. 청소년 자원봉사자들은 해마다 늘어나고 있으며 그들도 모금활동에 적극 참여한다는 설명이다.

해질 무렵 호스피스 케어 네트워크의 사무실을 나섰다. 힌켈만 씨는 자신에게 미처 질문하지 못한 사항이 있으면 이메일을 보내라며 웃었다. 내가 죽음의 질로 키워드를 좁혀가면서 질문을 던질 때마다 싫은 표정 하나 짓지 않고 성실하게 답변해준 그녀가 고마웠다. 그녀는 나중에 이메일을 통한 추가 질문까지 정말 꼼꼼하게 일러주었다. 예를 들면 이런 이메일도 보내왔다.

애완동물 치료법을 쓸 때 사고가 발생한다든가 다른 부작용은 나타나지 않았냐고요? 전혀 없었어요. 애완견을 기르는 주인들도 호스피스 교육과 자원봉사 교육을 받아야 합니다. 일정기간 훈련이 끝난 뒤에야 그들은 개를 데리고 환자를 방문하지요. 환자들은 개를 쓰다듬거나 끌어안으면서 정서적으로 매우 차분해졌고 웃음이 많아졌어요. 그들의 사귐을 지켜보는 게 우리에게도 더할 나위 없는 즐거움이었습니다. 정말 이 프로그램에는 우리가 걱정하는 문제가 나타나지 않았어요.

나는 미국에서 살고 있는 한국 교포들에게서도 그런 여유를 찾아보고 싶었다.

해피 엔딩, 우리는 존엄하게 죽을 권리가 있다

한국 교포들의 우울

뉴욕 퀸스 지역을 관통하는 플러싱의 메인 스트리트를 걷노라면 아시아인들이 크게 늘어났음을 피부로 느낄 수 있다. 한인들의 가게가 많은 곳에 중국인들이 자리 잡는 경우도 드물지 않다. 중국인들의 삶의 터전에 베트남인들도 발판을 마련한다. 상권 형성에 변화가 일어나고 있는 것이다.

이곳을 끌어가는 사람들은 그냥 어느 나라에서 온 이주민이라기보다 아시아계다 또는 라틴계다 하고 대륙별로 인종을 분류하기도 한다. 그만큼 인구 유입 속도가 빨라지고 인종 간 교류도 활발해졌다. 거리는 늘 쇼핑객과 관광객들로 혼잡하다. 막일거리를 찾아 나서는 라틴계 사람들로 비집고 들어갈 틈이 없는 지역도 여러 곳이 있다.

이주민들의 역동적인 삶을 들여다볼 수 있는 곳은 시장 이외에 두 곳이 더 있다. 학교와 각종 종교 시설이다. 내가 2년 전에 보았던 플러싱의 어느 초등학교는 폐교 직전까지 갔었다. 아이들이 줄어들어 세대로 된 교육조차 어려웠다. 그런데 지금은 등하교 시간마다 이민자의 자녀들로 북적거린다. 안전요원들의 호루라기 소리가 어찌나 따가운지 귀를 막아야 했다.

주말이면 각 블록마다 들어선 교회와 성당도 법석이다. 사찰도 예외가 아니다. 어린아이부터 노인에 이르기까지 한국말을 하는 그들에게서 나는 서울에서 아시아인들이 많이 모이는 가리봉동이나 혜화동, 신당동 광희문 주변의 모습을 떠올리곤 했다. 삶은 힘겹지만 내일을 향해 달려가는 다양한 인종의 활력을 느꼈기 때문이다. 그러나 미래는 항상 불안하다. 희망과 불안의 그림자가 엇갈려 나타난다.

미국이라는 큰 땅덩어리에서 가족 없이 혼자 사는 이는 전 가구수의 무려 25퍼센트나 된다. 갈수록 이혼이 늘어나고 젊은이들마저 결혼을 미루기 때문이다. 더 큰 이유는 평균 수명이 길어지면서 배우자와 사별하고 혼자 외롭게 사는 사람들이 많아졌기 때문이다. 미국에 거주하는 한인 교포 250만 명도 대략 그런 추세를 보이고 있다.

개척자적 도전으로 삶을 일궈온 한인 1세대와 2세대가 각각 다른 모습의 황혼 앞에 섰다. 플러싱에서 사진 가게를 하는 한 교포가 일렀다.

"어느 날 60대 남자분이 찾아왔어요. 1년 전에 세상을 떠난 아들의 사진을 들고 와서 하얀 티셔츠에 사진을 넣어달라고요. 그러고는 그 사진 밑에 R. I. P.를 새겨달라고 합디다."

"R. I. P.가 뭐죠?"

"아, 그거요. Rest In Peace(평화롭게 잠들어라)죠. 어떤 사연이 있는 줄은 모르겠는데 젊은 아들을 저세상으로 떠나보내고 혼자 사는 분이라고 하더군요. 그렇게 외로워 보이는 한국인들이 많아요."

플러싱 지역을 벗어나 뉴욕 유니온데일의 예루살렘 애비뉴에 도착했다. 낫소 대학 메디컬 센터가 운영하는 홀리 페터슨 요양원(A. Holly Patterson Extended Care Facility)이 그곳에 있다. 미국에서 가장 규모가 큰 요양원이다. 입원 환자 610명 중 94명이 한국계 영주권자이거나 미국 시민권을 가진 교포들이다. 이들 가운데 일부는 경제적 여유가 있어서 한 달에 8,000달러의 비용을 지불하며 치료 겸 요양생활을 한다. 나머지는 대개 극빈자로 처리되어 전액 국가 지원을 받는다. 한국 교포들을 돌보고 있는 박영표 목사에 따르면 전직 교수나 교장들 몇 명이 이들 극빈자 속에 끼여 있다. 이야기를 꺼내는 그의 얼굴이 밝지 않다.

"이민사회의 저명인사들이 어느 날 무일푼이 되어 어렵게 요양원에 들어오지요. 인생유전이라는 게 별겁니까. 이게 인생유전이지요. 그들의 아들딸을 볼 때마다 화가 치밀기도 해요. 부모를 잘 모실 여건이 되는데도 그냥 팽개쳐버리거든요. 그런데 여기에 들어와 있는 저명인사들에게는 한 가지 공통점이 있습니다. 한참 잘 나갈 때 자식들에게 재산을 다 줘버린 거지요.

평범한 생활을 해온 보통의 교포들도 큰 차이가 없습니다. 건강할 때 본인 재산과 자식들 재산을 구분해 관리했어야 하는데 자식한테 그냥 몰아준 거지요. 그게 비극의 씨앗이었습니다. 그런데 더 안타까운 일이 무언가 하면 부모에게서 그렇게 재산을 물려받은 자식일수록 불만이 많다는 거지요. 나중에 부모가 후회해본들 무슨 소용이 있겠어요."

장탄식은 끝이 나지 않았다. 그는 교포들의 성격이 좀 독특하다고 말했다. 이 요양소에 들어온 교포들도 어느 정도 마음이 풀어지면 서로 대접을 받으려고 한단다.

"옛날에 내가 어땠는데 하는 식으로 서로 뽐냅니다. 어느 날 거지 신세가 되어 들어왔는데도 그래요. 좀 했다 하는 사람들도 마찬가지입니다. 늙고 병들어서 그런지 가족들에게 서운한 감정만 쌓여 있어요. 내가 이렇게 이야기해도 좋을지 모르겠지만 이 사람들은 자식들에게 이를 갈고 있어요. 여기 요양원도 이민사회의 축소판입니다. 아주 똑같아요."

교포 환자들은 뭔가 마땅치 않을 땐 목사에게 반말을 하는가 하면 요구사항도 많아진다. 자신들을 돌봐준 목사에게 고마운 마음을 순간순간 잊어버린다. 식사 투정도 늘어난다. 이럴 때 목사는 정말 난감하다. 서둘러 한국인 조리사를 주방에 배치했다. 점심과 저녁에 한국 음식을 제공해 환자들의 불만을 누그러뜨렸다. 그들이

홀리 페터슨 요양원은 미국에서 가장 규모가 큰 요양원이다. 입원 환자 610명 중
94명이 한국계 영주권이거나 미국 시민권을 가진 교포들이다. 이들 가운데 일부
는 경제적 여유가 있어서 한 달에 8,000달러의 비용을 지불하며 치료 겸 요양생
활을 한다. 나머지는 대게 극빈자로 처리되어 전액 국가 지원을 받는다. 사진 속
오른쪽에 보이는 두 사람은 한국 교포다.

외롭지 않도록 네 개 동에 나눠서 집단 입원시켰다. 간호사와 보조 간호사들도 한국인으로 교체했다. 사무직원 역시 교포들이다.

목사가 각 병동을 돌아다닐 때마다 환자들이 환한 얼굴로 허리 굽혀 인사한다. 할머니의 립스틱도 짙다. 손톱, 발톱에 매니큐어가 색색이고 얼굴 화장도 화려한 50대, 60대 여성들의 깔깔 웃음소리에 병원 분위기가 한결 밝아 보인다.

"여성 환자들은 저런 화장을 통해 자신이 살아 있음을 확인하는 것 같아요. 즐거워하잖아요. 옷차림도 깨끗하고. 정말 많이 나아졌어요."

교포 병동에는 노래방이 따로 마련되어 있다. 노래방 입구 쪽 작은 테이블에 놓여 있는 가요 모음책 한 권이 외롭다. 옛 노래를 부르다가 목이 메어 마이크를 쥐고 두 무릎 사이에 얼굴을 파묻는 환자들도 더러 있다고 한다. 저물어가는 인생이 서글펐고 병든 몸이 괴로웠을 것이다. 고스톱 판을 벌여 5센트, 10센트씩 따는 재미로 고독을 이겨내도록 유도하는 것도 목사의 역할이다.

"나는 이들에게 한을 다 풀라고 해요. 그래야 이 세상을 가볍게 떠날 수 있다고. 모든 것 다 버리라고 하지요. 오늘 살아 있는 것에 감사하고 옆에 있는 사람 배려하고 그리고 제발 대접받으려 하지 말라고 되풀이 이야기해요. 그들이 아주 편한 마음으로 삶을 정리하도록 도와주는 게 제 일입니다. 그걸 굳이 호스피스라고 말하지 않아요."

교포 환자들은 한 달 평균 10여 명씩 이곳에서 세상을 떠난다.

그들이 걸어온 길을 더듬어보면 정말 한 많은 삶들이었다고 목사는 회고한다. 환자들이 마지막 숨을 거둘 때마다 목사는 그들을 추억하면서 또 지우려고 애쓴다. 이곳에 입원하기 위해 여전히 많은 교포들이 대기하고 있다. 목사가 보관하고 있는 대기자 명단에서 교포 이민자들의 슬픔이 묻어난다. 언제쯤 이 명단에 들어갈 수 있을까 하고 목을 빼며 기다리는 사람들도 많다. 그들도 제각각 사연을 안고 이곳에 왔다가 어느 날 홀연히 세상을 떠날 것이다. 들어오는 순서는 있지만 영원한 이별에는 순서가 없나 보다. 명단에서 세상을 읽는다.

내가 뉴욕에 머물러 있던 그즈음에 인종 문제를 깊이 있게 다루는 《뉴 아메리카 미디어》는 '죽음에 대한 문화적 도전'이라는 제목의 기사를 내보냈다. 아주 흥미로운 내용이었다. 개인주의가 팽배해 있는 미국에선 의사들이 환자들의 죽음과 질병을 개인적인 문제로 다루는 경향이 뚜렷하나 아시아계 이주민들에 대해서는 그렇지 못하다는 것이다. 아시아계 주민들은 죽음을 맞이하는 생각이나 방식이 백인들과 다르기 때문에 의료 지원에도 어려움이 따른다고 지적했다. 아시아계란 물론 한국이나 중국인들을 가리키는 것이다.

한국 이주민들은 자신의 운명이 최악의 경우로 치닫지 않는 한 호스피스 치료를 달갑지 않게 받아들인다. 그러나 미국인들은 대부분 주저하지 않고 수용한다. 부자들도 자청해서 호스피스 병동을 찾아 나선다. 이 기사는 캘리포니아 의료보험재단에서 일하는

© 최철주

이곳, 홀리 페터슨 요양원에 입원하기 위해 많은 한국 교포들이 대기하고 있다.
목사가 보관하고 있는 대기자 명단에서 교포 이민자들의 슬픔이 묻어난다. 언제
쯤 이 명단에 들어갈 수 있을까 하고 목을 빼고 기다리고 있는 사람들도 많다. 그
들도 제각각 사연을 안고 이곳에 왔다가 어느 날 홀연히 세상을 떠날 것이다. 들
어오는 순서는 있지만 영원한 이별에는 순서가 없나 보다.

마크 스미스 전무의 말을 빌려 보도되었다.

"호스피스 병동에서 임종한 환자들의 74퍼센트가 백인입니다. 흑인 비율은 15퍼센트, 한국을 포함한 아시아계는 4퍼센트에 지나지 않습니다. 누구나 불치병을 앓다가 세상을 떠날 수 있다는 걸 깨달아야 하며 건강할 때 죽음에 대해 충분히 의견을 나눠야 합니다."

샌프란시스코 시의 헤르난데스 공중보건 담당 과장도 아시아계 이주민들이 호스피스 치료를 더 많이 활용할 수 있도록 하는 방법을 찾고 있다.

"우리가 해야 할 일이 있어요. 우리와 죽음의 문화가 다른 사람들을 상대할 때 어떤 언어로 접근해야 하는지를 곰곰 생각해야 해요. 그렇지 않으면 호스피스 치료가 제대로 이뤄지지 않거든요."

내가 홀리 페터슨 요양원에서 만난 한국인들의 얼굴이 다시 떠올랐다. 커피 잔을 앞에 두고 도란도란 이야기를 나누던 50대, 60대 여성들의 모습 그리고 그녀들의 짙은 화장이 잊히지 않는다. 미국 사회에서 교포들이 직면하는 죽음의 문제가 무겁게 느껴졌다. 그런 주제들이 가볍게 일상의 대화로 다뤄질 수 있을까. 무거운 주제들을 너무 무겁게만 생각하는 게 우리들 자신 아닌가? 백인들이 이를 받아들이는 과정이 궁금했다.

뉴욕 플러싱의 노던 가에서 70년 역사를 가진 장의회사에 들렀다가 한 교포를 만났다. 미국인이 경영하는 이 회사에서 고문으로 일하고 있는 75세의 조동석 씨다. 아주 호감이 가는 인물이었다. 이 풍진 세상의 모진 고초를 혼자서 다 겪기라도 한듯 구릿빛 얼굴에 잔 미소가 사라지지 않았다.

"아이고, 난 안 해본 일이 없어요. 뭐든 닥치는 대로 했어요."

그는 손가락을 꼽으며 자신이 일해왔던 지난날의 험한 직업을 되돌아본다.

"물품 배달원도 했지, 주유소 일에다 야채가게 종업원, 택시 운전사 그리고 나무 심는 일도 해봤어요. 그러다가 1990년대 초부터 지금까지 17년 동안 장의사에서 시신을 다뤄왔습니다. 한국에서는 그냥 염이라고들 하지만 그게 말처럼 쉽지 않아요. 거저먹는 일이 아닙니다."

그런데 그의 얼굴에는 고생기가 없어 보인다. 마음 좋은 이웃집 아저씨의 표정에서 어긋나지 않는다. 세상일을 즐겁게 받아들이며 살기 때문이란다.

"이곳 장의사로 거의 매일 시신이 들어옵니다. 해가 갈수록 이런 생각이 들어요. 언젠가는 내가 저 시체처럼 장의사에 들어오겠지 하는 거 말이지요. 요즘엔 시신을 수습할 때마다 가슴이 철렁해요. 저게 바로 나다, 나야 하는 느낌이 퍼뜩 듭니다. 나도 죽음이라는 이 관문을 무사통과할 수 있을까, 어떻게 해야 정말 잘 죽는 것일까, 잘 죽는 게 복이다, 그런 생각들이 줄줄이 떠오르지요. 미국 사람들도 그렇지만 교포 중에서도 사고로 죽은 사람, 총으로 자살한 사람 등 여러 부류가 있습니다."

그런데 속마음을 까집듯 털어놓고 있는 그의 얼굴에 미소가 떠오른다. 인생의 험한 고개를 넘다 보니 이분이 도통(道統)했나 보다 생각했다.

　그는 정색을 하며 나에게 이렇게 말했다.

　"난 항상 공부합니다. 시신 다루는 공부, 죽음을 어떻게 맞이하는가에 관한 공부, 바로 두 분야입니다."

　확신에 찬 어조로 말하는 그가 존경스러웠다. 그는 훨씬 높은 곳에서 생각하고 있었다. 그래, 바로 당신이 인생을 가르치는 철학 교수다라고 나는 생각했다.

　"가족이 전혀 없는 시신은 바로 화장터로 보냅니다. 트럭에 실려 오는 무연고자 관을 보면 인생이 너무 비참하고 허무하게 느껴져요. 정말 인간 쓰레기 같지요."

　미국 장의회사에는 시신을 냉동 처리하는 설비가 없다. 시체는 모두 방부제로 처리된다. 일종의 미이라를 만드는 것이다. 이때 시신을 남녀 불문하고 생전의 모습대로 가장 아름답게 보이도록 분장해주는 기술이 독특하다. 시신이 사고로 얼굴이 상했으면 밀랍으로 때우고 흉터도 가려준다. 그 얼굴 위에 보통의 화장품을 쓰고 립스틱도 바른다. 여자 시신의 경우 더욱 매력적으로 보이도록 한다. 40년 이상 시체의 화장만 맡아온 전문가들도 있다.

　장의사 지하 1층에서 방부제 처리와 얼굴 화장이 끝나면 시신을 관속에 눕혀 장례식장으로 옮긴다. 미국인 조문객들은 생전의 모습을 그대로 갖춘 시신을 둘러싸고 즐겨 농담을 던진다.

"이 사람아, 잘 가게. 거기 가서 또 하고 싶은 일 있으면 실컷 하게" 하며 술잔을 내민다. 이곳저곳에서 웃음이 사라지지 않는다. 그도 따라 웃었다.

"미국인들은 고인을 추억하면서 오만 가지의 유머를 쏟아내요. 조문객들의 익살 때문에 식장이 웃음 반, 눈물 반이 돼버리지요. 그런데 한국인이 사망했을 때는 어떤 줄 압니까. 이곳에 온 교포 조문객들은 오로지 슬픈 얼굴만 하고 있어요."

내가 인터뷰하는 동안 그는 이미 퇴근 시간을 훨씬 넘겼다. 다른 직원들이 모두 서둘러 자리를 떠버린 사무실 투명 유리문에 석양 노을이 물들기 시작했다. 창문 옆에 앉아 있는 그의 얼굴이 불그스레해졌다. 그가 내민 또 한 잔의 뜨거운 차를 마셨다. 내가 메모 수첩을 접고 일어나면서 그에게 너무 깊이 고개를 숙였나 보다. 옷소매 끝이 테이블 위에 놓인 종이컵을 넘어뜨리고 말았다.

라스베이거스엔 꿈과 죽음이 공존한다

뉴욕에서 비행기를 타고 라스베이거스까지 다섯 시간. 맥카렌 국제공항에 도착했을 때 디지털 온도계는 실외가 화씨 105도라고 알렸다. 섭씨 40도를 웃도는 찌는 듯한 날씨였다. 공항직원들의 눈이 날카롭게 느껴졌다. 내 배낭 속의 노트북 검색을 끝낸 직원의 눈동자가 위아래로 움직였다. 그의 시선이 다음 승객들의 얼굴과 짐을 유심히 훑어보는 사무적인 동작임을 뒤늦게 알았다. 승객의 표정과 행동을 보고 의심이 갈 만한 사람에 대해 집중 조사하는 새로운 검사기법이 실시되고 있다는 이야기를 나중에 전해 들었다.

테러 대책으로 공항마다 최첨단 장비를 마련했지만 그래도 구멍이 뚫릴 수 있기 때문에 오가는 승객들의 얼굴을 유심히 관찰해서 수상쩍다 싶으면 불심검문에 들어간다는 것이다. 공항에는 특수훈련을 받은 요원들이 배치되어 있다. 테러 등을 꾸미는 사람들은 아무리 자기감정을 잘 통제한다 하더라도 불안과 초조감을 통째로 감추기 어렵다.

요원들은 그 같은 인간적 한계를 파고들어 테러 혐의자를 색출하는 베테랑으로 육성되었다. 라스베이거스에 관광객의 얼굴 표정을 관찰하는 각종 장비와 전문가들이 깔려 있다는 것은 흥미로운 일이었다. 카지노와 엔터테인먼트 그리고 수많은 세미나 등이 넘쳐흐르는 이 도시와 도대체 어울릴 것 같지 않는 모습이다.

내가 묵었던 사하라 호텔도 환락의 무대답게 관광객들로 늘 혼잡했으나 보안요원이 곳곳에서 지켜보고 있다는 것을 눈치 채지는 못했다. 며칠 후 지역 신문을 펼쳐보다가 그만 입이 벌어졌다. 건너편의 스트라토스피아 호텔 내부와 주변에 설치된 무인 카메라가 무려 2,000여 대. 드나드는 사람들의 일거수일투족을 철저하게 감시하고 있다는 것이다. 한 호텔에 1평방피트마다 한 대꼴로 무인 카메라가 자리 잡고 있는 셈이다.

그 카메라엔 얼굴을 인식하는 소프트웨어가 있어 아주 의심쩍은 표정의 인물이나 이상한 행동을 보이는 사람들의 뒤를 쫓는다. 어떤 사람이 도박장에서 고개를 갸우뚱하는 이상한 제스처를 보이면 식당이나 커피숍 또는 쇼핑센터에서의 그의 다른 행동까지 모두 끌어 모아 분석하는 것이다. 수상한 사람이 자신의 얼굴을 감추기 위해 선글라스를 끼거나 모자를 쓰고 게임 테이블에 앉아도 소용없다. 적외선 경보 시스템이 작동해서 진짜 얼굴 모습을 잡아내기 때문이다.

이 같은 첨단 시설이 거의 모든 호텔에 설치되어 있다는 것도 그제야 알았다. 유심히 들여다보면 호텔과 호텔을 연결하는 모노레일의 안과 밖에도, 각 공연장에도 하다못해 일부 택시에도 보안 시설이 장치되어 있다. 이 때문에 개인의 프라이버시가 침해된다는 논쟁이 일고 인종차별을 걱정하는 소리도 높아졌지만 그것도 잠시였단다. 테러 대책이 우선순위 첫 번째에 놓인 데 큰 불만이 없어 보였다. 방문객들은 도박과 관광에 몰두하기만 했다.

그들은 표정인식 장치 따위엔 아랑곳하지 않았다. 호텔 투숙객은 숙박 명부로, 쇼를 보는 사람은 티켓 예매로, 쇼핑하는 사람은 신용카드로, 갬블러는 도박습관 등으로 이미 신원이 깡그리 드러난다. 당국자들 사이에선 관광객들을 가리켜 이런 말을 한다. "우리는 당신이 누구인지 다 안다."

그런데 라스베이거스에는 정말 신원이 훤히 드러난 그룹이 있다. 목에 이름표를 걸었거나 손목에 인식표를 달고 있는 노인환자들이다. 엠지엠 그랜드 호텔 앞에 있는 모노레일 역에서 젊은 여성이 여섯 명의 노인들에게 주변의 경관을 설명하고 있었다. 그러고는 한 손을 높이 들어 보이면서 몇 가지를 당부했다. 날씨가 더우니 호텔 안에서만 산책할 것, 몸이 불편할 때는 즉각 안내원에게 알릴 것, 목에 걸고 있는 이름표가 분실되지 않도록 주의할 것 등이었다.

안내원이 노인들과 함께 뒤돌아 갈 때에야 그녀의 소매 없는 재킷 등판에 적힌 글자가 눈에 들어왔다. "Hospice & Home Care, Las Vegas." 그녀가 요양원 겸 호스피스 병동을 운영하는 회사 직원이라는 걸 알았다. 노인들의 걸음걸이로 보아서 중환자들은 아니었다. 부근의 요양원에서 환자들의 기분전환을 위해 나들이 안내를 하는 듯했다.

만달레이 베이 호텔의 야외 수영장 입구 쪽에 있는 서점에서 차를 마시고 있을 때 옆에서 조용히 책을 읽고 있는 중년 남성의 손목에 병원의 환자 인식표가 팔찌처럼 채워져 있는 것을 알아챘다. 구릿빛 피부의 손목에 하얀 인식표가 너무 선명하다. 인식표를 가리는 긴 셔츠도 입지 않는 걸 보면 그는 이런 모습으로 대중과 어울리는 데 익숙한 듯했다. 그의 회색 모자챙에 꽂힌 붉은 장미 한 송이가 내게는 한 편의 시로 다가왔다. 한 폭의 그림이라 해도 좋다. 환자들의 여유, 세상을 살아가는 방식에 눈이 트였다.

호텔 내 레스토랑 오레올에서 다른 그림을 발견했다. 4층 높이의 와인 타워를 구경하고 있었는데, 역시 인식표를 달고 있는 금발의 60대 여성이었다. 그녀는 종업원이 내민 와인 리스트를 들여다보고 있었다. 한 손에는 책을 들었다.

말기환자들이 보내는 인생의 마지막 시간은 이처럼 커피와 차, 와인으로도 채워질 수 없을 것이다. 와인을 마시면서 그들이 회상하는 아름다움과 쓰라린 추억들은 또 얼마나 많을 것인가. 다가오는 죽음에 대한 두려움은 얼마나 클까. 이곳저곳으로 시선을 돌리며 마치 무언가를 마음에 담아두려는 듯한 그들의 눈짓, 몸짓이 우리들의 인생을 말하고 있었다.

세상의 모든 즐거움을 독차지라도 한듯 호사스러움을 자랑하

해피 엔딩, 우리는 존엄하게 죽을 권리가 있다

는 라스베이거스와 그 주변에 의외로 호스피스 관련 사업들이 즐비하다. 병원과 요양원, 지원 단체를 포함해서 모두 200여 개나 몰려 있다. 호스피스 병원을 운영하고자 하는 사람들에게 각종 자격증 획득을 위한 절차와 의료시설 및 장비, 의료진을 갖추기 위한 컨설팅 서비스를 해주는 곳도 있다. 소득이 높은 고령자나 일반환자들도 라스베이거스에서 요양하고 싶어하기 때문에 이곳에서 호스피스 사업도 주목받고 있다. 유일하게 라스베이거스에서만 호스피스 치료를 하는 병원도 있고 전국 20여 개 또는 40여 개 지부 중 하나로 운영되는 곳도 있다.

이 도시의 스웬슨 가에 있는 네이선 아델슨 호스피스(Nathan Adelson Hospice)는 수준 높은 완화의료 치료로 이름이 나 있다. 24년 전에 설립된 한 호스피스 기금의 지원을 받고 있는데 매년 개인과 기업들이 거액을 들고 기금을 찾아온다. 그러나 기부금의 규모는 밝히지 않는다. 이 병원도 역시 비영리기관이다. 이 병원을 소개하는 팸플릿에는 다음과 같이 쓰여 있다.

우리는 말기환자들에게 수준 높은 완화의료 치료를 환자들이 만족할 때까지 계속합니다. 전국의 어느 의료 수준에도 뒤지지 않습니다. 특히 라스베이거스 지역사회가 우리에게 보여주는 여러 가지 지원이 환자들의 편안한 투병생활에 많은 도움이 될 것입니다.

이 병원은 사별가족 이외에도 부모 중 어느 한쪽을 잃은 어린아이들의 슬픔을 치료하기 위해 캠프를 별도로 운영하고 있다. 정신과 의사와 미술·음악 치료사들도 동원된다.

티엘시 헬스 케어(TLC Health Care)라는 곳 또한 각 지역마다 프렌차이즈 형식으로 호스피스를 운영한다. 이 기관이 전국 각 주에 있는 40개 호스피스 기관을 통해 치료한 환자 수는 2006년 한 해 4만 3,000명. 병원에 입원한 환자를 돌보면서 집에서 투병생활을 하고 있는 사람들도 정기적으로 방문하며 치료한다.

라스베이거스는 하루아침에 백만장자가 되거나 알거지가 되는 드라마틱한 인생을 볼 수 있는 곳이다. 포커나 룰렛 게임이 벌어지는 테이블 주변에서는 변화무쌍한 인간의 표정을 읽을 수 있다. 환호와 낙담, 도전과 실의, 지갑을 열까 말까 망설이는 여인 그리고 벽쪽 구석에서 조용히 슬럿머신에 동전을 집어넣고 있는 휠체어 탄 사람도 보인다. 이 도시에선 엠지엠 호텔이나 룩소 호텔, 시저스 팰리스 호텔 등 초호화 룸에서 잠자며 하루의 피로를 푸는 사람들도 많고, 200여 개 호스피스 병원에서 내일의 편안한 임종을 위해 기도하는 환자들도 적지 않다.

한쪽은 카지노를 보면서 환상을 꿈꿀 것이다. 다른 한쪽은 호스피스 병동의 창문에 지나온 세월의 추억을 그리며 인생을 정리할 것이다. 중심가인 스트립 거리 주변의 호텔에 있는 사람들과 이곳에서 겨우 2~8킬로미터 떨어진 호스피스 병동에 있는 사람들은 서로 다른 눈으로 세상을 바라본다. 그러나 라스베이거스는 진통제 치료를 받고 있는 환자이건 신체부자유자이건 그들이 가고 싶어하는 곳은 어디든 갈 수 있도록 최신 시설이 갖춰진 곳이다. 휠체어를 탄 채 호텔 샤워실에 들어갈 수 있고 이동식 좌석에 앉아 욕조로 옮겨갈 수 있다. 카지노 테이블도, 연회장도 그들에겐 불편함이 없는 곳이다.

눈을 치켜뜨며 베네시안 호텔의 인공 하늘을 쳐다보다가 뒤쪽 코너에 이르렀다. 바로 추억의 가게였다. 한때 영웅이었던 인물들의 정다운 모습이 담긴 사진을 팔고 있었다. 중년의 백인 부부들이 사진 액자가 잔뜩 쌓여 있는 진열대에서 값을 흥정하느라 바빴다. 그런데 그 사진들은 단순한 사진이 아니었다. 모두의 머릿속에 남아 있는 그들의 명장면 위로 실제 사인이 들어 있었다.

A4 용지 크기의 윈스턴 처칠의 사진 액자는 3,995달러였다. 의회연설을 하고 있는 배경 사진에 힘차게 내려 그은 듯한 그의 서명이 생명감을 주었다. 엘비스 프레슬리의 서명이 든 사진은 3,995달러, 제임스 딘은 이보다 싼 2,495달러. 가장 비싼 것은 요염한 포즈의 마릴린 먼로였다. 5,995달러. 시대의 인물들이 남긴 사인은 시간이 흐를수록 값이 계속 뛴다고 한다. 각각의 서명이 들어간 모든 사진 가격의 끝 두 자리 숫자를 95달러로 매겨놓은 가게 주인의 상술이 재미있었다.

나는 라스베이거스를 떠나 15번 국도를 타고 서쪽으로 달렸다. 스트립 거리의 소란을 벗어난 시원함과 화려한 것에 대한 아쉬움이 엇갈렸다. 사막에 들어선 지 한 시간. 모래 계곡이 나타났

다. 네바다 사막의 황량한 시야는 왜 목을 마르게 할까. 물을 마셔
도 또 목이 말랐다. 우리의 인생도 한참 달리고 나면 이처럼 황량
한 것일까.

해피 엔딩, 우리는 존엄하게 죽을 권리가 있다

품위 있는 죽음의 정체

내 앞에 한 장의 사진이 있다. 들여다보면 볼수록 가슴이 울렁거리는 장면이다. 어떤 사랑도 이보다 더 아름답게 표현하기 어려울 것이다. 오랫동안 신장투석을 해온 윌번 우튼이 생의 마지막 날 그의 아내 루비를 꼭 껴안고 있다. 55세의 아내는 매일 아침 남편의 가슴에 안겨왔다. 남편의 심장 고동 소리를 들을 수 있다는 것이 아내에겐 매일의 기적이었다. 그것은 그녀의 삶 자체였다.

그녀는 기적을 이어가기 위해 아침마다 남편의 이부자리로 들어갔다. 남편이 생명을 이어갈 수 있었던 것은 아내의 따뜻한 가슴, 뜨거운 사랑 때문이었다. 그런데 그것도 끝이 있었다. 남편은 더 이상 삶을 지탱할 수 없을 만큼 병이 악화되었다. 신장투석을 중단하는 결정이 내려졌다. 노스 캐롤라이나 주의 사진작가 제이슨 아서스가 이들 부부의 마지막 포옹을 카메라에 담아 세상에 공개했다.

사진을 응시할 때마다 감동이 새롭다. 얼굴과 목덜미에 깊은 주름이 있는 남편 모습이 평온해 보인다. 아내를 감싸고 있는 그의 얼굴에서 아무런 고통도 읽을 수 없다. 아내는 55세의 나이를 짐작하기 어려울 만큼 세월의 그림자가 너무 짙다. 오랜 간병생활 때문에 그녀가 지친 탓일 것이다. 이 사진은 제이슨 아서스에게 '2006년 올해의 사진작가상'을 안겨주었다.

그는 또 삶과 죽음의 갈림길에 선 한 여성을 앵글에 담았다. 임신한 몸으로 딸을 낳기 위해 암 치료마저 거부한 37세의 레이철 라이히였다. 구강암에 난소암까지 겹친 환자였다. 그들을 눈여겨보면 삶의 희망은 죽음의 질로 이어지고 있다. 연결고리가 있는 듯 없어 보이거나 없는 듯 있어 보이기도 한다. 그러나 마지막 순간에 연결고리는 확실하게 드러난다. 수많은 사례들이 이를 뒷받침하고 있다.

세계 최초로 자연사법(Natural Death Act)을 만든 곳은 미국 캘리포니아 주였다. 그때가 1976년. 당시 자연사법은 요즘 한국에서 조금씩 화제로 등장하기 시작한 품위 있는 죽음, 즉 존엄사(Dying with Dignity) 내용과 다를 바 없다. 말기환자에게 과잉진료를 중단하자는 것이다.

치료에 전혀 도움이 되지 않는 의료행위 때문에 환자가 고통에 시달리고 인간의 존엄성마저 무너지는 것을 우려했다. 불치병 환자를 오랜 기간 식물인간 상태로 놓아두는 것도 오로지 죽음을 연장시키는 것과 다름없기 때문에 생명유지 장치를 뗄 수 있도록 했다.

어느 나라에서나 법은 사회를 반영한다. 국민의 생활 패턴이 달라지고 생각도 변화했다. 인간이 세상을 떠날 때 인간다운 모습이어야 한다고 생각하는 미국인들이 늘어났다. 죽음의 존엄성을 찾기 시작한 것이다. 캘리포니아 주의 자연사법은 뉴저지 주에 살고 있던 젊은 여성이 어느 날 식물인간이 되면서부터 논의가 싹 텄다. 1970년대 중반 카렌 안락사 사건은 세계적인 화제가 되었다.

21세의 카렌 앤 퀸란은 친구 집에서 열린 파티에 참석해서 술을 마신 후 정신안정제를 복용했는데 그 후 혼수상태에 빠졌다. 카렌이 오랜 기간 식물인간 상태가 돼버리자 상심한 아버지는 가톨릭 신부와 상의한 후 딸이 편안하게 세상을 떠날 수 있게 해달라고 병원 측에 하소연했다. 인위적인 생명연장보다 자연사를 희망했다. 그러나 주치의가 이를 단호히 거부했다. 뉴저지 주 고등법원은 환자 스스로가 인공호흡기를 떼어달라는 의사표현을 할 수 없으므로 이에 대한 결정권은 병원 측에 있다고 판결했다.

'죽을 권리가 누구에게 있나'로 세계가 떠들썩했다. 각국 미디어들이 많은 논객을 삶과 죽음의 논쟁으로 끌어들인 것은 일찍이 없었던 일이었다. 바로 그것이 우리들의 오늘과 내일의 문제였기 때문이었다. 당시 지식인들은 담당 법원에 대해 비판적이었다. 도대체 죽을 권리가 누구에게 있다는 것인가, 의사는 어느 단계까지 환자를 치료해야 하는가에 대해 법이 침묵하는 이유를 물었다.

그런데 뉴저지 주 대법원이 이에 답변했다. 카렌의 죽을 권리를

© Jason Arthurs

오랫동안 신장투석을 해온 윌번 우튼이 생의 마지막 날 그의 아내 루비를 꼭 껴
안고 있다. 55세의 아내는 매일 남편의 가슴에 안겨왔다. 남편의 심장 고동 소리
를 들을 수 있다는 것이 아내에겐 매일의 기적이었다. 얼굴과 목덜미에 깊은 주
름이 있는 남편 모습이 평온해 보인다. 아내를 감싸고 있는 윌번 우튼의 얼굴에
서 아무런 고통도 읽을 수 없다.

레이철 라이히는 시에라를 임신하고 있던 중에 구강암 통보를 받았다. 태아에게 해가 될까 그녀는 암 치료를 뒤로 미뤘고, 그 시간만큼 암세포는 그녀의 온몸에 퍼졌다. 의사들은 레이철이 살아 있는 것 자체가 기적이라고 했다. 사진 속에서 그녀는 6개월 된 딸, 시에라와 행복한 순간을 보내고 있다. 몇 달 후인 2007년 1월, 그녀는 서른여덟의 나이로 눈을 감았다.

아버지에게 넘겨준 것이다. 몇 가지 조건을 붙였다. 의사가 환자의 상태를 정밀하게 진찰한 후 회복이 전혀 불가능하다는 판단이 선다면 생명유지 장지를 세거해도 된다, 병원의 윤리위원회는 이 같은 결정을 다시 확인해야 한다는 것 등이다.

이 판결은 딸의 편안한 죽음을 결정한 아버지에게 법률상 책임을 묻지 않는다고 못 박았다. 딸에게 보장된 헌법상 사생활 권리에는 치료 거부권도 포함되어 있으며 아버지가 그녀의 대리인이기 때문이라고 밝혔다. 캘리포니아 주의 자연사법은 카렌의 죽음이 가져온 뜨거운 논쟁 끝에 탄생한 것이다.

카렌 사건 초기의 논쟁에 기름을 부었던 '안락사'라는 단어가 미국 사회에서 사라지기 시작한 것도 이때쯤부터이다. 대신 '존엄사' 또는 '자연사'가 등장했다. 카렌의 경우 안락사가 아닌 자연사로 받아들일 만큼 사회의식이 달라졌다. 캘리포니아 주에 이어 다른 주들도 연달아 자연사법을 만들었다. 카렌의 죽음이 몰고 온 파장은 이처럼 엄청났다.

그런데 미국인들의 생각은 더 빠른 속도로 변화했다. 소득이 증가하고 생활 패턴도 달라졌다. 특히 의학의 발달로 수명이 늘어나면서 이런 현상은 더욱 뚜렷해졌다. 말기환자들은 크게 늘어났으며, 무의미한 치료를 둘러싼 다툼이 끊임없이 일어나고 확대되었다. 그들의 생각은, 삶의 질이 높아진 것처럼 죽음의 질도 높여야 하며 그러기 위해서는 캘리포니아 주 의회가 이미 제정한 자연사법 내용을 좀더 진전시키자는 것이었다.

말기환자를 간호해오던 한 변호사가 있었다. 그는 아내가 고통에 몸부림치는 것을 보다 못해 1992년 안락사 법안을 제안했다. 6개월 이하의 시한부 생명을 통보받은 환자와 그의 가족이 죽음을 요구한다면 의사는 이 뜻을 받아들여야 한다, 환자의 자살 수단은 의사에게 맡기며 의사에게 책임을 묻지 않는다는 내용이었다. 의사는 사실상 자살 방조자의 입장에 서는 것이다. 문제의 변호사와 뜻을 같이하는 사람들이 여러 도시를 다니면서 무려 38만 명의 서명을 받아냈다. 주민투표를 요구하기에 충분한 숫자였다. 개표 결과 찬성률은 49퍼센트. 아주 근소한 차로 부결되었다. 종교계의 반대가 영향을 끼쳤다.

그러나 2년 뒤에 또 다른 일이 벌어졌다. 1994년에 오레곤 주의회가 존엄사법(The Oregon Death with Dignity Act)을 통과시킨 것이다. 3년이 지나 1997년에 발효된 법은 말기환자가 죽음을 선택할 수 있는 폭을 훨씬 넓혔다. 환자의 죽을 권리를 확대 해석했다. 의사가 도와준 자살, 자살 방조까지 존엄사로 보는 것이 특징이다. 오레곤 주의 관련법을 넘겨보다가 아주 중요한 대목에서 눈이 멈췄다. 3조 14항에 이르러서다.

"본 법에서는 의사나 다른 관계자가 죽음에 이르게 하는 주사, 자비적인 살인 혹은 적극적 안락사로 환자의 생명을 다하도록 했다고 해석하지 않는다. 본 법에 따른 행동은 어떤 목적에서도 자살이나 방조된 자살, 자비 살인이 되지 않는다"라고 천명했다. 이른바 행동구축(行動構築, Construction of Act) 조항이다.

한국인의 눈으로 보면 의사의 이 같은 행위를 규정한 오레곤 주의 관련법은 분명 안락사 허용에 해당한다. 그런데 오레곤 주는 법의 이름을 존엄사법이라고 확실하게 못 박았다. 우리에게는 문화적 충격이 크다. 오레곤 주의 이 같은 돌출현상은 1993년 네덜란드에서 먼저 나타났다. 이 나라는 더욱 적극적인 안락사를 인정했다. 네덜란드의 관련법은 보통 안락사법(Law on Euthanasia)으로 불리지만 정식 이름은 '생명의 종언과 자살방조에 관한 법률(Termination of Life on Request and Assisted Suicide Act)'이다.

2조 1항은 말기환자의 요구에 따라 의사가 자살을 도와주어야 한다는 여러 가지 의무 사항을 나열했다. 법률 각 조문을 읽어 내려가다 나도 모르게 몸이 움츠러들었다. 몸의 어느 한 부분이 굳어지는 듯한 느낌이었다. 인권사상의 역사나 생활의식이 다른 나라에서는 죽음의 질에 접근하는 방법도 우리와 판이했다. 미국 오레곤 주의 경우보다 더 충격적이었다.

어느 나라에서나 한때는 자연사와 존엄사, 존엄사와 소극적인 안락사, 소극적인 안락사와 적극적인 안락사 등 여러 가지 용어들이 마구 뒤섞이면서 대단한 말싸움이 벌어졌다. 개념이 모호했기 때문이다. 찬성파와 반대파들은 바로 그 애매한 부분에 집착해 본질을 왜곡하는 시행착오를 되풀이했다. 그러나 시간이 지나면서 이들 사회에서 공감대가 넓어졌다. 존엄사를 자연사로 받아들였고 소극적인 안락사도 존엄사로 인정하는 단계를 거쳤다. 그러고 보면 한국은 이제 겨우 이 논쟁의 입구에서 서성거리고 있는 셈이다.

미국인들과 이야기하다 보면 리빙 윌(Living Will, 생전유언)에 관한 화제가 자주 등장한다. 누구도 장담할 수 없는 불치병이나 알츠하이머병에 걸렸을 때를 대비해 어떻게 죽음을 맞이하는 것이 좋을지 자신의 뜻을 분명히 밝혀두는 서류가 있어야 한다는 생각에서다. 그들은 스스럼없이 이런 화제에 접근한다. 표정까지 밝다.

리빙 윌은 1989년에 제정된 미국의 '표준 말기환자 권리법 (Uniform Rights of the Terminally Ill Act)' 제2조 '생명유지 치료 실시에 관한 선언서'를 가리킨다. 18세 이상인 사람만 제출할 수 있는 이 선언서는 자신의 죽음을 연장시키는 조치를 보류 또는 중지해줄 것을 의료진에게 요청하는 내용을 담고 있다. 그러나 알고 보면 이 선언서는 의료진에게 까다로운 조건을 내걸고 있다.

리빙 윌 작성자가 말기환자가 되었을 때 생명유지 조치를 하지 않으면 단기간에 죽음을 맞게 될 것이라는 담당의사의 판단이 먼저 내려져야 한다는 것이다. 또 환자의 상태가 치료 불가능할 뿐 아니라 돌이킬 수 없는 상태(incurable and irreversible condition)에 있다는 확인이 앞서야 한다. 조건은 이것만이 아니다. 갖가지 생명유지 조치에 대해 환자 스스로 판단할 능력이 없다는 진단도 필요하다. 그런 과정을 거쳤다면 말기환자가 된 자신에게 고통을 주는 생명연장 조치를 보류하거나 중지해달라는 것이 선언서의 내용이다. 이 선언서 하단에는 서명과 함께 서명 날짜를 기록해야 한다. 또 자신이 자발적으로 서명했다는 것을 확인해줄 수 있는 증인 두 명의 서명도 받아 제출한다.

만일에 대비해 치료에 관련된 여러 가지 주문사항을 미리 밝혀두는 리빙 월은 '사전 의료 지시서(Advance Medical Directive)'라고도 부른다. 미국의 오레곤 주는 법적 문서로 별도의 '오레곤 사전 지시서'에 관한 구체적인 정보를 제공한다. 예를 들면 환자가 임사(臨死) 상태에 있을 경우 또는 영속적 무의식 상태에 있을 경우, 진행성 질병이 고도로 진행됐을 경우 등에 관한 환자의 희망 사항을 기록하도록 요구하고 있다. 불치병을 앓게 될 경우 자신이 어떤 병원균에 심각하게 감염됐다 하더라고 결코 항생물질을 쓰지 말 것, 인공적인 급식도 중단할 것, 심장 박동이 멈춰도 심폐소생술을 실시하지 말 것 등도 상세히 적어낸다. 자신의 생각이 바뀌면 언제라도 내용을 달리할 수 있다.

한 비영리단체에서 알츠하이머병에 걸린 환자 등을 위해 마련한 사전 지시서는 "나의 마지막 희망(인지능력이 회복 불능 상태까지 저하된 경우에 대비해서)"으로 시작된다. 그러고는 "신장이 악화됐을 경우 투석을 바라지 않습니다" 등 수십 가지의 항목에 "날짜를 쓰고 서명하세요"라고 요청한다. 젊은이도 나이든 사람도 이런 서류를 받아들고 낱낱이 따지고 생각하는 훈련을 받는다. 어느 날 갑자기 닥칠 운명의 시간에 대비해서다.

각 주나 기관에서는 '표준 말기환자 권리법'에 제시된 선언서 내용을 그대로 써도 되지만, 참고하여 새로운 형태로 작성할 수 있다. 이같이 마련된 생전유언은 다른 주에 있는 어느 병원에서도 그대로 받아들여진다. 미국인들이 자연스럽게 리빙 월에 다가가는 모습은 병원이나 시민단체 또는 학교 등에서 듣고 배우는 과정에서 만들어진 것이다.

2부

———

죽음에도 표정이 있다

일본 존엄사 대회장에 울린 상송

일본인의 삶이 그려내고 있는 죽음의 모습은 어떤 것일까. 나는 그런 생각을 하며 2007년 10월 하순 일본 혼슈에 도착했다. 늦은 가을밤 이 지역의 남쪽에 있는 오카야마 공항에 내렸을 때 산뜻한 공기가 얼굴을 감쌌다. 얕게 깔린 안개 숲을 지났다. 오카야마 역에서 다시 시코쿠의 중심도시인 다카마츠로 가는 마지막 특급열차를 타기 위해 발걸음을 재촉했다. 마린라이너 63호 열차는 다섯 개의 섬을 연결한 9.4킬로미터의 긴 다리 세토 대교를 달려 54분 만에 종착역에 들어섰다. 밤 10시 40분. 플랫폼 중앙에 서 있는 시계탑 너머로 파친코 장의 화려한 네온사인이 번쩍였다.

　다카마츠 역 출구 게시판에 붙은 작은 안내문에 눈길이 갔다. 일본존엄사협회가 주관하는 연차대회가 다음날 이 도시에 있는 가가와 현민 홀에서 열린다는 것을 알리는 쪽지였다. '사람을 찾습니다'라든가 '어느 관광그룹은 몇 번 홈 출구 앞에서 기다려주세요'라는 안내문들보다 훨씬 단정한 일본어 글자체로 쓰어 있었다. 몇 명의 중년자와 노인들이 안내문 앞에서 잠시 서성거리다 자리를 떴다. 존엄사 연차대회에 참석하기 위해 야간열차를 타고 온 회원들이 아닐까 생각했다.

대회가 열리는 날은 토요일이었다. 이곳 날씨답지 않게 차가운 바닷바람이 매섭게 불어 가로수가 심하게 흔들렸다. 갑자기 닥친 한랭전선으로 한낮 수은주가 섭씨 6도까지 내려갈 것이라는 기상청 예보가 있었다. 예정된 개회 시간보다 한 시간을 앞당겨 열두 시에 현장에 도착했다. 너무 서둘러 일찍 온 게 아닌가 하는 조금은 멋쩍은 생각으로 주변을 둘러보았다. 70미터쯤 떨어진 버스 정류장에서 내린 사람들이 줄지어 대회장으로 가고 있었다. 반대편 택시 정류장에서 사람들이 걸어가는 방향도 같았다.

시야에 좁혀져 들어온 노인들 사이에 40대와 50대의 남녀도 끼어 있었다. 드문드문 휠체어를 탄 사람들도 가드레일을 따라 계단 옆 경사로를 올라갔다. 벌써 몇 사람짼가, 휙 몰아친 강풍에 날아간 모자를 집기 위해 이리 뛰고 저리 뛰느라 법석이었다. 여행용 가방을 든 사람, 배낭을 멘 사람들이 많은 걸 보면 장거리 열차나 비행기를 타고 다카마츠에 온 것임에 틀림없다.

일본 남쪽 변방의 도시에서 열린 존엄사 대회가 이처럼 뭇사람들의 관심을 끌리라고는 미처 예상하지 못했다. 기껏해야 50여 명, 많아야 100명 정도가 모여 강연이 끝난 뒤 성명서 한 장 달랑 낭독하는 것은 아닐까 짐작했다. 그런데 이날 접수창구에 등록된 참가자는 400명을 넘어섰다. 비행기로 두 시간 거리에 있는 홋카이도에서부터 도쿄와 규슈 등 전국 각 지방에서 온 회원들이었다. 자기네들끼리 꾸벅꾸벅 수도 없이 허리를 굽혀 가며 인사하는 모습이 정겨워 보였다.

정각 오후 한 시에 개회식이 선언되자 협회 측의 이가타 아키히로 이사장이 등단했다. 그는 협회의 활동을 소개하면서 존엄사 카드를 발급받은 회원이 전국적으로 12만 명을 넘어서 12만 1,167명에 이르렀다고 발표했다. '와' 하는 놀람과 함께 한참 동안 박수소리가 이어졌다. 존엄사협회가 발족한 이래 30년 동안 해마다 도쿄와 지방에서 교대로 열려온 연차대회 첫머리에서 그해의 회원 총수가 공개된다. 회원들은 모두 존엄사 선언서(리빙 윌)에 서명한 사람들이다. 존엄사 선언서는 미국의 생전유언과 거의 비슷했다. 협회 측에서 얻은 선언서에는 이렇게 쓰여 있다.

제가 불치병에 시달리며 죽음에 가까워졌을 때를 대비해서 저의 가족과 저를 담당하는 의료진에게 다음과 같이 선언합니다. 이 선언서는 저의 정신이 온전한 상태에서 작성한 것입니다. 따라서 제가 온전한 정신으로 이 문서를 파기하거나 철회하지 않는 한 선언서는 계속 유효합니다.

첫째, 현대 의학에서 볼 때 제 병이 치료할 수 없고 곧 죽음이 임박하다는 진단이 내려진 경우, 인위적으로 죽음의 시간을 미루는 조치는 일절 거부합니다.

둘째, 다만 그런 경우 저의 고통을 덜어주기 위한 조치는 최대한 취해주시기 바랍니다. 이때, 예를 들면 마약 등의 부작용으로 저의 죽음이 앞당겨진다 하더라도 상관하지 않겠습니다.

셋째, 제가 수개월에 걸쳐 이른바 식물인간 상태에 빠졌을 때는 일절 생명유지 조치를 해서는 안 됩니다.

이상 제가 선언서에서 요청한 바를 충실히 이행해주신 분들께 깊이 감사드립니다. 여러분의 행위에 대한 모든 책임은 저 자신에게 있다는 것을 여기에 덧붙여 적습니다.

나는 이 선언서를 한 번 읽고 다시 또 한 번 정독했다. 엄숙한 내용의 문장이다. 자신의 생명에 관한 선언이고, 자신의 죽음을 처리하는 방식에 대한 결정이었다. 내가 미국에서 읽었던 생전유언보다 메시지가 더 강하게 느껴졌다. 같은 동양국가의 정서에서 받아들였기 때문일지 모른다.

내가 자료를 뒤적이다 떨어뜨린 안경을 옆자리에 앉아 있던 일본 여성이 집어주며 고개 숙여 인사했다. 나는 존엄사 선언서를 보여주면서 언제 서명했느냐고 조심스럽게 물었다. 그녀는 수줍은 듯 웃기만 했다. 과묵한 여성일 듯한 인상이었지만 내가 한국에서 왔다고 밝히자 의외로 말문을 트기 시작했다

"5년 전에요. 이 선언서에 서명하기 전에 몇 날 밤을 뒤척였어요. 쓸데없는 일 저지른 게 아닌가 하고요. 옛날엔 그랬지요. 어떤

큰일을 벌일 때는 비장한 각오를 한다고 말이지요. 바로 그 각오가 필요했어요. 그런데 시간이 지나고 보니까 존엄사 선언이 내 마음을 참 편하게 해주는 것 같아요. 좋은 모습으로 이 세상을 떠날 수 있다는 약속이니까요."

그녀는 핸드백 안의 작은 지갑에서 운전면허증처럼 생긴 카드를 내보였다. 한 면에는 자신이 서명한 존엄사 선언서 전문이, 다른 면에는 일본존엄사협회 회원임을 증명하는 내용이 적혀 있었다. 그녀는 후쿠시마 현 출신의 다나카 케이코 씨였다.

"존엄사 선언 이후 달라진 게 있나요?"

"제 나이가 60대 초반인데 친구들에게도 이런 리빙 윌 카드를 소지하고 다니라고 권해요. 그리고 무엇보다 이제는 서로들 만나면 좋은 죽음에 대한 이야기를 많이 합니다. 예전에는 그런 말 꺼내기가 정말 서먹서먹했거든요."

협회에서 국제업무를 맡고 있는 고세 노리코 씨가 대회장을 누비며 회원들의 불편사항을 체크하다가 내게로 다가왔다. 그녀의 성씨가 특이해서 곧장 기억할 수 있었다. 그녀는 접수창구에서부터 내게 친절했다. 궁금한 게 있으면 뭐든지 질문하라고 말했다.

"이렇게 많은 회원들이 제출한 선언서의 서명은 어떤 형식이지요?"

"서명은 본인의 인감이어야 합니다. 그게 없으면 접수가 안 됩니다. 가입 희망자가 선언서에 도장을 찍어 협회에 제출하면 우리는 두 부를 복사해서 회원증과 함께 본인에게 보냅니다. 물론 복사본에는 협회에서 보관하고 있는 선언서 원본과 똑같다는 것을 증명하는 도장이 찍힙니다. 복사본 중 한 부는 회원이 갖고 나머지 한 부는 회원의 가족이나 신뢰할 만한 사람에게 주도록 하지요."

"선언서는 어떻게 활용됩니까?"

"회원의 건강에 이상이 생겼을 때 선언서 복사본을 의사에 보여주는 거죠."

"의사가 전부 회원의 뜻대로 따라줍니까?"

"대개 그렇게 하지요. 그런데 지역에 따라서는 의사가 이해를 못하는 경우가 있습니다. 그땐 회원 등록번호와 의사 이름을 협회에 알려주면 협회가 나서서 의사를 설득시키는 노력을 하지요."

그녀의 말이 끝날 즈음에 연단에 선 이가타 이사장의 톤이 더욱 높아졌다.

"이제 존엄사는 특정 국가 또는 특정 종교와 전혀 관계없는 인류 공통의 과제입니다. 일본도 존엄사가 법적으로 보호를 받도록 입법 활동을 지원하겠습니다."

1층과 2층 객석에 앉아 있는 회원들은 존엄사법 입법을 위한 협회의 구체적인 지원계획을 메모하기도 하고 관련 자료를 뒤적이며 밑줄을 치는 꼼꼼한 자세를 허물지 않았다. 하타노 미키 부이사장은 2008년도에 일본 전국에 있는 각 지부 등을 통한 간담회와 상담원 활동에 힘을 기울여 회원들을 더 늘려 나가겠다고 약속했다.

이날 회원들에게 배포된 안내장을 훑어보다가 '어' 하고 놀랐다. 맨 끝 식순에 샹송가수 이시이 요시코의 독창이 끼여 있었다.

일본존엄사협회 30차 연차대회장의 모습.

존엄사 연차대회에 웬 샹송? 객석에서 박수가 터졌다. 무대 바닥을 쓸어내듯 길고 하얀 드레스를 입은 가수가 등장했다. 사뿐사뿐한 걸음걸이가 나비처럼 느껴졌다. 그녀가 마이크 앞으로 다가설 때까지 몇 초간 침묵이 흘렀다.

"〈안녕이라고 말하지 마세요〉라는 노래를 하기 전에 제 이야기를 좀 할까 합니다. 제가 벌써 85세가 됐습니다."

갑자기 장내에서 수군수군하는 소리가 들렸다. 그 나이에 아직도 노래를 할 수 있다는 데 대한 감탄과 부러움 때문일까. 아니면 한때 유명한 가수도 세월은 어쩌지 못하는구나 하는 인생무상의 느낌 때문일까.

"존엄사협회가 발족하던 30년 전에 제가 회원으로 가입했는데 그땐 존엄사라는 말이 굉장히 어둡게 생각됐어요. 그런데 지금은 어떤가요. 아주 밝은 테마가 돼버렸군요. 저도 지갑에 회원증을 넣고 다닙니다. 만약의 경우에 대비해서지요. 제가 바라는 죽음을 맞이하고 싶어서요."

다시 박수가 이어졌다. 그녀는 자신이 지켜본 가족 일곱 명의 죽음에 대해 말하기 시작했다. 일본 법무대신과 운수대신을 지냈던 아버지는 오랫동안 신장투석을 해오다가 어느 날 의사에게서 "오늘부터 그만두는 게 좋겠습니다"라는 통보를 받았다. 아버지는 더 살고 싶어했다. 이와 반대로 간장암에 시달리던 87세의 어머니는 죽을 때 절대 고통스러운 모습으로 떠나서는 안 된다고 생각했던 분이다. 늘 깔끔하게 화장하고 지내면서 통증완화 치료를 요구했다. 어머니는 정말 잠자는 듯 조용히 세상을 떠났다. 자신이 선택한 방식의 존엄사였다.

그녀는 목이 메는 듯 잠시 말을 멈추었다.

"어머니가 투병 중에 이런 말을 했었어요. 일본 총리를 지낸 사토 에이사쿠의 부인이 하루는 패션쇼에 갔다 온 후 목욕을 마치고 일찍 잠자리에 들었는데 그게 마지막 길이었다고요. 그거 축하할 일 아니냐고 어머니는 내게 말했지요."

대회 진행을 맡아보던 사회자가 의자를 끌어다가 그녀가 서 있는 바로 뒤편에 놓았다. 그녀가 객석의 이쪽저쪽을 살펴보며 이야기하던 중에 왼쪽 귀걸이가 바닥에 떨어졌다. 앞좌석 쪽에서 웃음이 번졌다. 그녀의 미소가 대회장을 한층 밝혔다.

"지금 노래할 〈안녕이라고 말하지 마세요〉는 제가 펴낸 책 제목이었습니다. 가수 생활 60년을 정리하는 콘서트를 기념한 책입니다. 그 제목은 제가 오래도록 살겠다는 뜻이 아니라 지금껏 만나온 많은 사람들을 기록으로 남기고픈 생각에서 붙인 거예요."

피아노 선율과 함께 그녀의 노래가 대회장을 사로잡았다. 이브 몽땅의 〈고엽〉이 흘렀다. 가을을, 사랑을, 인생을 노래했다.

대회가 폐막된 후 옆에 있는 홀에서 파티가 열렸다. 창밖으로 아름다운 다카마츠 항구가 내려다보였다. 작은 섬들을 오가는 페리선 세 척이 접안해 있다. 존엄사를 말하고 샹송을 부르던 이시이 요시코가 회원들과 이야기를 나누다가 눈 아래에 있는 16세기 중엽의 다카마츠 성에서 눈을 떼지 않았다.

존엄사법 제정에 목숨 건 사람들

식물인간 5,000여 명. 미국에서 일어난 카렌 사건으로 안락사 논쟁이 뜨거웠던 1975년과 1976년에 일본은 그만큼 많은 숫자의 식물인간이 병원에 입원하고 있었다. 정확히 얼마나 많은 식물인간이 있었는지 통계조차 없었지만 의료업계에서는 대략 그 정도가 되리라고 추산했다. 그들은 대개가 병원 신세를 졌다. 해가 바뀔 때마다 식물인간이 된 환자들을 어떻게 간호할 것인가는 국민적 관심사였다.

미국의 카렌 사건이 일본에서 더 크게 보도된 이유도 여기에 있었다. 뉴저지 주 대법원이 카렌의 안락사를 인정하는 판결을 내리기 한 해 전인 1975년 도쿄에서 일본안락사협회가 서둘러 발족되었다. 정치가와 의사, 법학자, 경제학자, 종교인 등이 중심이었다. 일본도 안락사를 인정하는 관련법을 만들자고 목소리를 높였다.

이 협회는 다음 해에 세계 각국 전문가와 관계자들을 초청하여

해피 엔딩, 우리는 존엄하게 죽을 권리가 있다

제1회 안락사 국제회의를 도쿄에서 개최하기까지 했다. 돌다리도 두들겨가며 건넌다는 일본인의 신중한 기질로 볼 때 이처럼 서둘러 단체를 만들고 수도 한복판에서 국제회의를 연 일은 일찍이 볼 수 없었던 발빠른 조직 활동이었다. 예상했던 대로 저항이 컸다.

병원 현장에서 뛰고 있는 의사들은 안락사 운동에 관심을 보였으나 현실적인 법률 체계의 한계를 들어 논의에 끼어들기를 꺼려했다. 일본의사회가 특별한 반응을 보이지 않았던 것도 이런 이유에서였다. 일부 법조인들과 문화인들은 반기를 들었다. 안락사 허용이 사회적 차별을 부른다고 우려했다. 그것이 강자의 논리가 아니냐 하는 주장이었다. 안락사는 병든 사람에게 '당신, 죽어라'는 소리와 다를 게 뭐냐며 거칠게 대드는 사람들도 뒤따랐다.

안락사라는 용어에 당시 일본인의 반응은 그처럼 예민했다. 미국인과 다른 문화의 소산이기도 하지만 일본인은 죽음에 대한 두려움이 유달리 컸다. 이런 태도는 외국인들의 예상을 뒤엎는다. 그들은 흔히 일본인들의 죽음 문화를 사무라이의 자결과 연관시켜 생각한다. 사무라이들이 칼로 배를 가르며 피를 토하는 모습이 일본의 죽음 문화를 이어가는 큰 줄기라고 여겨왔다. 한국인도 그런 선입감에서 벗어나지 못하고 있다. 그러나 사무라이의 자결은 가문과 조직의 명예를 위해 어쩔 수 없이 자신을 던지는 경우였다.

제2차 세계대전 때 비행기와 함께 폭사한 일본군 가미카제 특공대의 죽음은 국가가 강압하는 형식의 최후였다. 당시 일본 육군의 꽃으로 불리었던 보병은 사쿠라(벚꽃) 노래를 불렀다. 그들의 노래 가사는 "사쿠라처럼 미련 없이 죽으리라, 사쿠라처럼"이라고 되풀이했다. 그들이 입었던 군복의 목덜미 부분도 사쿠라 색깔이었고 군대의 문상도 사쿠라였다. 군국주의가 일본인의 사생관을 사쿠라에 얽어맸다. 옛 일본인들이 소원했던 '사쿠라 나무 밑에 나를 묻어다오'와는 너무나 거리가 먼 죽음의 추억이었다. 군국주의자들은 수많은 병사들에게 죽음을 각오하고 출정하라고 요구했다. '나를 모두 버리라'는 멸사(滅私)가 그들에게 강요된 사생관이었다.

노벨 문학상 수상자인 소설가 가와바타 야스나리나 유명한 문학평론가 에토 준의 자살은 인생의 허무감에서 빚어진 것이다. 현직 장관이나 국회의원, 기업 회장 등의 자살은 정치헌금 스캔들 등 비리와 연관된 것이 태반이다. 정말이지, 일본인은 자신을 위해서 죽음을 선택한 적이 있는가라고 스스로 질문하고 있다. 그래서 자주 존엄사가 화두로 등장했다.

일본안락사협회가 일본존엄사협회로 이름을 바꾼 것은 미국 캘리포니아 주 외회가 자연시법을 제정한 이후였다. 카렌의 죽음을 자연사, 즉 존엄사로 받아들인 때였다. 세계의사회가 스페인 리스본에서 존엄사를 지지하는 선언서를 채택한 1980년대 초반이었다.

일본존엄사협회의 이가타 아키히로 이사장은 학자풍의 의사였다. 그는 다카마츠 항구에 있는 30층 규모의 심볼타워를 향해 앉아 있었다. 커피 냄새가 항구의 향수를 북돋았다.

"존엄사 운동에 우여곡절이 많았겠어요?"

질문을 받자 그는 빙긋이 웃었다. 사람 좋은 인상이었다. 조용한 웃음 속엔 굽이굽이 걸어온 길이 험악했던 이야기들이 숨어 있을 듯싶었다.

"일본이 세계 제일의 장수국가 아닙니까. 장수사회라는 게 인류가 처음으로 경험하는 대사업이란 말입니다. 거기엔 의학의 공헌이 컸지요. 그런데 우리가 영원히 살 수 있는 건 아니지요. 젊은이를 포함해서 암으로 고생하는 사람들은 갈수록 늘어나고 불치병 환자도 증가하고 있습니다. 지금이 존엄사를 생각할 때라 이거지요. 이 운동을 추진하면서 예상치 않았던 어려움이 곳곳에 쌓였었지요. 이제부터 더욱 적극적으로 존엄사법 제정을 지원하는 일에 나설 겁니다."

"존엄사법 제정 추진은 지금 어느 단계까지 왔나요?"

"2005년 6월에 전국에서 지지자 14만 명의 서명을 받아서 국회에 청원서를 냈습니다. 2007년 현재 90여 명의 여야의원들로 구성된 '존엄사 법제화를 생각하는 의원연맹'을 중심으로 입법 활동을 하고 있습니다. 낙관은 할 수 없지만 가까운 장래에 좋은 소식이 있으리라 봅니다."

"가입한 회원들 가운데 유명 인사는 누가 있나요?"

"내놓고 이야기하기는 좀 뭐하지만 고이즈미 준이치로 전 총리도 회원이지요. 오쿠다 히로시 전 일본경제단체연합회 회장이 고문으로 계십니다. 이 밖에 일본변호사연합회의 키타야마 로쿠로 전 회장, 우시오 전기의 우시오 지로 회장 등이 우리 협회의 명예회장 또는 고문으로 계시지요."

"존엄사를 국민들이 어떻게 받아들이고 있다고 봅니까?"

"많이 달라졌어요. 우선 언론의 편견이 없어졌지요. 존엄사를 충분히 이해하고 있어요."

"존엄사를 소극적 안락사로 받아들이는 경우는?"

"존엄사는 어디까지나 자연사입니다. 그걸 부정적으로 보면서 소극적 안락사로 몰아갈 수도 있겠지요. 의사가 환자나 가족과 의논해서 말기치료에 최선을 다하며 통증을 덜어주는 노력을 기울이고 있는데 그걸 이해하지 못해 소극적 안락사를 한다는 둥 하고 떠들어대면 결국 어떻게 해야 한다는 이야기인가요? 부정적 의견을 가지고 있는 사람이 환자 당사자라고 한다면 생각이 싹 바뀔 겁니다."

"한국에서는 존엄사라고 해도 조금은 더 살 수 있는 사람의 죽음이 앞당겨지는 것이 아닌가 하는 의문이 제기되고 있습니다. 비록 환자의 의식이 회복될 가능성이 거의 없는 상태라고 해도 말입니다."

질문이 너무 한쪽으로 쏠린다고 느꼈기 때문일까. 그는 다시 뜨거운 차를 따라 마시면서 생각에 잠겼다.

"간단히 말하면 말기환자의 고통을 줄여주면서 편안하게 자연사하도록 유도하는 게 우리의 목적입니다. 우리는 주사를 놓아서 환자를 안락사시키자는 이야기가 절대 아니거든요. 일본에서도 과거엔 그런 오해가 많았는데 지금은 없어요. 사라졌지요."

"존엄사로 인생을 마친 인물 가운데 오래도록 기억에 남는 인물은 누군가요?"

"주일 미국대사를 지냈던 에드윈 라이샤워입니다. 그분은 간장암으로 고생했었지요. 그런데 그분의 죽음이 전형적인 존엄사였어요. 일본에서도 반향이 컸습니다."

라이샤워는 일본에서 임무를 끝내고 미국에서 투병하는 중에 의사와 가족에게 간절히 부탁했다. 병이 나을 희망이 전혀 보이지 않으면 생명을 연장시키는 일체의 의료장치를 자기 몸에 붙이지 말아 달라고. 자신은 아주 자연스럽게 세상을 떠나고 싶다고. 그때 미국 의사는 환자의 요청을 받아들였다. 라이샤워는 생명유지 장치를 달지 않은 채 가족과 영원히 이별했다. 1991년이었다. 일본인들은 유달리 그의 죽음에 감명을 받았다.

라이샤워가 세상을 떠나던 해에 일본존엄사협회 회원이 엄청 늘어났다. 생전유언에 대한 관심도 덩달아 높아졌다. 사회적 사건에 의해서 어떤 운동은 큰 흐름을 탄다. 존엄사 운동도 마찬가지로 그 영향을 받았다.

이보다 앞서 2년 전에 또 다른 사건이 있었다. 히로히토 일왕이 오랜 투병 끝에 세상을 떠난 것이다. 국민들은 그의 진짜 병명을 한참 후에야 알았다. 그런데 정작 당사자인 일왕은 자신이 무슨 병인지도 모른 채 운명했을 것이라는 소문이 나돌았다. 일왕에게 췌장암이라는 진단이 이미 내려졌지만 왕실 의사들로 구성된 시의단(侍醫團)은 본인에게 알리지 않은 채 끝까지 침묵했다.

만약 히로히토 일왕이 말기 암이라는 사실을 투병 중에 통보받았더라면 국민들에게 하고 싶은 말을 남겼을 것이다. 19세기와 20세기 역사에 대한 회고와 반성도 있었을지 모른다. 그런데 히로히토는 그런 기회를 갖지 못했다. 그는 인위적으로 생명을 연장시키는 온갖 의료기기에 둘러싸인 채 1989년 1월 세상을 하직했다.

그런데 전혀 엉뚱한 데서 뜻하지 않은 반응이 나타났다. 일왕이 사망했던 그해에 존엄사협회 회원 가입자가 급격히 증가한 것이다. 내 인생의 마지막이 저런 모습이 되어서는 안 되겠다는 일본 국민들의 뜻이 반영된 것이다. 일왕의 죽음이 일본인들에게 반면교사(反面教師)가 된 것은 시대의 아이러니였다. 죽음에 대한 국민들의 의식에 변화가 일기 시작한 것이다.

일본인들의 속마음이 흥미롭다. '나도 라이샤워처럼 품위 있게 떠나고 싶다'는 생각을 스스럼없이 털어놓는다. 그러나 그들 입에서 히로히토 일왕의 이야기는 전혀 나오지 않는다. 수십 가지 의료기기에 둘러싸인 채 세상을 하직한 일왕의 마지막 모습을 조금도 기억하고 싶지 않은 것이다. 좋은 죽음의 추억은 간직하고, 언짢은 죽음은 차라리 잊어버리겠다는 것이다.

후생노동성이 5년마다 실시하고 있는 말기의료에 관한 국민의식 조사에서도 이 같은 현상이 나타나고 있다. 2003년 조사에서는 "식물인간 상태에 있는 환자의 생명연장 치료에 대하여"라는 항목에서 79퍼센트가 치료를 중지해야 한다고 답변했다. 치료 중단을 긍정적으로 보는 이들에게 "어떻게 연명치료를 중지할 것인가"라고 물은 결과 '일체의 치료 중지'가 28퍼센트, '인공호흡기 등 생명유지에 특별히 이용되는 치료를 중지하고 그 이외의 욕창 치료 등은 계속'이 62퍼센트였다.

같은 문항에 대해 의사들에게만 물은 결과 '연명치료 중지'가 85퍼센트로 일반국민보다 훨씬 높게 나타났으며 "자신이 담당하고 있는 환자의 경우라면 어떻게 할 것인가"라는 문항 역시 85퍼센트의 의사가 '생명연장 중지'를 생각하고 있다고 밝혔다. 일본 학술회의 특별위원회도 몇 가지 단서를 붙이기는 했지만 식물인간 상태의 존엄사를 인정하는 보고서를 14년 전에 내놓은 적이 있다.

맹수용 마취제를 놓아라

"유서를 써보신 적 있나요?"

다카마츠 공항을 떠나 도쿄로 가는 비행기 안에서 니시오카라는 성을 가진 한 일본인을 만났다. 일본존엄사협회 연차대회에서 얼굴을 몇 번 마주쳤던 인물이었는데 내 옆자리에 앉자마자 대뜸 그런 질문을 던졌다.

"아직은……."

"리빙 윌은요?"

"아, 네. 서울에서 호스피스 교육을 받다가 연습으로 한번 써본 정도였습니다. 그런데 이곳 일본을 여행하다가 며칠 전에 작성해서 제출한 적이 있습니다. 마음이 달라졌어요. 또 이런 생각도 들었어요. 사람이란 어느 때 무슨 일이 생길지 모르니 미리 준비해두자고."

해피 엔딩, 우리는 존엄하게 죽을 권리가 있다

"어떤 기분이세요?"

"리빙 윌을 쓸 때 기분 말입니까? 서명하기 전에 이런저런 생각들이 많이 떠올랐습니다. 그런데 불치병에 걸렸을 때는 다른 뾰족한 방법이 없지 않아요? 내가 일본존엄사협회에 이걸 제출할 때 접수창구가 잠시 시끄러웠습니다."

"아니, 왜요?"

"외국인의 회원 가입 신청을 받아들여도 되는가, 외국인이 제출한 리빙 윌이 효력이 있는가에 대한 해석이 구구했거든요. 그래서 내가 그랬지요. 일본 여행 중에 최악의 일이 벌어졌을 때는 내가 제출한 리빙 윌 내용대로 일본 의료기관이 처리해줄 수 있지 않는가 하고."

"그래서요?"

"고개를 갸우뚱하던 협회 사람들이 잠시 머리를 맞대고 논의하더니 한참 후에 서류를 받아주더군요. 내가 그쪽 직원에게 물어봤어요. 외국인 회원들이 얼마나 되느냐고요. 그런데 여행 중에 가입한 외국인은 없다고 하더군요. 단지 일본에 거주하는 재일교포가 70여 명 있다고 했어요."

그는 자세를 바로 잡으면서 내게로 얼굴을 바짝 들이댔다.

"사실은 내가 미국에서 근무하던 1990년대 초에 리빙 윌을 작성한 적이 있었는데 처음에는 마음이 좀 복잡했어요. 직장 일로 뛰어다니다 보니까 나를 되돌아볼 여유가 없었는데 그 서류를 받아들고 곰곰 생각했어요. 어느 날 나에게 닥쳐올 일도 미리 준비해두자고. 그런데 그 서류에 서명하고 나니까 무서울 게 없었어요. 무슨 일이 생겨도 최선을 다하자, 운명의 시간이 오면 그대로 맞이하겠다는 생각 같은 게 들었습니다. 그런데 혹시 한국인의 경우 일본에 있을 때 어떤 생각을 했나 궁금해서 여쭤본 겁니다."

그는 나를 쳐다보고 웃었다. 작년 전자회사에서 은퇴한 60대 초반의 신사였다.

'리빙 윌을 남기자'는 운동은 지금도 일본 각 지방에서 번지고 있다. 존엄사협회에 속한 전국의 각 지부들이 앞장섰다. 도카이 지부 등에서는 수시로 연수회를 열어 '생명윤리의 기본'이라든가 '말기환자와 연명조치', '지속적인 식물인간 상태와 영속적인 식물인간 상태', '존엄사 법제화의 중요성' 등에 대한 토론을 벌인다. 존엄사를 둘러싼 모든 논쟁거리가 등장한다.

북쪽의 홋카이도 지부는 '존엄사와 호스피스를 말한다'에 관한 강연회를 열고 규슈 지부는 '사는 방법, 죽는 방법—준비해두면 걱정 없어요'라는 제목으로 주민들의 궁금증을 풀어주는 해설 시간을 갖는다. 각 지역별로 상담원들이 주민들의 궁금증을 해소해주는 데 공을 들인다. 의사들이 보조 역할을 하는 경우도 많다.

이시카와 현의 제생회 가네자와 병원에서 마취과 의사로 일하고 있는 기타 마사키 씨. 그는 환자들을 깨우쳐주는 데 아낌없이 시간을 바치고 있는 인물이다. 내가 도쿄에 도착한 후 그에게 전화를 걸었을 때는 해가 뉘엿뉘엿 지기 시작한 오후 여섯 시 반이었다. 진료시간이 지났는데도 그는 진찰실에 있었다. 환자 두 명을 더 진찰한 다음 전화를 되걸어주겠다고 약속했다. 그로부터 한 시간이 더 경과해서야 그의 목소리를 들을 수 있었다. 그는 대뜸 암 이야기부터 시작했다.

"일본에서는 해마다 100만 명 정도가 사망하는데 사망 원인의 첫 번째가 암입니다. 전체의 31.1퍼센트나 되지요. 존엄사를 생각 안 할 수 없어요."

"리빙 월을 작성하는 환자는 계속 늘어나고 있습니까?"

"아, 아니요. 이쪽은 시골이라서 도쿄나 오사카 같은 큰 도시와는 좀 다릅니다. 생각보다는 리빙 월에 관심을 보이는 환자가 그렇게 증가하지는 않아요. 가네자와 이곳도 역사가 오랜 작은 도시긴 하지만 큰 도시처럼 되려면 아무래도 시간이 걸릴 겁니다."

"단순히 시골이라서 그런 걸까요? 아니면……."

"한국도 그렇지 않을까 생각합니다만 일본은 시골로 갈수록 의사가 강하고 환자가 약해요. 환자가 자기 뜻을 밝히기 어려워하거든요."

"환자가 주눅이 들어 있다는 건가요?"

"시골 환자들은 자기 권리를 주장하기 어려워합니다. 대도시에 있는 환자들은 존엄사협회 회원으로 가입해서 당당하게 리빙 월을 작성하는 회원들이 많은데 이곳에서는 그렇지 못한 게 현실입니다. 그래서 환자들에게 리빙 월을 설명하는 데 꽤 공을 들여야 해요."

그가 호스피스 병동에서 일할 때는 환자들이 따라다니며 "리빙 월을 어디에 써 먹느냐, 누구한테 전달하느냐"는 질문을 수도 없이 던졌다. 그럴 때마다 "될 수 있는 대로 빨리 주치의에게 리빙 월 서류를 넘겨주세요"가 그의 정해진 답변이었다고 말했다.

"환자들이 통증을 호소해올 때마다 적극적인 치료 방법을 쓰나요?"

마취 전문의의 입장을 듣고 싶었다.

"말기환자의 경우는 통증완화 조치가 최우선이지요. 리빙 월을 가지고 있는 환자는 이렇게 말합니다. '난 항암제는 더 이상 싫어요'라고. '방사선 치료도 안 받겠어요. 그냥 진통제만' 하고 요구합니다. 암이 골수로 이전되고 등뼈의 신경을 압박하게 되면 환자가 정말 참기 어려워하지요. 그땐 등뼈 속으로 바늘을 넣어서 망가진 뼈를 받쳐주는 특수 시멘트를 주입하는 치료법을 씁니다."

"대개의 경우 환자가 먼저 적극적인 통증치료를 요구하나요?"

"그렇지요. 의사들이 그렇게 했으면 하는 생각도 하지만 얼른 표현을 안 하지요. 옛날부터 그렇게 해왔어요. 환자들만 고통 속에서 시달리다 떠나가는 경우가 많습니다."

그는 과거에 일본 의사들이 너무 권위를 세우고 완강했다고 비판했다. 학교 선생님이 그렇게 했고 한 집안의 아버지도 그랬다는 것이다. 그들의 위치가 절대적이어서 모두 참고 지냈을 뿐인데 이젠 그런 시대가 아니란다. 그러더니 그가 한국 이야기를 꺼냈다.

"잘 모르긴 하지만 한국도 그럴 겁니다. 일본의 5년 전 아니 10년 전의 모습이 지금의 한국이 아닐까 생각합니다."

"지금 일본 환자들은 어떻다고 보세요?"

"일본 환자들이 더 많이 깨우쳐야 합니다. 환자들이 자신의 통증을 어떻게 해주었으면 좋겠다는 생각을 의료진에게 말해야 합니다. 그런 쪽으로 의식이 바뀌지 않으면 의사들도 달라지지 않아요. 의사는 본래 그렇거든요. 의사가 먼저 변하기를 기대하는 건 어려운 얘기지요."

"지금 하신 이야기를 책에 그대로 써도 괜찮나요?"

그는 "괜찮습니다. 괜찮습니다"라고 연거푸 말했다. 호스피스 치료에 대한 강한 신념이 그의 말투 여기저기에서 묻어났다. 나는 한국에서도 이렇게 마음과 생각이 열린 의사를 만날 수 있으면 얼마나 좋을까 생각했다.

"통증 정도에 따라 제한 없이 모르핀을 주사할 수 있습니까?"

순간 침묵이 흘렀다. 그는 내 질문의 의도를 알고 싶어했다. 한국에선 의사들이 모르핀 사용을 주저하기도 하고 투여량을 늘리는 데 두려움을 갖고 있다고 설명해주었다.

"예전에는 일본 당국의 규제가 심했습니다. 기껏 해야 100밀리그램 정도밖에 주사할 수 없었어요. 환자가 아무리 통증을 호소해도 말입니다. 그러나 10~15년 전부터는 의사 판단에 맡기고 있지요. 나는 환자 증상에 따라 1,200밀리그램까지, 더 심한 경우는 2,000밀리그램까지 처방한 일이 있습니다."

2,000밀리그램? 내 귀를 의심했다. 그 정도는 너무 지나친 게 아닐까, 환자가 몽롱해 있지는 않을까.

"몇 개의 근육주사약도 있습니다. 이를 테면 맹수를 사로잡을 때 쓰는 마취총이 있는데 여기에 강력한 마취약을 집어넣습니다. 환자에게도 쓸 수 있는 허가된 약품입니다. 그걸 처방하는 경우도 있어요. 모르핀을 처방해도 듣지 않을 때이지요. 환자의 격렬한 고통이나 호흡곤란, 전신권태감 등을 덜어주는 데 효과가 있거든요."

"그런 처방을 받은 환자들의 상태는 괜찮아졌나요?"

"푹 잠들고 나서 아침에 밝은 얼굴로 인사합니다. 신문을 읽는 환자도 있고 퍼즐 게임을 즐기는 환자도 있고요. 다음날부터 환자들에게 처방하는 약을 절반씩 줄여나가지요. 시한부 생명을 1~3개월 남겨둔 환자들이기 때문에 일정 기간이 지나면 편안한 모습으로 세상을 떠납니다."

지금 의과대학에서 공부하고 있는 학부 학생들이 호스피스 완화의료에 대해 어느 정도 배우느냐고 그에게 물었다.

"3년 전부터 본과 2, 3학년 학생들이 배우고 있습니다. 물론 커리큘럼에도 존엄사 문제가 포함돼 있지요."

"그러면 의사 시험에도 관련 문제들이 출제됩니까?"

"물론입니다. 나오고 말고요."

그가 병동으로 돌아가야 하는 시간이 되어 전화를 끊었다. 모르핀 2,000밀리그램이라는 수치가 머릿속을 맴돌았다. '맹수용 마취약'에 통증이 느껴졌다.

존엄사 가이드라인

세 명 중 한 명이 암으로 사망하는 일본. 일찍부터 서구 문물을 받아들이기 시작했지만 일본의 죽음의 문화는 서구와 사뭇 다르다. 종교적인 기반이 딴판이다. 서구인들의 죽음에 대한 느낌이나 감정은 기독교 정신이 깊게 깔려 있다. 일본의 토착 종교인 신도는 하나의 종교라기보다는 신앙에 가깝다. 그러나 그들은 불교, 유교와 함께 살아왔다. 나무나 돌에도 영혼이 있다고 믿어왔다.

그들의 종교관은 세계 어느 나라보다 독특하다. 그렇게 많고 잡다한 종교와 마찰 없이 동거해온 민족이다. 아시아에서 일찍이 개방된 나라지만 기독교 인구는 1퍼센트 정도에 머물고 있다. 고대 일본에서 일어난 한 차례를 제외하면 종교 간 패권 다툼이나 종교 전쟁이란 이 나라에서 찾아볼 수 없다.

개방적이면서도 폐쇄적인 나라, 세계 제1의 장수국가이면서 자살률이 높은 나라, 그러면서도 존엄사에 관심을 기울이고 있는 나라가 일본이다. 그러나 존엄사와 관련된 제도가 자리 잡고 있는 일본을 이해하기는 쉽지 않다. 일본 정부는 2007년에 말기의료에 관한 지침을 발표하는가 하면 의료계 각 단체들도 이 문제에 대한 입장을 밝히는 데 적극적이다. '가이드라인'이라는 이름의 이 지침이 쏟아지면서 혼란도 빚어졌다.

그런데 우리나라는 독립한 이후 오랫동안 의료교육과 의료시스템 그리고 의료용어까지 통째로 일본 것을 받아들였다. 병원을 경영하는 마인드도 비슷하고 환자를 대하는 의사들의 의식까지 별로 다를 게 없었다. 한국은 시간차를 두고 일본이 걸어왔던 길을 뒤따랐다. 판박이 의료행정이었다. 그러나 죽음에 관한 양국의 문화는 닮은 듯하면서도 딴판이다. 종교와 문화가 다르고 삶을 살아가는 방식이 다르기 때문이다.

1970년대의 미국이 그랬던 것처럼 일본에서는 1980년대 이후에 안락사에 관한 논쟁이 한창이었고 그즈음에 미국인의 생사관에 관심을 보였다. '장수 국가' 일본의 축복 뒤에 감춰진 가장 인간적인 고뇌가 드러나기 시작한 때는 1990년 중반으로, 안락사 논쟁이 존엄사로 이어진 시기이다. 품위 있는 죽음이 화제로 등장한 것이다. 암 발병률이 높아지고 예측불허의 지진이 끊임없이 발생하고, 수많은 사건 사고로 죽거나 다친 사람이 늘어나면서 평소에 죽음을 준비해야 한다는 의식이 강해졌다. 말기환자들도 빠른 속도로 증가하기 시작했다.

일본 정부가 말기의료에 관한 지침을 마련하지 않을 수 없을 만큼 상황은 급변했다. 사실상 존엄사에 관한 가이드라인이 필요해진 것이다. 그것은 일본인에게 한 시대를 살아가는 인간적인 요구이며 시대의 흐름이기도 하다. 일본의 제도와 가이드라인이 어떤 의미를 갖는지 깊이 음미할 필요가 있다. 한국이 가야 할 길도 거기서 찾을 수 있을 것이다.

일본 정부의 후생노동성과 전국 의사들의 모임인 일본의사회, 일본구급의사회 그리고 일본의과대학이 발표한 가이드라인을 종합적으로 비교·분석하면서 존엄사에 관한 의문점을 풀어본다. 이해를 돕기 위해 일본존엄사협회와 각 기관의 자료를 토대로 그 내용을 질문과 답변 식으로 구성했다.

- **말기의료에 가이드라인이 왜 필요한가요?**

누구나 죽음을 맞게 된다는 건 모두가 알고 있을 테지요. 그러나 죽음에 이를 때 의료를 어떻게 할 것인가에 대해 우리는 생각하지 않고 살아왔습니다. 이제부터 이런 점을 염두에 두며 살자는 겁니다. 또 중요한 것이 있습니다. 우리가 임종할 때 고통을 겪지 않고 편안하게 떠나야 한다는 것입니다.

- **'편안하게' 떠난다는 기준이 도대체 뭔가요?**

물론 편안하다는 것이 명확하게 정의내릴 수 있는 문제는 아니지요. '편안하게'라는 건 환자를 고통스럽게 하는 과잉진료나 단순한 연명치료를 하지 않는다는 것입니다.

· **말은 쉽지만 결코 간단한 문제가 아니군요.**

그렇습니다. 말기환자를 다루는 의료에서는 생명을 계속 연장하는 연명치료를 할 것인가 아니면 중지할 것인가를 둘러싸고 논쟁이 많았습니다. 그래서 각각의 경우에 대한 조건이나 절차를 정해놓은 것이 가이드라인입니다. 일종의 지침이지요.

· **여러 기관이나 단체에서 따로따로 가이드라인을 만들었는데, 어느 쪽을 참고해야 합니까?**

우선은 일본 정부의 후생노동성 것입니다. 아주 단순하게 정리되어 있습니다. 그다음 다른 기관의 지침을 참고하면 됩니다.

· **왜 일본 정부가 이런 지침을 만들었을까요?**

국가기 어떤 지침올 민들면 국민이 안심하고 나를 수 있기 때문입니다. 그래서 일본존엄사협회도 이를 근거로 존엄사를 법으로 인정하도록 하는 법제화를 촉구하고 있습니다. 법이 만들어지면 의사들의 면책 범위가 분명해지고 또 규제력도 갖게 됩니다. 그러나 법을 만드는 데는 상당한 시간이 걸립니다. 그렇다고 정부가 당장의 문제인 존엄사를 방치할 수만도 없어서 서둘러 만든 것이 바로 '말기의료 결정 과정에 관한 가이드라인'입니다.

• **정부가 가이드라인을 만들었으면 그걸로 됐지 왜 다른 기관에서도 비슷한 것을 만들지요?**

정부 지침이 있다 하더라도 의료현장에서는 의사의 치료 행위나 그 범위 그리고 각 병원의 실정에 따른 구체적인 내용을 만들어 놓아야 합니다. 예를 들면 연명조치를 중지할 때 몇 가지 경우가 있습니다. 그 가운데 인공호흡기 제거를 어떻게 할 것인가를 생각해볼 수 있습니다. 대상 환자가 다르면 가이드라인도 당연히 달라져야지요.

• **그렇군요. 구체적으로 어떻게 달라지나요?**

후생노동성은 원칙론만을 정했을 뿐입니다. 연명치료를 중지하고 존엄사를 결정하는 여러 가지 조건에 대해서는 구체적으로 밝히지 않았습니다. 그러나 일본구급의학회가 2007년에 발표한 '말기의료에 관한 제언'은 경우에 따라 인공호흡기 제거를 인정하고 그에 따른 절차도 마련했습니다.

• **그렇다면 후생노동성의 지침이란 게 별로 도움이 안 되는 거군요.**

그렇지 않습니다. 일본 정부도 '환자 본인의 의사결정이 기본적인 사항'이라고 못을 박았습니다. 말기의료 행정에 대해서 국가가 지침을 통해 이같이 명확히 밝혔다는 것은 결코 가볍게 볼 일이 아닙니다.

· **환자 본인의 의사를 존중한다는 것은 어떤 가이드라인에도 공통적으로 나오는 내용이 아닌가요?**

조금 더 깊이 들어가보면 차이가 있습니다. 그러나 이런 공통점이 있어요. 병원 측이 환자 상태에 관해 충분히 설명한 다음 당사자의 의사를 확인하고, 존중해야 합니다. 그다음에 환자를 담당하는 의료팀이 판단을 내립니다. 물론 가족도 여기에 관여하지요.

· **어디서 차이가 생기죠?**

연명치료를 중지할 때는 환자가 임종시기에 가깝게 왔다는 진단이 내려져야 합니다. 그러나 임종시기에 대한 정의가 아주 미묘해요. 후생노동성은 이에 대한 정의를 아직 내리지 않았습니다. 그러나 일본의사회는 진료팀이 임종시기를 결정하는 것으로 정했습니다. 일본의과대학은 환자가 숨지기 전 마지막 2주일에서 1개월 사이를 임종시기로 보고 있지요. 생명유지 장치가 오로지 죽음을 연장시기는 데 지나지 않는다고 보는 시기이지요.

· **보통 말기라면 사망 전 3개월에서 6개월 정도를 가리키는 것이 아닌가요?**

그렇게 숫자로 말하면 알기 쉽겠지요. 그러나 일본의사회는 이런 입장입니다. 의료기술이 크게 발달한 탓으로 사망 시점부터 어느 기간까지를 말기라고 정의한다는 것이 의미 없다는 거지요.

해피 엔딩, 우리는 존엄하게 죽을 권리가 있다

- **또 다른 의견에는 어떤 것이 있나요?**

  일본구급의학회는 뇌사 상태에 있는 환자 또는 인공호흡기의 도움을 받고 있는 환자가 이식 등의 다른 대체 수단이 없어서 며칠 안에 사망할 것으로 예상되는 경우 등을 임종시기로 봅니다.

- **환자의 의사가 분명하기만 하면 인공호흡기를 뗄 수 있나요?**

  본인의 뜻이 분명하다 하더라도 병원 측의 설명과 의견을 듣고 치료를 중지한다는 합의 문서를 작성해야 합니다. 후생노동성이나 일본의사회에서 요구하는 사항이지요. 또 하나 중요한 것이 있습니다. 사람의 마음이란 시간이 흐르면서 달라질 수 있잖습니까. 그래서 증상이 달라질 때마다 인공호흡기를 떼겠다는 환자 본래의 뜻이 달라지지 않았는지 다시 확인해야지요. 일본구급의학회와 일본의과대학은 가족의 동의까지 받고 있습니다. 더 엄격한 셈이지요. 이 부분에 대해서는 일본의사회도 마찬가지 입장입니다.

- **말기환자가 연명조치를 중지해달라고 병원 측에 통사정하는데 환자의 부모가 안 된다고 완강히 반대하면 어떻게 하나요?**

  정말 어려운 이야기입니다. 우선 병원 측의 입장은 사후 분쟁을 원치 않는다는 거지요. 말기환자에 대한 의료는 환자 자신과 의사들에게만 있는 것이 아니라 가족에게도 있다는 입장입니다. 요즘은 시대가 달라져서 가족들도 존엄사 문제를 잘 이해하고 있기 때문에 원만히 해결되는 경우가 많습니다.

- **가족들 의견이 각각 다를 수 있지 않습니까?**

병원에서는 이런 일이 많습니다. 정작 환자 본인은 연명조치를 중지해달라고 요구하는데 그동안 모습을 잘 보이지 않던 가족이 나타나 반대하는 경우 말입니다. 이런 일을 막기 위해 미리 동의서를 작성합니다. 환자가 자기 견해를 밝힐 수 없는 상황에서는 가족이 그 뜻을 모아야지요.

- **가족의 범위는 어디까지입니까?**

가족이란 법적인 의미가 아닙니다. 그 범위가 좀 넓습니다. 후생노동성은 가족을 '환자가 신뢰하고 말기의료를 도와준 사람'으로 보고 있습니다. '먼 친척보다 가까운 이웃'이라는 말이 있긴 합니다만 역시 가족 중에 환자를 가장 잘 아는 사람이 대리 역할을 합니다. 특히 환자가 의사표현이 불가능할 경우 가족이 환자를 대신해 의견을 전달합니다.

- **가족 간의 의견이 서로 달라 조정이 안 되면요?**

그때는 병원 측이 의료정보를 제공하면서 조언합니다. 의료진의 판단으로 가족을 대신하는 경우도 있고요. 일본의사회는 말기를 예상해서 환자의 대리 역할을 할 수 있는 사람을 미리 지정하도록 권장하고 있어요. 이른바 '의료대리인 제도'입니다. 일본에서는 아직 정착되지 않은 제도이지요. 그러나 미국은 환자에게 변호사나 가족 또는 친구 중 한 명을 의료대리인으로 지정할 것을 요구하고 있습니다.

해피 엔딩, 우리는 존엄하게 죽을 권리가 있다

· 그런데 일본에서 이 가이드라인이 법적 효력을 갖습니까?

말기환자에 대한 연명조치 중지가 아직은 법으로 인정되지 않았습니다만 정부가 가이드라인을 정해서 그런 행위를 받아들인 이상 이를 법률 위반이라며 문제 삼을 수 없습니다. 그러니까 가이드라인은 법률만큼 충분하지는 않으나 실질적인 효력을 가지고 있다고 의료업계는 해석하고 있습니다.

· 2008년 4월부터는 말기환자의 치료 상담에 대해서까지 국가가 지원하는 '후기 고령자 종말기 상담 지원 제도'를 도입했는데, 그 이유가 뭘까요?

환자들의 희망을 적극적으로 받아들여 이를 말기의료에 반영하자는 뜻입니다. 회복 가능성이 전혀 없는 환자를 어떻게 치료하는 것이 좋을까 의료진과 협의하고 그 내용을 문서화해두는 것이지요. 이때 의료진에게는 국가가 2,000엔(약 2만 원)의 의료수가를 지불합니다. 이런 서비스는 우선 75세 이상의 초고령 환자들이 대상입니다. 그러나 이 제도는 의료비를 억제하기 위한 것이라는 오해가 커져 시행 4개월 만에 중단되었습니다.

· 상담은 병원에 입원해 있는 환자들만 할 수 있나요?

아닙니다. 집에서 치료받고 있는 환자들도 혜택을 받을 수 있습니다.

- **상담 내용은 존엄사 문제까지 포함하나요?**

  거기에 대해서는 확실한 언급이 없습니다. 말기환자들은 의학적으로 추가치료가 의미 없는 일이기 때문에 의사나 환자들이 여러 가지 이야기를 나눌 수 있습니다. 의사들은 환자가 앓고 있는 병의 증상이나 앞으로 예상되는 변화 그리고 병 수발을 포함한 생활지원에 대해 상담합니다. 환자는 병이 더욱 악화되었을 때 자신의 희망을 밝힐 수 있습니다. 고통스러운 치료도 중단해달라고 말할 수 있지요. 이른바 존엄사를 요청할 수 있습니다. 그러나 상담 제도를 도입하는 목적에는 이런 내용이 들어 있지 않기 때문에 아주 애매한 해석들이 나오고 있습니다.

- **일본 정부가 존엄사를 추진한다는 부담을 피하고 싶어서일까요?**

  그런 측면이 엿보입니다. 의사는 환자의 자발적인 견해를 존중할 뿐이며 환자에게 어떤 것을 결정하도록 몰아가서는 안 됩니다. 의사와 환자가 나눈 상담 내용은 반드시 진료기록에 남기도록 되어 있습니다.

- **이런 제도 도입에 대해 어떤 반응들이 나타나고 있습니까?**

  두 가지입니다. 일본존엄사협회 등은 말기환자의 뜻을 존중해서 리빙 윌을 작성하는 기회로 삼을 수 있는데, 이를 분명히 하지 않은 아주 애매한 정책이라고 비판하고 있습니다. 다른 한쪽에서는 고령자 의료비 삭감책에 지나지 않는다는 불만입니다.

- 이 제도의 적용 대상자가 많나요?

  약 1,300만 명이나 됩니다. 정말 많은 숫자입니다. 일본에서 75세 이상의 전 국민과 몸을 전혀 가누지 못하는 장애인 등을 포함한 65~74세 인구가 대상입니다.

- 그런데 최근에 일본학술회의가 말기환자 치료에 관한 새로운 보고서를 채택했다고 하는데 어떤 내용인가요?

  일본학술회의는 일본에서 가장 권위 있는 학술기관이지요. 2008년 2월에 이런 보고서를 공표했습니다. 리빙 윌을 통해 본인의 의사를 확실히 밝힌 경우 병원 측이 이에 따라야 한다는 것을 재확인하면서 만약에 전후가 분명치 않을 경우에는 가족에 의한 환자의 의사 추정(意思 推定)을 새롭게 인정한 것입니다. 환자 본인이 미처 리빙 윌을 남기지 못했다 하더라도 평소의 생각과 행동이 존엄사를 요구했다는 여러 가지 정황을 가족이 병원 측에 전달한다면 이를 받아들여야 한다는 것입니다.

- 일본학술회의가 진보적인 단체인가요?

  그렇지 않습니다. 이슈에 따라 입장이 다릅니다. 세상의 흐름을 분석해서 국민생활에 도움이 되는 보고서를 채택했다고 봐야 합니다. 일본학술회의는 1994년에 '죽음과 의료특별위원회'를 가동했습니다. 이 위원회는 인간의 자기결정권을 중시하는 입장을 밝힌 적이 있었습니다. 그 위에 일정한 조건에서 존엄사를 인정하는 보고서도 제출했지요. 이번에 나온 보고서는 그로부터 13년 만에 열린 '임상의학위원회 말기의료 분과회'가 정리한 것입니다. 이 분과회의 위원장은 일본 국립암센터의 가키조에 타다오 명예총장이 맡고 있었지요. 그만큼 권위 있는 모임이었습니다. 일본학술회의가 국민과 가까운 거리에서 일하고 있다는 느낌이 듭니다.

　일본은 말기의료 문제가 너무 더디게 처리되고 있다는 불만과 지금의 속도가 현실을 잘 반영한 것이라는 찬성 사이에 끼여 있으면서도 적극적인 방향으로 생각이 깨어나고 있다. 또 이를 다루는 일본 정부나 각급 의료기관의 행정도 치밀하고 구체적이다. 인간의 죽음에 관한 가이드라인은 국민의 생활 현장과 병원에서 겪었던 고뇌와 눈물의 결과이다.

　죽음의 문제에 정부가 뛰어들고 환자들을 위해 의사들이 목소리를 높이는 일본이 선진국인가, 아니면 아직도 죽음의 문제를 정부가 기피하고 의사들도 목소리를 내지 않는 한국이 선진국인가를 물을 때가 됐다. 삶의 질과 죽음의 질을 같이 따지는 일본의 정치가 앞선 것인가, 삶의 질만 알고 죽음의 질은 아예 모른 척하는 한국의 정치가 앞선 것인가를 스스로 물어야 한다.

웰다잉에 앞서가는 일본 언론

"매년 4월 15일은 '유언의 날'입니다. 유언장 작성을 도와드립니다."

　일본변호사연합회는 봄철이 되면 이런 식의 공개 캠페인을 벌인다. 변호사들이 전국 각지에서 열린 강연회나 무료 법률상담을 통해 국민들의 유언장 작성을 도와주고 상속에 관한 법률 지식을 보급하기도 한다. 도쿄와 오사카, 히로시마, 후쿠오카 등에 있는 37개 변호사회가 호응해서 주민들의 목소리를 듣는 기회를 갖는다.

　변호사연합회의 '유언장 쓰기'나 존엄사협회의 '리빙 윌 남기기' 캠페인은 죽음을 염두에 두고 사전에 준비한다는 점에서 똑같다. 그러나 유언의 내용이 다르다. 유언장은 주로 재산에 관한 것이고 리빙 윌은 생명에 관한 유언이다. 생명과 재산, 어느 것이 더 중요한가는 물으나 마나다. 그러나 일상생활에서 생명은 뒤로 물러나고 재산 문제가 늘 앞서기 쉽다. 유언장 작성 방법을 가르쳐주는 강연에는 장년, 노년층이 빼곡히 모이지만 좋은 죽음에 관한 리빙 윌을 설명할 때는 청중 숫자가 줄어든다. 이런 세태를 일깨워주는 역할을 언론이 맡고 있다.

1999년 2월 9일 《아사히 신문》은 자사 사장이 암투병 중에 사망했다며 1면에 크게 보도했다. 당시 65세였던 마쓰시타 무네유키 사장은 6개월 전에 폐암 진단을 받았다. 그러나 그는 죽을 때까지 사장직을 지키며 업무를 수행했다. 돌연한 사임이 신문사를 혼란에 빠뜨릴 우려가 컸기 때문이다. 모든 언론사들의 경영이 악화되고 있는 시기였다. 그는 주요업무를 전무에게 넘기고 자신은 일상적인 일에 매달렸다. 항암치료도 단 한 차례밖에 받지 않았다. 그이상의 항암치료가 별 의미가 없다고 생각했다. 한방치료와 식사요법이 전부였다. 암 발견 2개월 후에 그 자신이 베이징으로 날아가 당시 장쩌민 중국 국가주석과의 단독회견도 성사시켰다.

다음 해 정월 초에 열린 사내 시무식에서 마쓰시타 사장은 30분 동안 신문의 역할에 대해 열변을 토했다. 그리고 며칠 후에는 인플렌자로 인한 고열에 시달렸다. 세상을 떠나기 전 그는 가족에게 이런 부탁을 남겼다. 자신이 무슨 병을, 어떻게 앓다가 사망했는지 모든 사람에게 소상히 알리라고. 《아사히 신문》은 마쓰시타 사장이 사망한 다음날에 6개월 동안의 투병 경과를 아주 자세하게 보도했다. "최후의 최후까지 병과 싸우겠다"고 말한 그의 결의도 독자에게 전달했다. 그의 죽음에 대해서 《아사히 신문》과 물불을 가리지 않고 선두다툼을 해왔던 《요미우리 신문》의 와타나베 쓰네오 사장은 말했다.

"그는 나의 가장 강력한 라이벌이었다. 동시에 마음 밑바닥까지 들어내놓고 이야기할 수 있는 친구였다."

《아사히 신문》과 《요미우리 신문》은 일본에서 소문난 앙숙지간이었다. 두 신문사를 대표하는 이들이 수도 없이 되풀이되는 전투에서 선봉장으로 싸웠다. 그런데 한 해 전에 요미우리 사장이 먼저 암 수술을 받았을 때는 이번에 타계한 《아사히 신문》 사장이 몇 차례 그의 병실에 나타났다. 상대 수장의 쾌유를 빌어준 것이다. 그러나 운명이 바뀌어 《아사히 신문》 사장이 일찍 세상을 떠나고 말았다.

일본 언론은 '사생관(死生觀)'이란 말에 익숙해 있다. '생사관(生死觀)'보다 사용 빈도가 훨씬 높다. 세미나에서나 일상적인 대화에서도 그렇다. 죽음을 먼저 생각하는 습관이 말 속에 묻어 나온다. 일본인의 '죽음과 삶을 보는 가치관'에 상당한 영향력을 가지고 있는 영역이 언론이다. 고령화로 옮겨가는 사회적 현상이 가히 혁명적이라고 보기 때문에 이에 대한 언론의 역할이 마땅히 있어야 한다고 여기고 있다. 일본 언론이 이른바 생사(生死) 저널리즘에 관심이 쏠리기 시작한 것은 1990년대 후반이다.

기자들은 호스피스 활동에 카메라 렌즈를 고정시키는 수고를 아끼지 않았다. 의사들이 왜 죽음을 앞둔 말기환자들에게 과잉진료를 계속하는지, 그것이 얼마나 환자들을 고통스럽게 하는지를 눈여겨보게 되었다. 환자들만으로 이뤄진 '죽음을 생각하는 모임'

에서 그들이 겪는 고통을 이해했다. 끝내는 기자들도 눈물을 보였다. 말기환자들의 고통이 누구나 겪게 되는 아픔으로 다가왔다. 기자들은 인간이 인간다운 모습으로 떠날 수 없는가 하고 독자들에게 물었다.《요미우리 신문》등 주요 신문들은 많게는 무려 122회에 걸쳐 말기환자의 의료실태를 세상에 알렸다. 비슷한 내용을 다룬 텔레비전이나 라디오 프로그램이 시청자나 청취자의 마음을 울렸다.

"나는 저런 모습으로 죽고 싶지 않아요. 마지막에는 고통 없이 편안하게 떠나고 싶어요"라는 내용의 편지와 전화가 언론에 몰리기 시작했다. 팩스로 자신의 심경을 적어 보내는 독자들의 소리가 다시 미디어와 여론으로 돌고 돌았다. 존엄사 선언서(리빙 윌)가 대중의 화제로 등장했다.

일본 신문·방송이 호주 최대 갑부의 죽음을 주목한 2005년 12월 말에도 역시 국민들의 반응은 즉각적이었다. 호주의 주요 여성 잡지와 방송채널 등을 소유해온 '퍼블리싱 앤 브로드캐스팅시'의 케리 패커 회장이 치료를 거부하고 68세로 세상을 떠난 것이다. 그는 지병이 악화되자 품위 있게 죽음을 맞고 싶다며 신장투석을 받아들이지 않았다. 그는 세상을 떠나기 5년 전에도 심장마비로 죽을 고비를 넘긴 적이 있었다. 의학적으로는 8분간의 사망판정을 받았다. 당시 기적적으로 살아난 그가 자신이 경험한 사후세계에 대해 이렇게 말했다.

"좋은 소식이 있다. 그 세계엔 악마가 없다. 그런데 나쁜 소식도 있다. 그 세계엔 천국이 없다."

그의 재산은 70억 호주 달러(약 5조 원). 일본 언론이 호주 최고 언론 재벌의 마지막을 비중 있게 다룬 것은 역시 그의 거액의 재산과 존엄사를 선택한 죽음의 방식 때문이었다.

일본존엄사협회의 아라카와 미치오 상무는 죽음 문제에 관한 일본 언론의 변화를 설명하면서 어려웠던 시절을 회고했다.

"미디어의 역할은 존엄사의 개념을 정확히 전달하는 겁니다. 그동안 여러 가지 혼란이 많았어요. 말기환자가 언제 죽을 건지 담당의사가 분명히 알고 과잉진료를 하지 않는 경우가 있습니다. 그럴 때 언론이 그걸 안락사니 소극적 안락사니 하고 몰아간 때가 있었어요. 그런데 이젠 그런 시대가 지나갔어요. 언론이 현실을 잘 이해하고 있거든요.

국민을 상대로 이런 앙케이트 조사를 한 적이 있어요. 말기환자로 죽음이 몇 달 안 남았다는 진단이 내려졌을 때 생명을 연장시키는 치료를 받겠느냐는 질문에 '받지 않겠다'는 사람이 80퍼센트를 넘어섰습니다. 6개월 시한부라도 의미 없는 연명치료는 그만두겠다는 거죠."

"리빙 윌에 대한 언론의 입장을 어떻게 보나요?"

"상당히 전진적입니다. 시간이 흐르면서 엄청 달라졌어요."

2006년 봄 도야마 현에 있는 이미즈 시민병원에서 사건이 발생했다. 외과부장이 지난 5년 동안 인공호흡기를 떼어낸 말기환자 수가 일곱 명에 이른다는 사실이 뒤늦게 알려졌고 지역 언론이 이를

'안락사' 사건으로 보도했다. 병원 측은 조사 결과 담당의사의 진료행위가 의료윤리에 어긋나는 부분이 있다고 보고 그를 대기발령하는 조치를 취했다. 문제의 사건에는 통증에 몸부림치는 환자를 오랫동안 맞대면해온 의사가 완화의료를 선택할 것인지 아니면 생명을 연장시키는 일에만 몰두할 것인지를 고민하는 모습이 배경에 깔려 있다.

이 병원에서 이미 세상을 떠난 환자들이 자신의 치료와 죽음에 대해 어떤 견해를 가졌는지 확인할 수 있는 절차가 명확하지 못했다. 그러나 다른 환자들을 포함한 1만 800여 명이 당국에 탄원서를 제출해 담당의사가 환자들을 위해 완화의료에 매달려온 점을 들어 본래의 업무를 계속할 수 있게 해달라고 요청했다. 그들은 의사가 환자의 존엄사를 위해 일했다고 옹호한 것이다. 또 엄밀히 확인한 결과 이미 세상을 떠난 환자들은 모두 치료가 불가능한 말기 암 환자였음이 증명되었다. 이 사건이 보도된 한 달 동안 존엄사협회 회원은 전달에 비해 무려 네 배나 늘어났다. 사건의 영향이 대단했다.

환자가 호스피스 치료를 받을 경우 이를 의료보험에서 지원해주는 호스피스 수가제도가 도입된 것도 이즈음이었다. 교육 현장에서는 초등학교에서부터 죽음 교육을 실시하자는 목소리가 커졌다. 가족이 병원에서 사망하는 경우가 급격히 늘어나고 어린이 사건 사고도 증가해 아동의 정서적 장애현상이 심각하다는 판단에서였다. 효고 현과 고베 시의 교육위원회가 시민단체와 손을 잡고 '삶과 죽음의 교육'을 검토하는 작업에 나섰다.

니가타 현에서는 초등학교 5학년을 상대로 시범교육이 실시되었다. 학생들에게 나눠준 교재에는 나팔꽃과 애완견, 할머니 그림이 순서대로 나온다. 그리고 '죽음이란 무엇인가'를 물어본다. 어린이들이 키워본 적이 있는 나팔꽃의 경우 씨앗이 자라 싹이 트고 꽃이 피다가 얼마 후에 시들어 버리는 과정을 삶과 죽음의 교육으로 연결시켜 설명한다. 애완견도 할머니도 언젠가 우리 곁을 떠나며 그것이 자연의 이치라고 말한다. 현재 초·중등학교에서의 죽음교육은 '마음교육', '생명존중교육'의 학습지도 요령에 포함돼 있다. 특별활동 시간에 교사나 교장의 판단에 따라 죽음 교육이 이루어진다. 교재는 미국이나 유럽의 것을 일본인 감성에 맞게 편집한 것이지만 공교육 교재는 아직 출판되지 않았다.

일본에서 죽음학이 눈을 끌기 시작한 것은 1980년대부터였다. 그보다 20여 년 앞선 1950년대 말에 일본으로 건너온 독일인 가톨릭 신부 알폰스 데켄 씨의 활동이 열매를 맺은 것이다. 종전의 쓰레기 더미 위에서 일본이 경제 재건을 부르짖을 때 그는 일본인들에게 죽음을 배우는 것이 고난을 이겨나가는 방법이라고 가르쳤다. 오래된 전쟁으로 국내외에서 남편을 잃거나 부모가 폭사한 가정이 너무 많았고 그들의 상실감이 삶을 더욱 고달프게 만든다고 생각했던 것이다.

그러나 그는 일본에서 아주 이상한 독일인으로 취급받았다. 하루하루 먹을거리 장만이 시급했던 당시에 죽음을 교육하라는 것은 전혀 엉뚱한 소리로 들렸다. 거의 모든 대학 당국이 그에게 귀를 기울이지 않았다. 1974년에야 도쿄에 있는 가톨릭계의 조치 대학(소피아 대학)이 '죽음의 철학'이라는 강좌를 개설해 그를 내세웠다. 그는 1980년 중반부터 시민 활동을 벌였다. '삶과 죽음을 생각하는 모임'을 이끌면서 전국 53개 시에 지부를 만들었다. 일본이 죽음을 지나치게 숨기고 기피하고 화제에도 올리지 않기 때문에 사회적으로 적지 않은 문제들이 발생하고 있다고 경고했다.

존엄사와 안락사 문제가 사회적 이슈로 등장하기 시작한 10여 년 전에 그는 일본의 공영방송인 〈NHK〉에서 매주 한 차례씩 연속 12주 동안 죽음에 대해 강의했다. 그는 일본 '생사(生死) 저널리즘'의 한쪽 문을 열었다.

알폰스 데켄 씨는 《니혼케이자이 신문》과의 인터뷰에서 일본인이 죽음을 금기로 보는 몇 가지 사례를 들었다.

"한번은 일본인 제자가 나에게 결혼 피로연에서 축사를 해달라고 부탁해왔습니다. 그런데 몹시 주저하면서 이런 말을 해요. 결혼식에서 자신이 죽음의 철학을 공부했다는 이야기는 꺼내지 말라는 거예요. 왜 그러느냐고 했더니 나이 든 사람들이 결혼식장에서 죽음 이야기를 듣게 되면 아무래도 마음이 편치 않을 거라고요. 난 별수 없이 죽음에 대해서 단 한 마디도 하지 못하고 나왔어요.

구로자와 아키라 감독이 만든 영화 가운데 〈살다〉가 있습니다. 주인공이 암 통보를 받으면서 자신의 삶을 어떻게 정리할 것인지를 심각하게 생각하는 내용이었습니다. 그 사람은 시청 직원이었는데 반년밖에 살 수 없다는 걸 알고 조그마한 어린이 공원을 만드는 데 집념을 불태우다 죽어갑니다. 그 영화는 죽음이 테마였습니다. 그런데 영화 제목은 '살다'였습니다. 정말 기발한 표현이었어요."

일본인들의 자살은 왜 늘어나기만 할까. 그가 들여다본 일본인의 심성은 좀 복잡하다. 부모가 자살한 아이들이 12만 명을 훨씬 넘어선 사회 현실을 고발했다.

"일본인들은 생명을 존중하는 교육이 없어요. 텔레비전이나 게임을 보면 죽음을 너무 쉽게 처리하거든요. 또 하나는 일 이외에 사는 보람을 느낄 만한 것이 없는 게 큰 요인입니다. 자살하는 사람들이 가족을 전혀 생각하지 않아요. 자신은 자살해버리면 그만이지만, 남아 있는 가족이 얼마나 고통스러울지 알아야 하는데 그러지 못해요. 부모가 자살한 아이들이 상당히 많습니다. 그들이 죄악감에 빠져 고민합니다. 분노를 떨치지 못해 정상적인 생활이 어려운 경우도 많아요."

그는 일본인들이 죽음의 문제를 깊이 생각하지 않고 있기 때문에 헤아리기 어려운 문제들이 계속 일어나고 있다고 생각한다.

"일본인은 교육을 중요하게 생각합니다. 어떤 인생의 위기도 교육을 제대로 받으면 대응할 수 있는 국민이지요. 인생에 있어서 최대의 시련인 죽음도 마찬가지입니다. 마지막까지 좋은 인생을 살고 싶다면 죽음을 알아야지요. 그래야 아픔을 치유할 수 있습니다. 그건 종교적 신앙심 없이도 가능한 일입니다."

그는 이제 명예교수로 물러났다. 요즘은 일본의 암 환자가 늘고 자살자가 증가하면서 그 충격을 완화시킬 대책을 세워야 한다고 주장한다. 그중의 하나가 중·고등학교에서부터 죽음 교육을 시작해야 한다는 것이다.

하얀 블랙박스에서의 탈출

도쿄의 몇몇 주요 병원 건물은 온통 백색이다. 백악의 건물들이 여전히 환자들에게 신뢰감을 주고 있는 것일까. 으스스하게 바람이 부는 날 신주쿠 구에 있는 국립국제의료센터 옆을 지날 때마다 느끼는 백색의 차가움이 파랑색보다 더하다. 하얀색 구급차가 쉴 사이 없이 사이렌을 울리며 병원을 드나들고, 역시 하얀 가운을 걸친 의료진들이 본관에서 별관으로, 별관에서 본관으로 종종걸음을 한다. 검정이나 회색 복장을 한 외래환자들이 끼지 않았다거나 녹색의 사철나무들이 정원에 서 있지 않았더라면 이 병원은 정말 지독한 알코올 냄새만큼 냉기를 풍길 것이다. 한 블록 건너편에 자리 잡고 있는 와세다 대학의 갈색 건물이 한결 따뜻하게 보인다.

일본인들은 병원을 하얀 블랙박스라고 부른다. 백색 건물에서 투병생활을 하던 환자들이 어느 날 미지의 세계로 떠난다고 해서 그렇게 비유한다. 죽음에 대한 강한 궁금증을 남기면서……. 국립 국제의료센터에서 멀지 않은 곳에 역시 도쿄여자의과대학병원 건물이 죽 늘어서 있다. 정계에서부터 문화계에 이르기까지 유명 인사들이 이곳에서 생의 마지막을 보내는 일이 허다하다. 이름이 알려지지 않은 보통의 일본인들도 그들과 함께 같은 장소에서 운명한다.

이제는 거의 모든 일본인이 죽음의 장소로 병원을 선택한다. 지난 사반세기 동안 암이 줄곧 사망 원인의 첫 번째 자리를 차지하면서부터 그랬다. 10여 년 전부터는 사람이 죽었다 하면 병원에서였다. 삶과 죽음이 동거해왔던 집에서 죽음은 빠져나가고 삶만이 버티고 있다. 병원 건물이 짙은 갈색이나 회색으로 바뀌어도 일본인들은 병원 하면 하얀 건물을 먼저 떠올린다. 인생이 소멸하는 그곳은 하얀 블랙박스의 이미지를 남겼다.

병원의 숨겨진 얼굴이 드러나기 시작한 것도 암이나 치매환자가 증가하면서부터이다. 장기 치료를 받고 있는 환자들을 볼모로 병원들이 매출을 올리는 데 골몰하고 있다는 사실이 밝혀졌다. 아무리 치료해봤자 소용이 없는 말기환자들과 가족에게 온갖 명목을 들이대며 의료비를 받아내는 일이 적지 않았다.

호사카 마사야스 씨는 의료현장에서 헌신적인 의술을 펼치고 있는 21만 명의 의사들 뒤에 숨어서 부당한 방법으로 돈벌이에 급급한 의사들이 의외로 많다고 사회에 고발했다. 그가 저술한 『일본의 의료』는 그들의 행적을 철저하게 추적해서 병원의 치부를 낱낱이 드러냈다. 정부의 복지정책과 의료정책의 허점을 이용해서 환자들에게 과잉진료하는 의사들이 늘어나고 있으며 그들이 경제적 특권계급으로 떠올랐다고 말했다. 그는 의사들이 부패한 과정을 더듬어갔다.

환자 치료가 한계점에 이르면 의사와 간호사 그리고 병원 사무장 등이 협의해서 '이제 슬슬 환자를 보내드립시다'고 신호를 보낸다. 그때부터 병원 측은 환자를 '말기환자'로 다루기 시작한다. 말기환자에겐 보험청구액이 높은 의료기기가 따라 붙는다. 비싼 약이 연일 투여된다. 이런 환자는 '3개월짜리 메뉴'에 해당한다. 그 메뉴에 따르면 환자는 죽기 전 3개월 동안 병원의 매출을 계속 올려준다는 계산이다.

해당 병원은 온갖 의료수단을 동원하면서 환자들의 임종을 늦추기도 하고 그 사이에 엄청난 치료비를 받아낸다. 임종 시간을 세 시간 늦추는 데 드는 비용은 100만 엔(약 1,000만 원). 인간의 생명은 병원의 번영과 재산 증식을 가져오는 원동력에 불과했다. 말기환자들이나 노인환자들은 누구에게나 매달리고 구원을 요청하며 심리적 공황상태에 빠지기 쉬운 계층이다. 이들이 악덕의사들의 먹이였다.

게이오 대학 의학부 방사선과의 곤도 마코토 강사는 말기환자들에게 병원에서 권장하는 수술이나 항암제를 피하라고 강력히 요구해왔다. 그의 주장이 너무 강한 나머지 게이오 대학병원이 오히려 난감한 지경에 빠졌다. 그는 병원이나 제약회사, 의료기기 회사들이 시장을 확대하기 위해 환자들을 볼모로 삼고 있다고 분노한다. 환자들을 위한 치료의 내면을 들여다보면 뭔가 꼼수가 숨어 있으며 이로 인해 환자의 고통이 오히려 커진다는 설명이다. 그는 병원 당국으로부터 말조심하라는 수차례 경고를 받고도 주장을 굽히지 않는 인물이다. 하얀 블랙박스에서 맞게 되는 죽음은 어쩔 수 없는 세태를 반영하는 것이다. 그러나 환자가 자신의 운명을 받아들일 준비를 해야 하고 건강한 사람도 늘 대비해야 한다는 의식이 깨어나기 시작했다.

일본의 라이프 플래닝 센터(Life Planning Center) 히노 이사장은 건강의 개념부터 설명한다.

"건강의 '건(健)'은 '매우, 특별히'라는 뜻을 가지고 있으며 '강(康)'은 '편안하게'를 의미합니다. 의료현장에서도 말기환자들에게 그런 의미를 깨닫게 해주면서 호스피스 치료를 해야 합니다."

일본에는 완화의료나 호스피스 치료에 관한 정보들이 넘친다. 도시나 시골 구석구석에 설치되어 있는 호스피스 병동은 이미 150여 개를 넘어섰다. 말기환자들은 병원을 떠나 집에서도 완화의료 서비스를 신청할 수 있다. 도쿄 도는 집에서 치료받고 있는 환자들을 위해 고통을 줄여주는 각종 전문 약에 대한 정보를 제공하는 '도쿄 재택 치료 지원 센터'를 인터넷 홈페이지를 통해 운영한다. 이 센터는 자원봉사자와 사회복지사들이 팀을 이루어 말기환자들의 생활의 질을 높여주는 일을 도맡아 한다. 2007년부터 시행되고 있는 '암 대책 기본법'에 따른 것이다.

이 법은 암 치료를 맡고 있는 전국의 모든 의사들이 완화의료에 관한 기본지식을 습득하도록 요구하고 있다. 이에 따라 각 지방자치단체들도 해당 지역에 있는 의사들에게 일본 국립암센터에서 지도자 양성 교육을 받도록 하고 있다. 환자들로 구성된 각 단체들이 중앙 및 지방 정부의 이 같은 조치에 대해 두 손을 들어 환영했다.

그러나 현실은 만만치 않다. 도쿄 대학이 2008년 1월 개최한 '의료 및 환자수발 종사자들을 위한 세미나'에서 말기환자들의 재택 의료를 거절하는 가족이 늘고 있다는 호소가 많았다. 환자는 집에서 죽고 싶어하지만 현실은 이를 받아들이기 어렵다는 안타까움이 엿보인다. '단순한 연명치료는 이제 싫다. 생명의 존엄을 찾겠다'는 일본인들의 사생관의 변화는 죽음을 멀리하고 싶은 풍조와 마찰을 겪고 있다.

유별난 일본인들 가운데는 죽기 전에 사망 광고의 문안을 작성한다던가, 친한 친구에게 조사(弔辭)까지 부탁하고 장례식에 불러서는 안 될 사람의 명단까지 작성해두는 사람들도 있다. 죽음 준비에 관한 책이 유행처럼 계속 쏟아져나오는 나라는 일본 말고 또 없을 것이다. 이런 책은 죽음 자체에 대한 것보다 세상을 떠나기 전에 처리해야 될 문제를 따지고 정리하는 노후생활의 길잡이 역할을 한다. 치밀한 국민성을 겨냥한 출판사업이기도 하다.

불교 서적은 인생무상을 느끼고 정신적 공허함을 달래주는 신경안정제이다. 아이가 태어났을 때나 결혼할 때는 신사를 찾아가 인생의 축복을 받고자 한다. 그러나 임종 때는 절에 의지하는 이들이 일본인이다. 종교의 역할이 다르다. 나이가 들면 죽음과 죽음 이후의 삶을 알고자 불교에 접근한다. 이와 관련된 서적도 일상생활에 필요한 실용서 수준까지 갔다. 어느 집 서가에나 한두 권씩 꽂혀 있을 정도이다.

암 환자들이나 암 치료가 끝난 사람들의 사회적응을 알아보기 위해 한 단체를 찾아갔다. 도쿄의 번화가인 긴자에서 2킬로미터 떨어진 아카사카 역. 고층빌딩으로 숲을 이룬 곳이다. 국회의사당이 20분 산책 거리에 있다. 한 빌딩 6층에 있는 큰 다다미방에 들어서면 일본 전통음악인 샤미센 가락이 흐른다. 사쿠라 꽃잎이 흩날릴 것 같은 분위기다. 20여 명의 중년, 노년들 사이에 서너 명의 젊은이들도 끼어 앉아 눈을 감고 있다. 대부분이 정좌하고 있지만 반가부좌(半跏趺坐)나 결가부좌(結跏趺坐)의 자세를 취한 사람도 더러 보인다. 좌선 시간이다.

여기에 모인 사람들은 모두가 암 환자와 그들의 가족이다. 암의 의학적 치료와 함께 정신적 치료 방법을 찾고 있는 곳이다. 암이 가져다준 불안과 공포감에서 벗어나고 싶어서다. 이미 세상을 달리한 환자의 가족들도 상실의 고통을 덜기 위해 좌선 모임에 참여한다.

이 모임은 비영리법인인 일본 웰니스 커뮤니티(The Wellness Community)가 주선하고 있다. 일본암협회 후원으로 만들어졌다. 이 조직을 이끌어가는 사람들은 내과 및 외과, 완화의료 담당의사, 간호대학 교수, 심리사 등 다양한 의료 관계자들이다. 보완요법으로 좌선을 가르치는 사찰의 주지스님, 자율훈련을 맡고 있는 인문

해피 엔딩, 우리는 존엄하게 죽을 권리가 있다

학 교수 등도 참여한다. 이들은 환자와 그 가족이 고통을 이겨나갈 수 있도록 정신력을 키워주는 활동을 해왔다. 이른바 '정신 신경 면역학'의 새로운 실험실이기도 하다.

3년 전부터 틈을 내어 이곳에서 임상심리사로 지원활동을 하고 있는 엔도 기미히사 씨는 일본적십자간호대학 교수이다.

"환자들에게 이렇게 이야기했어요. 큰마음 먹고 이곳 문을 두들겨 보라, 결코 후회가 없을 것이라고요. 가족들도 환자와 같이 오시라고 권하지요. 남편이나 아내를 저세상으로 떠나보낸 가족들을 만나서 힘을 북돋아주면 얼굴이 한결 밝아져요."

이 단체에서 좀 특별한 일을 하는 의사들이 있다. 세컨드 오피니언(second opinion) 담당이다. 환자들이 자신을 치료해주고 있는 주치의와 치료 방법에 대해 많은 불만과 의문을 가지고 있을 때, 그 고민을 풀어주는 일을 한다. 아츠미 다카유키 씨는 정신적인 치료의 중요성을 강조한다.

"예전에는 모두가 병들거나 다쳐서 죽지만 않으면 된다는 생각으로 살아왔습니다. 그러나 풍족한 시대에 접어들어서는 이 사회가 환자들의 정신적 치료에 관심을 기울여야 합니다. 지금 보면 이러한 문제에 대해서 우리들이 생각하는 거나 기술 수준은 아직도 멀었어요."

심리 상담을 맡고 있는 의사들은 환자들의 감정이 사계절의 변화만큼 자연스럽게 흘러가도록 유도하는 게 중요하다고 생각한다. 일본에서 생활의 터전을 닦아온 국민들이 주변의 미묘한 변화를 느끼면서 슬픔을 극복할 수 있는 힘을 기르도록 도와주고 있다. 이 단체의 활동을 위해 일본의 생명보험회사, 제약회사, 화학제품회사가 특별 지원을 하고 있으며 특히 크고 작은 건설회사들도 동참하고 있다.

사무실을 나왔을 때는 벌써 어둠이 깔리고 있었다. 유라크초를 거쳐 긴자 4가까지 무턱대고 걸었다. 도쿄의 번화가인 긴자로 갈수록 쏟아져 나오는 인파로 소란스럽기 짝이 없다. 삶과 죽음, 죽음과 일상. 보일 듯 보이지 않고 안 보일 듯 보이는 끊을 수 없는 관계를 사람들은 저마다 어떻게 이어가고 있을까, 그 사이를 가로막는 수많은 장벽들을 넘어갈 때마다 남긴 사연들은 또 얼마나 많을까를 생각했다.

긴자 4가에서 8가 뒷골목을 연결하는 스즈란 도오리 길은 화려한 기모노 옷차림의 여인들로 북적북적거렸다. 그들이 요정이나 클럽, 스탠드바 등으로 출근하는 시간이다. 뒤이어 거리에 몰리기 시작한 수십 대의 검은 고급차 내열이 도쿄의 밤을 흥청거리게 한다. 신바시 역을 떠난 초록색 야마노테 선의 열차 소음이 크게 들렸다. 소리는 백색 블랙박스에 대한 기억을 지워버리듯 긴자 뒤편을 달리다 이윽고 사라졌다.

3부

죽음, 긍정과 부정 사이

한국 환자들의 행진

일본을 떠나 한국의 남쪽으로 온 나는 이따금 위치감각이 둔해졌음을 느낀다. 시골의 주택 건축 양식만 뺀다면 이곳이 한국인지 일본인지 헷갈릴 때가 있다. 아스팔트 길이 쭉쭉 뻗은 우리나라 시골 풍경이 11월의 가을 냄새를 짙게 풍긴다. 전라남도 해남 땅끝 마을에 이르는 77번 국도변의 가로수 밑동이가 희끗희끗하다. 소금기에 젖은 나무들이 쓸쓸해 보인다. 바둑판 모양의 갯벌을 다진 염전에 하얀 소금 산이 줄지어 나타난다.

아직도 터질 듯 열매를 달고 있는 무화과 나무들이 사이사이에 숨어 있다. 따가운 늦가을 햇볕 탓인지 무화과 열매가 달디 달아 보인다. 송호리 갯벌 체험장 주변을 지났다. 두 전신주를 꽉 잡아맨 플래카드에 눈길이 멈춘다. '면역 요법에 의한 암 치료 세미나'를 알리고 있다. 도로를 달리는 30여 분 동안 자동차 두 대를 지나쳤을 뿐이다. 한적한 마을에서 열리는 암 세미나가 뜬금없기만 하다.

땅끝 마을 바닷가에 나부끼는 플래카드는 이 지역의 한 병원에서 만든 것이다. 암 환자들이 늘어나면서 주민들의 궁금증이 많아졌다는 것이다. 그런데 이런 플래카드는 해남에 있는 병원들만 내거는 게 아니란다.

"아니, 저쪽에 떨어져 있는 목포시의 병원들도 이쪽에 막 갖다 붙여댑니다."

병원 원무과 직원의 볼멘소리가 휴대전화에서 울렸다. 작은 마을을 둘러싸고 병원끼리 고객 유치 경쟁에 열을 뿜는 것 같다.

"큰 도시에서도 환자가 줄어들어 이쪽 환자까지 넘보는 거 같아요. 우리도 서비스를 더 잘해야겠다는 생각에서 이런저런 설명회를 여는 거지요. 환자들은 말입니다. 어지간하면 목포, 아니 서울로 다 가버린다니까요. 이거 정말 보통일 아니어요."

담당자의 넋두리가 이어진다. 환자들을 끌어들일 묘책이 없다고 한다.

"요즘엔 시골 환자들도 영악해서요. 어지간하면 좋은 데 가서 진찰받으려 해요."

"그걸 왜 영악하다고 하세요?"

"시골 병원 한번 들렀다가 그냥 큰 도시로 가버리거든요. 이쪽 저쪽 재보는 기술이 보통 아닙니다."

해남군의 인구는 2007년 기준 8만 3,000명. 중심지인 해남읍에만 2만여 명이 거주하고 있다. 그런데 이곳에 몰려 있는 크고 작은 종합병원이 네 군데다. 해남종합병원, 해남한국병원, 우석병원, 우리병원. 최첨단 컴퓨터 단층촬영기(CT)가 설치되었다고 서로 자랑한다. 위암, 간암, 유방암 환자까지 진료하는 곳도 있다. 이보다 규모가 작은 의원급이 열아홉 곳이 더 있다. 치과의원까지 합치면 병원 수는 더욱 늘어난다.

지방 인구가 고령화하면서 이들을 미래의 단골 고객으로 생각하는 병원들이 이 골목 저 골목에 들어서기 시작했다. 모두가 환자 오기를 턱이 빠지도록 기다린다. 그러나 시간이 지나면서 거개가 탈진 상태에 빠져들었다.

국도 주변은 일손을 기다리는 고구마 밭이 평야를 이뤘다. 한 포대에 1만 원. 지나가는 여행객은 누구나 맘대로 캐가라는 팻말이 붙어 있다. 밭주인이 연탄불에 고구마를 구워주며 길손을 붙잡는다. 젊은 농부는 서울 부동산에 투자해서 성공한 이웃 이야기, 병원 순례에 지쳤던 자신의 경험담을 주절주절 늘어놓는다. 군고구마 냄새가 출출한 배를 꿀렁꿀렁하게 만든다. 지나가던 몇 대의 차량들도 미끄러지듯 들어와서 고구마를 사간다. 여행객들의 눈을 끌어 푼돈을 모으려는 농부의 마음 씀씀이가 오히려 정겹다.

이곳을 지나 북쪽으로 꼬불꼬불 50여 분을 달리면 화순에 이른다. 옛날에 화순은 가난한 서민들의 유일한 생업 터전인 탄광지대였다. 몇십 년의 세월이 흐르고 흘러 이곳이 메디컬 클러스터(medical cluster)로 탈바꿈했다. 대학병원과 기업체가 한곳에 모여 생물의약산업단지를 구성하고 있다. 단지의 중심이 화순전남대학교병원이고 병원의 중심은 암센터다. 군 지역에 대학병원이 생긴 것도 처음이고 그 병원에 국가가 지정하는 암센터가 들어선 것 역시 처음이다.

호남지방뿐 아니라 우리나라 서남권에서 암센터로 가장 규모가 큰 이곳은 암과 관련된 열한 개 클리닉을 갖추고 있어 늘 환자들로 붐빈다. 3층 종합수술실 앞 대기실에 앉아 있는 가족들의 표정이 한결같이 어둡다. 환자들의 수술 종료를 알리는 전광판이 깜박일 때마다 "아, 끝났다"고 소리 지르기도 하고 먼발치에서 수술실 내부 모습이 들여다보이는 창구 쪽으로 몰려가기도 한다. 모든 게 잘될 거라는 기대가 앞선 탓일까. 환자 수술이 대여섯 시간을 끌거나, 수술실을 드나드는 의료진들의 표정이 굳어졌을 때 땅이 꺼질 듯한 한숨을 내쉬는 가족들도 있다. 손자의 수술이 잘 끝나기를 기도하는 한 할머니의 모습이 안타깝다. "아이고, 우리 새끼 어떻게 되었을까" 하고 혼자 내뱉는 말이 무겁게 내려앉는다.

이들이 한 무더기 또는 두세 무더기로 모여 앉아서 수군수군 대는 이야기란 이런 것이다. 무슨 암에는 어떤 약이 좋더라, 어디 가면 용한 의사가 있더라부터 약값, 수술비 대느라 온 집안이 거덜 난 어느 집 소문까지. 내가 대기실 의자에 앉아 졸며 깨는 사이 들리는 것은 전부 병든 사람들의 고달픈 삶에 관한 것이었다. 이윽고 체념에 빠진 목소리, 다부진 목소리도 나온다. 환자 가족들의 생각은 모래알만큼이나 많고 복잡하다.

"봐서 안 되겠다 싶으면 환자를 서울로 데려가야지"라고 단호한 결심이 엿보이거나 "돈 좀 깨지긴 하지만 처음부터 서울로 갈걸 그랬어"라는 후회도 들린다. "이래저래 죽을 거라면 서울에서 치료 한 번 받겠다는 내 딸 소망이라도 들어주어야겠지" 하는 비장한 심정의 50대 엄마가 훌쩍인다. "아이고, 짠해라. 아이고, 짠해라" 혀를 끌끌 차는 맨 앞자리 할머니의 얼굴에는 깊은 주름이 패여 있다.

화순전남대학교병원에 입원하지 못한 암 환자들은 근처에 있는 일반의원의 병실에서 일주일 또는 열흘 단위로 입원 대기 중이다. 매일 방사선 치료를 받기 위한 어쩔 수 없는 선택이다. 항암제 치료를 받는 환자들도 교통이 불편한 시골에서 병원에 다니는 것보다 차라리 대학병원 근처에 있는 의원급 병실에 입원해 있으면서 치료받길 선호한다. 일반의원은 사실상 모텔로 전락했다. 보통의 모텔과 다른 점이 있다면 의원들이 형식상 환자들을 치료하고 보험을 꼬박꼬박 청구하고 있다는 점이다.

의원급 병실에 입원한 일부 여성 암 환자들은 대학병원에서 방사선이나 항암제 치료를 받고 난 후 하루의 무료한 시간을 달래기 위해 뒷산에 올라가 쑥이나 나물을 캔다. 봄날의 하루해가 저물면 조르륵 산에서 내려와 병실의 가스렌지에 냄비를 올려놓고 쑥국을 끓이며 운명을 이야기하고 팔자타령을 한다. 암 환자들의 이런 모습들이 어찌 화순뿐이겠는가. 그들도 돈을 저축하면 언젠가는 서울을 찾아가겠다는 희망을 가지고 있다.

암. 수술실 앞에 앉아 있는 가족들에게도 정말 무서운 말이다. 시골의 작은 병원에서건 서울 큰 병원의 어느 진찰실에서건 암 통보를 받은 환자들의 충격은 여러 모습으로 나타난다. 공포감을 떨치지 못해 며칠 동안 식사를 못하는 사람들도 부지기수이다.

암 선고를 받는 사람은 해마다 12만 4,000여 명. 이들이 병원 정문으로 들어갈 때 후문으로 빠져나오는 사람들이 있다. 정문 쪽은 암 치료 중인 환자들이고 후문 쪽은 암세포에게 생명을 빼앗긴 시신이다. 매년 6만 4,000여 명이 암으로 목숨을 잃는다. 해마다 암환자를 간호하고 있거나 이미 그들을 저세상으로 떠나보낸 직계가족 100여만 명이 비탄에 빠져 있다.

서울의 큰 병원 앞뒷문에 시선을 고정해두자, 오늘을 살아가는 우리들의 생생한 모습이 나타난다. 매주 월요일 아침 아홉 시쯤 병원 주변은 교통이 가장 혼잡한 지역으로 바뀐다. 서울대학병원으로 들어가는 원남동과 대학로 근처의 버스 정류장, 지하철역은 혼잡하기 그지없다. 일원역의 삼성서울병원이나 풍납동의 서울아산병원 입구는 줄이어 도착하는 승용차와 버스, 지하철 편을 이용하는 환자들이 몰리면서 시장통이나 다름없게 된다. 병원 회전문은 바람개비처럼 쉴 새 없이 돈다.

신촌 세브란스 병원 입구 택시 정류장에 처음 내려본 사람은 자신이 어디론가 정처 없이 밀려가고 있다는 착각에 빠질 때가 있다. 연세대 정문과 이화여대 후문 사이에 끼여 있는 세브란스 병원으로는 마치 굴속으로 들어가는 개미들처럼 수많은 환자와 가족 그리고 의료진들이 빨려 들어간다.

서울역과 광화문을 거쳐 일산으로 30여 분을 달리는 1200번 버스는 국립암센터 앞에 잠시 멈춰 환자들을 내려놓는다. 승용차 편으로 암센터에 도착한 환자 가족들은 넓은 지하 주차장 1층부터 3층까지를 다람쥐 쳇바퀴 돌듯 몇 차례 돌아야 겨우 차 세울 곳을 발견할 수 있다. 허겁지겁 접수창구로 냅다 달리는 가족들의 발자국 소리가 꿍꽝 울린다. 열 시가 지나면 병원 건물 주변의 교통정체 현상이 풀린다. 그러나 밖에서 사라진 정체 현상은 각 병원 안에서 나타난다. 휴일의 남대문 시장 바닥만큼이나 혼잡해서 핸드백 조심해라, 소지품 조심해라는 안내방송이 거듭되고 수많은 경고문이 병원 건물 안 곳곳에 붙어 있다.

거대 병원으로 몰리는 하루 외래환자는 6,000명에서 7,000명. 많을 때는 1만 명을 넘어서는 경우도 있다. 환자가 늘어나면서 병원들도 앞 다투어 건물을 키워갔다. 특히 암센터 건립이 단연 주요 화두로 등장했다. 삼성서울병원, 서울아산병원, 세브란스 병원, 강남성모병원 등이 암 환자들을 위한 병상 수 늘리기에 경쟁적이다. 600병상에서 1,200병상이나 더 늘리는 야심찬 계획이 진행되고 있다. 늘어나는 암 환자들을 받아들일 병상이 절대적으로 부족하기 때문이다.

이들 큰 병원 근처의 일부 아파트나 모텔은 지방에서 올라온 환자와 가족들이 며칠 숙박할 수 있는 '환자방'으로 이름을 바꾸었다. 간단한 취사도구를 들이고 인테리어를 하면서 환자방 단장 붐이 일었다. 병원 주변의 부동산 중개업소는 환자방까지 알선한다. 국립암센터 앞에서 환자방을 운영하는 김영산 씨의 휴대전화는 주말이 다가올수록 요란하게 울려댄다. 부동산 중개소로부터의 연락도 있고 이미 단골 고객이 된 지방 환자의 예약 전화도 있다.

"일요일 오후가 되면 정말 바빠집니다. 여기 오는 사람들은 대중없어요. 경상도, 전라도 쪽도 있고 제주도에서 오는 환자들도 더러 있어요. 월요일에 병원 진찰을 받기 위해섭니다. 어떤 환자들은 입원실이 없으니까 아예 여기서 먹고 자며 통원 치료를 받고 있습니다. 지방 환자들이 각종 검사를 받고 담당의사 진찰까지 받기 위해서 주중까지 며칠 묵는 경우도 많습니다."

국립암센터 주변의 환자방 이용료는 12제곱미터 크기가 1일 3만 원. 한 달 예약료로 70만 원까지 지불하는 경우도 많다. 한 집 건너 두 집 건너 환자방 안내문이 붙어 있다. 지방 환자들이 몰리면서 병원의 입원실은 턱없이 부족하다.

어느 건강 식품점에서 간이로 운영하는 환자방에 들렀을 때 두 명의 노인이 엷은 이불을 뒤집어쓰고 누워 있었다. 60대의 아내는 남편의 암 치료를 위해 마산에서 새벽 열차를 타고 서울에 도착한 다음 버스 편으로 일산까지 이동했다. 다음 날 암센터에서 진찰을 받으려면 이런 무리를 안 할 수 있겠느냐며 긴 숨을 몰아쉬었다.

"열차 타고 오면서 별별 생각을 다했어요. 아이들은 저이들 먹고살기 바쁘지요. 남편은 아프다고 야단이지요. 그렇다고 뾰족한 방법이 없잖아요. 남편 소원이라도 풀어줄 요량으로 이렇게 마산에서 암센터로 왔다 갔다 하지요. 아무리 말기환자라지만 그냥 바라보기만 할 수도 없잖아요. 저축해두었던 돈은 마냥 나가지요.

해피 엔딩, 우리는 존엄하게 죽을 권리가 있다

그러다가도 화가 치밀어요. 이게 도대체 무슨 지랄인지, 내 팔자가 너무 박복한 것은 아닌지, 아니 그냥 좋게 죽을 수는 없을까 하는 생각도 자꾸 들어요."

그녀의 눈에 눈물이 그렁그렁 맺혔다. 내 취재 가방에 넣어두었던 작은 초콜릿 상자를 꺼내 방 한켠으로 밀쳐두었다. 환자방을 나서자 문턱 아래에 정체불명의 각종 의학잡지와 암 치료 특효약 선전물이 깔려 있었다.

병원 주변에 죽 늘어서 있던 상점 앞 풍경이 많이 바뀌었다. 민간요법으로 암을 치료한다는 요란한 간판들이 자취를 감추고 낯선 상품 선전이 등장했다. 무슨 한약을 먹으면 암 덩어리가 사라진다는 자극적인 내용의 팸플릿도 전신주에 붙었다가 사라졌다. 1년 전까지 성업 중이었던 일제 '아가리쿠스' 식품 판매점들도 보이지 않았다.

일본인들이 암 치료약으로 많이 복용했다던 아가리쿠스가 국내에서 턱없이 비싼 가격에 팔렸다가 된서리를 맞게 된 것은 엉터리 선전 때문이었다. 한 일본 서적에 기재된 '아가리쿠스가 암에 잘 듣는다'는 내용이 전부 날조됐다는 사실이 밝혀지면서부터다. 이 책을 펴낸 출판사와 사실 확인을 하지 않고 책을 감수한 대학교수도 모두 일본 경찰에 체포되었다. 일본에서 한 차례 소동이 벌어진 다음에야 한국에서 아가리쿠스 열풍이 잦아들었다.

일본의 암 전문의들에게 아가리쿠스 이야기를 꺼냈을 때 나를 쳐다보던 이상한 눈빛을 잊을 수 없다. 한 의사는 "그건 일본 사기

꾼들이 만들어낸 약이요. 암 치료약이 아닙니다"라고 퉁명스럽게 답변했다. 그의 말 속에는 '이 무식한 사람들아'라는 질책이 섞여 있었다. 한때 일본에서 팔렸다 하는 약들은 곧장 한국 암 환자들의 마음을 흔들어놓았다. 앞뒤 가리지 않고 한국에 판매점들이 들어섰고 정체를 알 수 없는 약의 효능은 무한으로 과장되어 입에서 입으로 전해졌다.

2003년부터 러시아산 버섯이 우리나라 암 환자들을 현혹했다. 러시아에 있는 교포 사업가들이 신비의 약으로 조금씩 들여왔다가 나중에 대량으로 판매하기 시작했다. 노벨문학상을 수상한 알렉산드르 솔제니친의 소설 『암병동』에서 그 버섯이 말기 암 치료에 쓰였다는 한 구절이 전해지면서다. 그러나 러시아 버섯의 인기도 사라졌고 판매점도 줄었다. 아직까지 효능이 입증되지 않았다. 이 버섯을 팔았던 업체들도 신원이 밝혀지지 않은 대학교수나 어느 연구실에서 일하고 있는 사람의 이름을 빌려 선전해왔을 뿐이다.

진행성 암 환자나 말기환자늘의 귀를 붙잡아맸던 또 다른 '치료약'은 상황버섯이다. 얼마나 소문이 무성했던지 서울 시내 유명 백화점에서도 판매대를 설치할 정도였다. 해외 단체 여행객들을 안내하는 가이드들도 동남아 등지에서는 반드시 상황버섯 판매점을 들르도록 프로그램을 짰다. 캄보디아나 태국 쇼핑가에서는 상황버섯 1킬로그램에 500달러를 넘어서는 때도 있었다.

어느 대기업 총수가 암 치료를 위해 상황버섯을 복용한다는 이야기가 퍼지면서 국내 시판 가격이 크게 뛰었다. 일상생활에서 마시는 차(茶)가 그러하듯 단순한 기호식품이나 건강식품으로 여겨져야 할 식물들이 무분별하게 암 치료제로 둔갑하면서 환자들의 호주머니를 노렸다.

폐암 전문의로 널리 알려진 국립암센터의 이진수 원장은 환자들과의 만남에서 늘 이런 문제에 부딪힌다. "상황버섯을 계속 먹으면 암이 낫습니까?"라는 똑같은 질문이 되풀이될 때마다 머리를 흔든다. 그는 건강식품과 암 치료제를 혼동하지 말라고 환자들을 일깨운다. 건강식품은 어디까지나 건강식품일 뿐이고 결코 암 치료약은 아니라는 것이다.

암 환자들은 예외 없이 절체절명의 위기에 빠진다. 그런 상황에서 지푸라기라도 잡고 싶은 심정을 드러낸다. 허둥대며 지방의 암센터를 찾아가고 그곳이 마음에 차지 않으면 서둘러 서울로 서울로 발걸음한다. 항암제나 방사선 치료를 받으면서도 마음이 바쁜 나머지 민간요법에 빠지고 마는 자신을 발견하곤 놀란다. 그리고 다시 실의에 빠진 나날을 보낸다.

죽음은 추억되어야 한다

우리는 자신의 냄새를 느끼지 못한다. 몸 냄새, 거리의 냄새, 문화의 냄새까지. 오랫동안 똑같은 냄새에 길들여져 있기 때문에 무감각해진다. 좋다거나 싫다거나 내색하지도 않는다. 그러나 외국 사람들은 한국의 색다른 냄새를 곧잘 알아차린다. 서울 거리의 냄새에 코를 킁킁거린다. 단순한 후각의 문제가 아니다. 우리의 식생활에서부터 문화생활에 이르기까지 기이한 것들을 냄새로 분류하려는 동물적 습벽이 작용한 것이다. 서울에 사는 외국인들로부터 이런 질문을 받는다.

"한국 사람들은 죽음을 슬퍼하는 방식이 매우 독특해요. 통곡의 방식이 따로 있나요?"

"통곡의 방식?"

죽음에 대한 서양인들의 후각이 아주 예민하다는 것을 뒤늦게

해피 엔딩, 우리는 존엄하게 죽을 권리가 있다

깨달았다. 그런데 어떤 모임에 참석한 중국인이나 일본인들조차 비슷한 반응을 보이는 것에 놀랐다. 돌발 사고나 사건 등으로 사상자가 발생했을 때 한국인들은 땅을 치고 운다. 떼굴떼굴 구르며 누군가를 원망하는 몸짓을 멈추지 않는다. 느닷없이 맞이하게 되는 가족의 죽음이 너무 원통해서 그렇다고 설명해도 그들은 고개를 갸우뚱한다. 그러고 보니 우리들은 죽은 자를 앞에 두고 슬퍼하는 모습이 다른 나라 사람들보다 훨씬 원초적 본능에 가깝다. 슬픔을 통제하지 못하는 것이다. 죽음에 대한 이 같은 냄새가 외국인들에겐 매우 독특하게 보이는 모양이다.

우리들에겐 죽음을 둘러싼 묘한 심리가 감춰져 있다. 외국의 유명 인사가 세상을 떠나면서 죽음에 대비해온 인간적 고뇌나 사랑하는 사람에게 남긴 유언에 곧잘 감동한다. 그들 사회가 만들어낸 수많은 휴먼스토리에도 찡한 감정을 숨기지 못한다. 오랜 치매로 고생하다 떠난 레이건 전 미국 대통령의 죽음을 애도하거나 암 투병 중에 레모네이드를 팔아 자선기금을 마련한 여덟 살의 미국 아이 알렉산드라 스콧의 죽음을 애달파하는 장면도 그렇다.

그러면서 정작 우리의 죽음을 둘러싼 휴먼스토리에는 심한 갈증을 드러낸다. 최규하 전 대통령이 오랜 세월 치매에 시달리던 홍기 여사를 간병하기 위해 서울대학병원을 드나든다는 이야기가 우리를 애틋하게 했다. 굴곡 많은 역사를 반영하듯 최 전 대통령의 죽음도 허전하고 쓸쓸한 기억으로 남아 있다.

재산을 사회에 헌납하고 타계한 김밥 할머니나 부하의 생명을 구하려다 목숨을 잃은 어느 장교 등 이야기가 없는 건 아니다. 그러나 국민을 감동시키는 지도자의 죽음을 추억으로 간직하지 못한 것을 아쉬워한다. 한 사람의 존엄한 죽음은 수백만 마디 이상의 언어로 국민에게 전달될 수 있는 힘을 가지고 있다. 피로에 지쳐 있을 때 우리를 일으켜 세우는 꽃향기인 것이다.

마음을 털어놓자면 우리는 지금까지 지켜본 죽음의 방식이 언짢다고 생각하면서도 결코 드러내기를 싫어한다. 다른 나라 사람들의 죽음의 방식이 좋아 보인다고 말하기도 껄끄럽다. 자칫 '죽음의 사대주의'로 포장되지 않을까 겁나는 일이다.

청와대 영빈관 앞 분수대 광장에는 매일 아침 아홉 시를 지나면서부터 관광버스가 몰려온다. 보통은 10여 대, 많을 때는 효자동 큰 거리까지 수십 대의 버스가 줄지어 선다. 주말이면 훨씬 더 많다. 지방 관광객과 일본, 중국인 단체 관광객이 대부분이다. 그런데 가이드의 설명을 유심히 들어보면 청와대 관광에서 전·현직을 불문하고 우리나라 대통령이 별로 화제로 등장하지 않는다. 청와대는 단순히 '대통령이 사는 곳'일 뿐이다. 과거의 대통령이 전혀 흥미를 주지 못하는 희한한 관광이다. 우리나라 대통령의 이야기는 정말 관광객의 입에 오르내리는 일이 드물다.

청와대 바로 옆 궁정동 귀퉁이에는 한국경제 발전의 주역인 박정희 전 대통령이 암살된 장소가 있다. 1979년 가을밤이 깊어가던 10월 하순. 20미터 높이로 자란 청와대 입구 은행나무들이 가로등 불빛을 받아 더욱 짙은 황금색을 띠고 있을 때 현직 대통령이 비운의 총탄에 쓰러진 곳이다.

주변에는 일체의 안내판이 없다. 누구에게나 그 장소를 물으면 이상한 사람 취급을 받을 것이고 또한 가르쳐주는 사람도 없을 것이니 비극의 현장은 숨겨져 있는 거나 다름없다. 그의 죽음 이야기를 꺼내기가 힘들다. 이런 금기 아닌 금기 사항은 주민들 사이에서도 마찬가지이다. 박 대통령이 운명한 장소를 가리고 싶어하는 마음은 죽음의 비극성에서 온 충격 때문일 것이다. 우리는 현장에서 그의 죽음을 추억하면 아니 되는가. 그 아픔을 가슴에 담으면 괴로운 일로만 남을까. 그런데 역사는 죽음의 교훈을 가로막을 수 있는가.

이곳에서 600여 미터 떨어진 경복궁 내 건청궁에서 우리는 명성황후가 일본 자객에게 시해된 현장에 다가갈 수 있다. 일본 관광객들도 그곳에 선다. 명성황후의 죽음을 통해 일본 역사의 왜곡이 한국인에게 어느 정도의 통분을 준 것이었는지 일본인 관광객들도 동물적 냄새를 맡을 수 있다. 어떤 죽음은 은폐되고 어떤 죽음은 공개되는 문화가 우리가 바라는 문화는 아닐 것이다.

이미 세상을 떠난 역대 대통령 가운데 우리 인생의 추억에 담고 싶은 죽음이 없다는 것은 정말 쓸쓸한 일이다. 해외 망명 중에 숨을 거둔 이승만 초대 대통령부터 오랜 침묵 속에 병원에서 타계한 최규하 전 대통령에 이르기까지 우리의 지도자들은 고독하게 인생을 마무리했다. 생전의 업적이나 역사적 평가는 죽음의 추억과 또 다르다.

2005년 정월이었다. 매서운 바람이 몰아치는 어느 날 밤, 한 노인이 한강 다리 난간을 넘어섰다. 그냥 넘어섰는가 했더니 그는 강물 속으로 풍덩 몸을 던졌다. 25분 뒤 경찰 구조대가 사이렌을 울리며 달려왔다. 한강 물속에서 그를 구조한 경찰이 여의도 성모병원으로 옮기면서 신원을 확인하다가 놀라움을 감추지 못했다. 그는 대한민국 대법원장을 지낸 유태흥 씨였다. 더구나 그는 이미 허약해질 대로 허약해진 86세의 나이였다.

그가 병원에 실려 왔을 때 체온은 28도. 동면 상태나 다름없었다. 의료진들이 특수담요를 깔고 온풍기를 틀면서 심폐소생술을 시도했으나 그는 영영 돌아오지 못할 길로 떠나버렸다. 아니 이 나라 사법부 수장을 지낸 사람이 투신자살? 도대체 무엇 때문에? 그것이 거의 모든 사람들의 첫 반응이었다. 전 대법원장의 죽음은 큰 충격이었다. 그를 아는 사람이건 모르는 사람이건 모두가 그랬다. 두려움이 전염되고 있는 것처럼 어느 누구도 애써 죽음 자체를 말하지 않았다.

삼성서울병원에 마련된 _그의 빈소에는 법조계 인사들을 포함해 내로라하는 지도층 인사들이 줄을 이었다. 그들이 안았던 죽음의 추억이 어떤 것이었을까를 나는 상상할 수 있다. 아마도 '인생이 정말 서글프고 쓸쓸하다'였을 것이다. 그들은 자신의 삶과 미래를 한 번쯤 점검했을 것이고 그러고는 일상으로 되돌아와 깡그리 망각했을 것이다. 우리가 살아가는 방식이 그랬다.

유태흥 전 대법원장이 투신자살하기 꼭 11일 전인 1월 7일 밤, 일산에 있는 국립암센터 81병동 휴게실에서 세 명의 여성 환자들이 의자에 몸을 눕히고 있었다. 그들은 한 시간 전 TV 뉴스에 보도된 가수 길은정 씨의 죽음을 화제에 올렸다. 속삭이듯 조용조용 말하던 환자들의 목소리가 왠지 젖어 있었다. 오랜 입원생활에 지친 암 환자들이라 그러려니 했다. 그런데 잠시 후에 훌쩍이는 소리가 났다. 왼쪽 팔에 긴 압박대를 끼고 있는 것으로 보아 유방암 수술을 받은 것으로 보이는 여성 환자였다. 그러자 그 옆의 다른 환자도 고개를 떨구며 눈물을 흘렸다.

나는 가족의 병문안을 위해 그곳에 들렀다가 휴게실에서 느긋하게 차를 마시던 참이었다. 처음에는 그들의 이야기를 흘려들었으나 환자들의 훌쩍임에 자세를 바로잡았다. 압박대를 낀 환자가 그 옆의 환자에게 말했다.

"길은정이 쟤가 정말 지독했잖아요. 직장암으로 그렇게 고생하면서도 죽기 하루 전까지 스튜디오에 나와서 라디오 진행을 맡았으니. 난 어제 마지막 방송을 못 들었는데 머리 파마한 아줌마 환자가 그랬어요. 어제 고별 방송을 하더라고요. 그러니까 길은정이는 오늘 자기가 죽을 줄 미리 알았다는 거 아니에요? 이제 마흔넷인데."

환자는 한숨을 내보냈다.

"난 아까 방송에서 그 뉴스를 듣고 나도 모르게 소리쳤어요. 어머, 쟤가 내 우상인데 죽어버렸네. 어떡해, 어떡해 하며 말을 잇지 못했어요. 날 간호하던 남편도 놀랐어요."

그녀는 그리고 입을 다물지 못했다.

"쟤 방송을 어제도 내가 들었는데 목소리가 좀 달랐어. 그저께는 그래도 쌩쌩했거든. 그런데 하루 사이에 가버렸네. 나도 말기 암이니까 쟤 따라 죽을지 몰라. 나도 이제 갈 때가 됐어."

링거액과 진통제 등을 주렁주렁 단 거치대를 붙잡고 있던 30대의 다른 암환자가 중얼거렸다. 환자들이 가수 길은정 씨에게 의지해왔다는 것을 그제야 알아차렸다.

"길은정 쟤가요, 직장암 환자가 된 지 10여 년 됐어요. 얼마 전까지는 말기 상태인데도 자신이 쓰러질 때까지 방송을 한다며 스튜디오에 나왔어요. 그래서 우리는 걔가 진행하는 프로그램에 매일 주파수를 고정해놓았어요. 다른 환자들도 그 이야기를 듣고 걔 프로그램을 애청했거든요. 걔는 우리한테 암을 이겨내라고 힘을 주었어요. 우상이었어요."

한 환자가 호주머니에서 접힌 휴지를 빼내 눈물을 닦았다. 휴지가 없는 다른 환자는 환자복 옷소매로 눈가를 훔쳤다. '길은정' 이야기를 맨 처음 꺼낸 환자에게 시선을 맞추었다. 그녀는 내게서 이야기를 더 듣고 싶어하는 눈치를 읽었나 보다.

"얼마 전에는 길은정이가 방송에 나와서 이런 이야기를 털어놓았어요. 출연을 끝내고 집에 갔는데 암 통증이 도졌대요. 마침 의사가 처방해준 진통제가 떨어져서 어찌할 방법이 없었대요. 얼마나 견디기 힘든지 자신도 모르게 짐승 같은 울음이 터졌답니다. 자기가 무슨 괴물이 된 것처럼, 다섯 손가락을 갈퀴처럼 펴서 시멘트 벽을 마구 긁었다는 거예요. 손가락 끝에서 피가 나더라고 말했어요.

그 이야기를 듣고 나도 눈물을 참을 수 없었어요. 그런 지독한 고통을 나도 겪어서 잘 알아요. 그 방송을 들은 후 잠에 들 수가 없었어요. 눈물이 베개를 적셔서 수건을 깔아야 했어요. 몇 겹이나요. 길은정이 생각하면서……."

그 환자의 독백이 끝났다. 그런데 그녀는 무감각한 자세로 앉아 있었다. 흐르는 눈물도 닦지 않았다. 그 옆에 있던 환자가 고개를 숙였다. 여기 휴게실에 TV가 없어 다행이다는 생각이 들었다. 길은정 씨에 관련된 뉴스가 나오면 환자들이 글썽거릴 것 같아서였다. 서서히 내 목이 메어오기 시작했다. 작은 막대기가 목에 꽂혀 있는 것처럼 아팠다. 심호흡도 부질없는 짓이었다.

"이제 누가 우리의 우상이지? 장영희 교수 한 사람 남아 있네."

여성 환자가 거치대를 끌고 나가며 혼자 중얼거렸다.

"장영희? 그렇구나, 암 투병 중인 서강대 장영희 교수가 있지!"

그녀가 나간 뒤에도 긴 그림자가 남아 있었다. 환자들이 그들의 우상을 잘도 찾아내는구나 싶었다. 우상이 없는 병실은 사막이나 다름없을까? 황량한 벌판이겠지 하고 상상했다. 그런데 마침 그 시간에 한 간호사가 이 병실, 저 병실을 부리나케 드나들었다.

"오늘 저녁은 환자들이 TV 뉴스를 보지 않도록 해주세요. 다른 프로그램으로 채널을 얼른 돌리는 게 좋아요."

간호사는 내가 아는 환자 가족 가운데 한 사람을 밖으로 불러 냈다.

"길은정 씨 사망 소식이 아무래도 환자들에게 충격을 줄 것 같아서요. TV 뉴스를 켜지 말아주세요."

간호사는 다시 옆 병실로 들어갔다. 사태가 심상치 않아 보였다. 다음날 아침 휴게실에서는 그녀의 사망이 환자들에게 준 쇼크가 어떠했는지 낱낱이 알려졌다. 환자 보호자들, 간병인들이 아침 식사를 하면서 주절주절 이야기를 털어놓았다.

"내 환자는 어젯밤에 진통제를 안 맞겠다고 소동을 벌였어요. 이러나저러나 길은정처럼 죽어 갈 텐데 치료받느라 생고생할 필요 뭐 있느냐고. 주삿바늘 다 빼버려 소동이 벌어졌어요."

"우리 앤 말도 말아요. 나도 그냥 죽겠다고 야단을 쳐댔어요. 아, 정말 힘들었어요."

이 같은 소동은 국립암센터뿐이 아니었을 것이다. 크고 작은 병원에 누워 있는 암 환자들이 엇비슷한 반응을 보였을 것이다. 길은정 씨의 투병과 죽음의 충격이 얼마나 컸는지 병원 밖에 있는 사람들은 상상조차 할 수 없으리라.

니는 그보다 일주일 전 같은 병동 안내실을 시날 때 환자들을 위해 마련된 서가에서 손때 묻은 장 교수의 책 여러 권이 꽂혀 있는 것을 보았다. 『내 생애 단 한번』이라는 수필집과 제목을 기억할 수 없는 몇 권의 번역서가 있었다. 그래서 난 카운터에 앉아 있는 간호사에게 물었다.

"장영희 교수 책이 왜 이렇게 많아요?"

"네에?"

간호사가 당황했다. 별 뜬금없는 질문을 다한다는 표정이었다.

"한 사람이 지은 책이 많이 꽂혀 있어서 좀 궁금해서……."

"아, 네. 어떤 환자의 친구 분들이 모아서 가져왔는데 장영희 교수 책들이 인기가 있어요. 환자들이 많이 빌려 봐요. 잠이 안 오면 휴게실에서도 이 책을 읽고 그래요."

나는 그제야 환자들에게 '장영희 효과'가 있다는 것을 알아차렸다. 그녀가 한 신문에 척추암을 앓고 있다는 사실을 고백한 다음부터였다. 소아마비를 이겨내고 사회의 차별도 극복한 여교수가 다시 암투병 중이란 뉴스는 환자들 사이를 옮겨다녔다. CT나 MRI 촬영을 위한 대기 장소에서도 그들이 주고받는 뉴스거리 중 하나였다. 그녀가 암 치료를 받기 위해 입원과 퇴원을 반복하면서도 대학 강단에 서는 모습이 환자들에게는 인생의 등댓불이었다.

장영희 교수나 먼저 세상을 떠난 길은정 씨는 국립암센터뿐 아니라 다른 병원에서 투병 중인 환자들에게도 잊히지 않는 열정과 힘을 주었다. 나중에 들은 이야기지만 서울대학병원이나 서울삼성병원에서 옮겨온 환자들도 두 사람의 이야기를 외우고 있었다.

그로부터 1년 후 국립암센터가 주관하는 호스피스 아카데미 교육과정에서 내게 맡겨진 강의를 끝내고 티타임을 가졌을 때 나는 수강생들에게서 뜻밖의 사실을 발견했다. 거의 모두라고 할 만큼 그들은 가수 길은정 씨의 죽음을 좋은 추억으로 간직하고 있었다. 대통령의 죽음이나 대법원장의 죽음은 그들의 기억 속에 없었다. 의사와 간호사, 사회복지사, 종교인, 자원봉사자 등으로 이루어진 수강생들에게 남겨진 추억이 내게는 새롭다.

그들은 삶과 죽음의 경계선에서 여러 계층의 인간을 만난다. 보고 듣는 것도, 느낌도 남다르다. 그런데 그들과 이야기를 나누다 보면 마음이 허전해지는 어느 지점에 이른다. 그리고 잠시 대화가 끊긴다.

"서구 영화나 드라마를 보면 환자가 임종하기 전에 가족에게 둘러싸여 마지막 유언을 남기는 장면이 더러더러 있더라고요. 가장 기억에 남는 장면이에요."

"저도 그래요. 우리네 영상으로도 그런 장면을 아껴 보고 싶어요. 그런데 보기 힘들어요. 우리 실생활이 그런 장면과 동떨어져서 그런 걸까요?"

"아무래도 외국과 문화가 다르지요. 그렇다 치더라도 우리는 좀 쓸쓸해요. 왜 우리 죽음이 허전할까요?"

굵은 뿔테 안경을 낀 자원봉사자 한 사람이 우리들의 대화에 끼어들었다. 50대 중반의 여성이었다. 가는 미소가 떠나지 않는 얼굴이었다.

"인생의 마지막을 그대로 받아들이지 않으려 해서 그럴 거예요. 몸부림치는 거죠. 나도 그래선 안 되겠다고 마음속으로 늘 다짐하긴 하는데, 정말 마지막엔 어떤 모습이 될지 모르겠어요."

우리들의 티타임은 여기서 끝났다. 한 사람이 호주머니 속의 휴대전화를 꺼내 액정화면의 시간을 확인했다. 어색한 대화에서 빠지고 싶다는 제스처로 보였다. 다른 여성도 뒤따라 핸드백을 열더니 손으로 더듬었다. 역시 휴대전화를 쥐었다.

"다음에 좋은 이야기 또 들려주세요."

그들은 서둘러 다음 강의에 들어갔다. 우리는 죽음의 문화에 대한 묘한 열등감을 가지고 있었다. '내가 저 사람의 죽음처럼' 하고 의지할 대상을 막연하게 찾는 심정이었다. 가수 길은정 씨처럼 인생의 마지막까지 열정을 불태우다 떠난 사람이 우리들에게 강한 메시지를 남긴다. 그녀의 굴곡진 인생에도 불구하고 죽음의 잔상(殘像)은 긴 여운을 남긴다. 그러나 우리는 사회의 지도층에 있는 인물들에게서 그런 메시지를 받지 못하고 외로움을 느낀다. 사람들은 안에서 얻지 못한 것을 밖에서 찾으려 든다. 그래서 외국 지도자들의 죽음에 대한 추억만이 진하다.

나는 우리들 안에서 이야기를 찾고 싶었다. 한때 우리를 깊은 충정(衷情)으로 이끌었던 인물들이 어떻게 인생의 마지막을 준비하는지 알리고 싶었다. 그들이 사랑했던 국민들의 가슴을 적셔줄 '마지막 말'이 필요했다.

2004년 3월 나는 수원에 있는 한 실버타운을 방문했다. 그곳에서 열렸던 어떤 단체의 모임에 참석한 후 같은 건물에 있는 최형섭 박사의 아파트를 찾았다. 우리나라 과학기술계의 거목으로 존경을 받아온 그가 이곳에서 재택 케어를 받고 있었다. 그러나 가족이 문을 열어주지 않았다. 사전에 여러 차례 연락을 취했지만 그의 가족은 외부 인사가 환자와 만나는 것을 지극히 꺼려했다. 대화가 불가능하다면 환자의 얼굴 표정이나 시선을 통해 이야기를 주고받을 수 있지 않겠느냐고 말했지만 면회는 끝내 이뤄지지 않았다.

최형섭 박사는 2개월 후인 2004년 5월 84세의 나이로 세상을 떠났다. 정말 아쉬운 일이었다. 그는 생전에 기념관이 두 곳이나 세워진 독특한 인물이었다. 서울과학관의 '과학기술자 명예의 전당'에 그의 코너가 마련되어 있다. 또 한국과학기술연구원(KIST)에도 그의 기념전시실이 설치될 정도로 과학기술 발전에 공적이 많았다.

7년 반 동안 최장수 과학기술처 장관을 지냈고 인생의 마지막 시기를 실버타운에서 치료받겠다고 작심한 인물이라면 확고한 생사관을 가지고 있으리라 믿었다. 그의 생사관이 우리들의 삶을 깨우쳐주는 신선한 바람이 될 수 있을 것으로 느껴졌다. 그러나 면회가 이뤄지도록 가족을 이해시키는 것은 정말 어려운 일이었다.

2007년 4월 벚꽃이 지기 시작할 무렵 신현확 전 국무총리도 세상을 떠나면서 아무 말을 남기지 않았다. 사람들의 생각이 비뚤어지고 허황된 야망이 우리를 피곤하게 만들 때, 그는 삶과 죽음에 관한 깨달음을 우리들에게 줄 수 있있다. 역사의 전환기마다 강직하고 단호했던 그는 죽음이 다가왔을 때 남기고 싶은 말이 있었을 것이다. 그런데 그에게 접근할 모든 길이 봉쇄되었다. 그는 오로지 침묵 속에서 떠났다.

최형섭 씨나 신현확 씨의 마지막 말을 받아들이기에는 사회의 그릇이 너무 작았던 탓일까. 우리들이 벅찬 체험으로 세상을 일궈갈 수 있는 힘은 그들의 마지막 이야기로 더욱 북돋아질 수 있었을 것이다. 죽음을 둘러싼 그들의 사연들을 마음의 결에 새기고 싶었고 그 냄새가 그리웠다.

그로부터 2년의 세월이 흘렀다. 2009년 5월 빨간 장미가 꽃봉오리를 내밀기 시작한 계절이었다. 수많은 암 환자들의 정겨운 친구였으며 막역한 우상이었던 장영희 교수가 홀연히 세상을 떠났다. 아무리 어렵고 고통스럽더라도 끝까지 희망을 버리지 말라고 그들을 격려해주었던 장 교수의 투병생활은 그 자체로 눈물과 희망이었다. 그녀의 영정 앞에서 헌화한 후 되돌아섰을 때 상주로 조문객을 맞고 있었던 친오빠가 내게 이렇게 말했다.

"영희는 아주 편안하게 떠났습니다. 평소 그 아이가 생각해오던 대로입니다. 하늘에서 조용하게 쉴 수 있을 것입니다. 많은 환우들을 위해 기도해주겠지요."

마음이 울컥했다. 빈소에 몰려든 그녀의 친구들과 제자들은 슬퍼 보였지만, 자랑스러워하는 마음을 감추지 않았다. 온 가슴으로 장영희 교수의 추억을 담고 있는 듯한 얼굴이었다.

그녀가 떠난 지 2주일 후에 노무현 전 대통령이 경남 김해시 봉하마을 뒷산에서 스스로 목숨을 버렸다는 비보가 전국을 충격에 빠뜨렸다. 느닷없는 그의 죽음이 우리를 멍청하게 만들었고 자살이라는 최후의 수단이 가슴을 찌르는 아픔으로 다가왔다. 내 마음은 더욱 공허해지기 시작했다.

죽으면서 살아가는 의료인들

경기도 포천시 신읍동에 있는 모현의료센터에 들어서자 '고향의 봄'이 합창으로 들려왔다. 한들한들 봄바람 따라 노랫소리가 커졌다 곧 작아지고, 작아졌다 다시 커졌다. 꽃길을 걸어가노라면 아담한 3층 건물이 나타난다. 이곳은 말하자면 암병동이다. 말기 암 환자들만이 입원해 있으니 암병동임에 틀림없다. 그런데 그렇게 느껴지지 않으니 이상한 일이다. 나는 이 병동을 방문할 때마다 사람들이 숨 쉬는 공간을 본다. 어느 대학병원의 암센터처럼 가슴 답답하고 침울한 분위기가 느껴지지 않는다.

　모현의료센터의 작고 아름다운 건물에는 늘 미소가 넘친다. 어느 해 무더운 여름과 장마철에 이곳을 들렀을 때에도 병동은 우중충해 보이지 않았고 환자들이 세상에서 버려진 듯 축 쳐져 있지도 않았다. 테라스에 앉아 즐겁게 이야기하고 손에 손을 잡고 흥얼거리는 말기 암 환자들의 모습이 몇 번이나 내 머릿속에 찍힌 채 지워지지 않는다. 그런데 그들은 분명히 죽음에 가까이 가고 있었지만 그들의 얼굴에서 죽음의 그림자를 찾아볼 수 없다. '마리아의 작은 자매회' 수녀들이 운영하는 모현의료센터가 환자들의 마음에 변화를 일으키고 있는 것이다.

원장실에서 박 스텔라 수녀와 이야기를 나누고 있을 때 조용히 문을 두드리며 들어선 메리 트레이시 수녀의 얼굴이 환했다. 72세에 이른 그녀의 얼굴에도 깊은 주름이 패였지만 여전히 소녀 같은 표정을 잃지 않았다.

"메리 수녀님, 안녕하세요?"

내가 그녀를 따라 병동의 2층 계단에 오르자 환자들이 손을 흔들었다.

"수녀님, 식사하셨어요? 고스톱 하는데 돈이 다 떨어져서 10원짜리 동전으로 바꾸러 가는 길이에요. 조금 있다가 저하고 고스톱 해요, 네?"

다른 환자들이 채근하며 메리 수녀의 손을 잡아끌었다. 그녀는 환자들의 얼굴을 매만져주며 어젯밤에 잘 잤느냐, 고통스럽지는 않았느냐며 자상하게 물었다.

"환자들이 수녀님 친구가 다 됐군요."

"그럼요. 내 친구들이지요. 그리고 다 내 아들딸이에요. 얼굴들이 밝아서 좋아 보이지요?"

메리 수녀는 나를 쳐다보며 맑게 웃었다. 50대와 60대 그리고

70대로 보이는 남녀 환자들이 병실에서 또는 복도에서 손을 흔들거나 머리를 꾸벅하며 인사를 보냈다. 3층의 한 병실에서는 여성 환자와 가속, 간호사가 같이 화투 놀이를 하고 있었다. 침대 위에 접이식의 작은 밥상을 놓고 그 위에 담요를 깔았다. 밥상 옆에는 돼지 저금통에서 쏟아낸 10원짜리 동전이 수북이 쌓여 있었다.

"수녀님, 간호사도 환자와 어울려 고스톱을 하는군요. 권장하는 건가요?"

"꼭 그러는 건 아니지요. 간호사가 판단해서 말기 암 환자에게 도움이 된다면 같이 어울리지요. 간호활동의 하나입니다. 우선 환자들이 아주 좋아하거든요."

3층 한 병실의 발코니에서 메리 수녀는 빈 의자에 걸터앉았다. 늦은 봄 햇빛이 그녀에게로 쏟아졌다. 환자들이 마음껏 햇살을 누릴 수 있도록 설계된 병동이었다. 그들이 누워서도 바깥 경치를 내려다볼 수 있게 창문턱을 낮췄다.

"이 병원을 지을 때 '빛'을 고려했다고 합니다. 환자들이 인생의 마지막까지 빛을 볼 수 있도록 말입니다. 병원에는 빛이 넘쳐야지요. 환자들에게는 아주 중요한 일입니다. 아까 고스톱 이야기를 했습니다만 그게 환자들에게는 필요해요. 말기 암 환자들이기 때문에 통증이 몇 시간마다 한 번씩 나타납니다. 그러니까 진통제 주사를 자주 맞아야 하는 거지요. 그런데 고스톱에 열중하다 보면 자기 몸에 통증이 생기고 있다는 것조차 잊어버려요. 이해가 안 되지요?"

메리 수녀는 장난기가 넘친 표정으로 나를 쳐다보았다. 미국의 호스피스 병동에 입원해 있는 한국 교포들이 고스톱으로 시간 보내는 것을 목격하긴 했지만 화투 놀이가 통증치료와 상관관계가 있다는 것에는 생각이 미치지 못했다. 국내에서 34년 동안 호스피스 전문의사로 봉사활동을 해온 호주 출신의 메리 수녀에게는 한국인이 유별나게 즐기는 고스톱이 하나의 치료법으로 떠올랐을 법했다.

"요즘은 10원짜리 동전을 구하기 힘들잖아요. 그래서 봉사활동을 하는 사람들이 자기 동네를 돌아다니며 동전을 수집해서 환자들에게 나눠주지요. 환자들은 재미로 게임을 하지만 10원 동전 몇 개 더 따려고 잔뜩 벼르고 고스톱에 매달리지요. 그래서 몇 번 고를 하고 또 고를 해서 대박이 터지면 박수 소리가 요란하지요. 그 뒤에 수녀들과 함께 합창을 하고 또 기도도 하고."

"울진 않나요?"

"사람인데 왜 우는 일이 없겠어요. 그러나 아주 자연스럽게 슬픔을 처리하지요. 그들이 제일 무서워하는 건 죽음이 아니라 통증입니다. 다른 병원에 있는 말기 암 환자들이 자기를 죽여달라고 하소연하는 것은 무서운 통증을 어떻게 조절할지 몰라서 그러는 거예요. 세상에 죽고 싶은 사람이 어디 있겠어요? 모두들 통증 때문에 그러는 거 아닙니까. 그래서 호스피스를 적극적으로 지원해야 합니다. 안락사를 막기 위해서라도 꼭 필요해요."

"여기 있는 환자들은 모두 가톨릭 신자인가요?"

"아닙니다. 전혀 그렇지 않아요. 우리는 종교를 구분하지 않아요. 환자들 중에는 불교 신자도 있고 개신교도 있고 종교가 없는 사람들도 있어요. 누구나 고통받는 환자들은 들어올 수 있어요."

나무색 톤의 병실을 나서면서 메리 수녀는 환자들의 손을 다시 잡아주었다. 약간 구부정해 보이는 그녀의 허리가 환자들이 누워 있는 침대 높이만큼 더 낮아졌다. '마리아의 작은 자매회' 수녀들이 1971년 포천에서 가정방문 호스피스 활동을 펴면서 말기환자에게로 몸을 낮추었다. 환자들의 고통을 감싸 안았다. 그들이 세상을 떠난 다음 남아 있는 가족들도 보살핌의 대상이었다. 사람으로서의 품위와 존엄성을 지켜주는 것이 모현 호스피스의 관심사였다.

그 정신을 담아서 2005년 이곳에 새 병동의 문을 열었다. 우리나라 최초의 독립형 호스피스 병동이다. 열여덟 개 병상의 환자들을 치료하는 데 메리 수녀를 비롯한 두 명의 전문의와 간호사, 사회복지사 등 20여 명의 직원이 근무하고 있다. 병실마다 욕실이 딸려 있고 아로마 치료실이나 가족 휴게실도 따로 마련되어 있다. 이런 시설을 갖추고도 병실료는 일반 병원보다 훨씬 싸다. 자원봉사자들이나 독지가들의 지원 없이는 운영이 매우 어려운 실정이다. 병원 운영을 맡고 있는 박 스텔라 수녀와 함께 메리 수녀의 어깨도 무겁다.

"호스피스 활동을 하려면 마음이 단단해야 해요. 그렇지 않으면 환자들을 잘 돌볼 수 없어요. 내 이름이 메리 트레이시인데 '트레이시'의 발음이 언뜻 '최씨'와 비슷해서 나를 최씨라고 불러주는 사람들이 많았어요. 그러다가 강릉 최씨라는 본관까지 얻었어요. 그런데 내가 최씨라서 그런지 고집이 좀 센 편이지요. 사실 고집이 있어야 호스피스 활동도 계속 할 수 있지 않겠어요."

메리 수녀의 웃음이 천진난만하다. 한국의 호스피스 운동에 아낌없이 청춘을 바친 그녀의 열정이 환자들에게도 전염된 것 같다. 누워 있던 말기환자들이 벌떡 일어나 메리 수녀에게 미소를 전달하고 침대 윗머리로 손을 뻗쳐 그녀와 함께 찍은 기념사진을 자랑하는 모습이 아름답다. 그들에게는 셈에 빠른 인간의 욕망이 보이지 않는다. 말기환자인 그들에게서 생활의 리듬이 느껴지는 것은 도대체 어디서 오는 힘 때문일까. 메리 수녀의 사랑이 힘이었고 모현의료센터의 보살핌이 편안한 삶과 죽음의 뿌리였다.

매달 1일 이곳에서 발행되는 4페이지짜리 회보의 맨 끝에 나는 눈길이 멈추곤 했다. "선종하신 분은 다음과 같습니다. 김 아무개, 박 아무개, 소 아무개⋯⋯." 어느 달은 스무 명 넘게 세상을 떠나고, 또 어느 달은 세 명 또는 네 명에 그칠 때도 있다. 몇 달 전에 만났던 한 환자의 이름이 회보에 실렸을 때 나는 그가 웃고 있었던 생전의 모습을 떠올리며 잠시 생각에 잠겼다.

내가 어느 날 병실을 들렀을 때 50대 후반으로 보이는 그가 침대에 앉아 그림을 그리고 있었다. 무심코 쳐다본 종이 위에 중년의 여인이 있었다. "누군⋯⋯ 가요?" 하고 느릿하게 그러나 조심스럽게 물었다. 그의 얼굴에 나타났던 미소가 사라지고 침묵이 흘렀다. 민망스러워하는 내 얼굴을 쳐다보며 말했다. "날 버리고 간 아내……." 그의 몇 마디가 내 가슴을 찔렀다. 그로부터 몇 달 뒤 '선종하신 분'의 명단에서 그의 이름을 발견했다. 그가 세상을 떠나기 전에 겪었을 지독한 고독에 생각이 미치자 가슴이 저려왔다. 메리 수녀도 그 환자의 마지막을 위해 얼마나 마음 졸였을까.

많은 환자들이 생과 사의 경계선에서 방황하고 있을 때 메리 수녀처럼 고집스럽게 호스피스 활동에 매달리는 의사들을 나는 알고 있다. 그러나 그들은 봉사에 전념하는 메리 수녀와 전혀 다른 유형이다. 환자들과 상담하고 활발하게 진료활동을 벌이면서 연구에 몰두한다. 세미나와 심포지엄 등 각종 모임을 통해 호스피스 완화의료 제도 도입을 주장하고 정부 관료들을 설득하는 데 많은 시간을 투자한다.

국립암센터의 윤영호 박사와 서울대학교 의과대학의 허대석 박사, 연세대학교 세브란스 병원의 손명세 박사가 바로 그들이다. 진료 분야가 다르고 활동 무대도 각각이지만 그들은 말기환자들의 고통과 눈물에 가슴을 열어둔 의사들이다. 동료 의사들보다 몇 배의 땀을 흘리고 몇 곱의 아픔을 겪어왔다. 그래서 그들의 호소에는 늘 울림이 있다. 그들에 대한 나의 관찰은 작은 울림에서 시작되었다.

2002년 어느 날 나는 한 레스토랑에서 우연히 윤영호 박사와 자리를 같이했다. 말기환자들이 얼마나 심각한 고통을 겪고 있는지 실상을 알리는 그의 글을 놓고 시작한 토론은 밤 늦게까지 이어

해피 엔딩, 우리는 존엄하게 죽을 권리가 있다

졌다. 악착같이 생에 매진했던 군상들이 죽음의 경계선에서 줄줄이 쓰러져 있을 때 의사는 오로지 인공호흡기만 들이대며 로봇처럼 서 있어야 하느냐가 그의 고뇌의 출발점이었다. 왜 그들이 호스피스 혜택을 볼 수 없으며, 왜 그들이 존엄한 죽음을 받아들일 수 있는 기회를 갖지 못하는지 분석한 그의 논문을 접할 수 있었던 것은 며칠 후의 일이었다. 그리고 한동안 그와 연락이 끊겼다. 3년 후에 내가 국립암센터에서 주관하는 6개월 과정의 호스피스 아카데미에 등록했을 때 그와 다시 마주쳤다. 호스피스 교육과정의 커리큘럼 구성부터 진행까지를 그가 책임지고 있다는 사실을 안 것은 그 이후였다. 전국 곳곳의 병원에서 일하고 있는 의사와 간호사, 사회복지사 그리고 종교인들이 호스피스 교육에 참여했고, 자원봉사자들도 얼굴을 보였다.

내가 호스피스 교육을 빠뜨릴 수 없었던 것은 그의 열성 때문이었다. 그가 만든 커리큘럼은 아픈 환자를 돌보는 간호 수준이거나 피 냄새를 풍기는 맹맹한 기초의학 교육이 아니었다. 삶의 질과 죽음의 질을 같은 바구니에 넣고 인생을 들여다보게 하는 교육이었다. 응급실의 풍경과 삶을 연결하면서 새로운 시야의 열림을 경험하도록 도와주었다. 모두가 유언장을 쓰면서 죽음을 준비하는 훈련도 받았다. 제주도에서 근무하는 한 여의사는 호스피스 강의가 있을 때마다 비행기를 타고 김포로, 김포에서 다시 일산의 국립암센터로 달려왔고 강의가 끝나면 같은 날 밤 다시 서둘러 제주도로 돌아갔다. 그녀가 시간에 맞춰 황급히 강의실에 들어설 때마다 수

강생 모두의 얼굴이 밝아지곤 했다. 우리가 배운 호스피스 교육은 나중에 국내의 크고 작은 병원에 입원해 있는 암환자들을 이해하는 데 도움이 되었다.

윤영호 박사가 지금까지 발표한 호스피스 완화의료에 대한 논문은 열다섯 편을 넘어섰다. 이 분야에서 그는 가장 많은 논문을 제출했다. 말기환자들이 의학적으로 의미 없는 치료를 어떻게 받아들이고 있는지, 호스피스 완화의료 제도화가 왜 필요한지, 필요하다면 보험 제도는 어떻게 바뀌어야 되는지 등에 대한 여론을 모으고 정책을 제안했다. 우리나라도 암이라는 사실을 의사가 환자에게 빨리 통고해야 한다는 주장은 오래전 그의 연구 결과를 인용해 제기돼온 것이다. SCI(과학논문인용색인) 학술지에 책임저자로 자주 실린 그의 논문은 다른 임상의들의 연구에 발판이 되었다.

2007년에 그는 국립암센터에서 최우수 연구자상을 받았다. 그가 메고 다니는 검은 가방은 언제나 다음 연구를 위한 설문지와 각종 자료로 채워져 있다. 어깨가 기우뚱할 정도로 무거운 가방이었다. 어느 일요일에 나는 서울 인사동 찻집에서 그를 만났다. 여전히 묵직해 보이는 가방을 끼고 있었다. 못 말리는 스타일이었다.

"죽음이라는 걸 대학시절에 배운 적이 있나요?"

"없어요. 의과대학 커리큘럼에도 없었어요. 그곳에서는 생명을 치료하고 연장하는 데 필요한 지식을 배웠지요. 그런데 죽음이란 의학의 실패이므로 배울 필요가 없었고 가르쳐주지도 않았습니다. 죽음을 삶의 일부로 받아들이지 않은 것이지요."

"언제부터 환자들의 고통에 관심을 갖게 됐습니까?"

"수련의 때 한 노인이 임종 직전까지 중환자실에 입원해 있는 장면을 보았습니다. 사람으로 숨을 쉬는 게 아니라 그냥 기계적인 호흡을 하고 있었어요. 사실상 치료가 필요 없는 상태였지요. 그런데 가족이 자꾸 집에서 임종할 수 있도록 해달라고 해요. 별수 없이 환자의 고향으로 가는 구급차 안에서 수동으로 호흡하도록 도와주어야 했어요.

1990년대 초 당시에는 차량에 탑재하는 이동식 인공호흡기가 없어서 손으로 조작해야 했습니다. 펌프식 인공호흡기를 이용해 환자의 목구멍에 끼워놓은 튜브를 통해 공기를 불어넣어주었지요. 대여섯 시간을 그렇게 해댔으니 내 팔 아픈 건 그렇다 치고 환자의 고통이 얼마나 심했는지 모릅니다. 보기에도 진땀이 날 정도였어요. 환자 집에 도착하자마자 인공호흡기를 떼내고 사망진단서를 작성했습니다. 가족들은 환자가 집에서 죽었다며 그것을 호상(好喪)이라고 했습니다. 그게 정말 호상일까요?"

그는 당시의 일을 회상하면서 지금은 생각만 해도 어처구니없는 일들이 많이 벌어졌다고 말했다. 환자의 고통은 아랑곳없이 집안 어른의 호상을 위해 노력했다고 만족하던 가족의 모습이 아직도 지워지지 않는다고 한다. 그런데 그것이 우리들 모두의 감춰진 얼굴이었다.

"그때 그 일이 두고두고 충격이었습니다. 어떻게 하면 사람이 좋은 모습으로 그리고 편하게 세상을 떠날 수 있을까 생각했습니다. 품위 있는 죽음이랄까 존엄사가 그때부터 나의 관심사였어요."

"당초에 의과대학을 선택한 이유가 따로 있었나요?"

"제가 중학교 다니던 시절에 누나가 암으로 세상을 떠났습니다. 그 영향이 컸습니다. 그리고 대학에 다닐 때 40대 중반의 암 환자를 보살펴주는 자원봉사 활동을 하면서 호스피스 제도의 필요성을 몸으로 느꼈습니다. 대학을 졸업할 즈음에는 신경외과나 이비인후과, 정형외과 등이 인기였는데 저는 호스피스 일을 하고 싶어 가정의를 선택했습니다."

"잘한 선택입니까?"

"후회 없어요. 하고 싶어서 하는 것이니까요. 지금은 유능한 후배들이 가정의를 선택하는 경우가 많습니다. 호스피스 완화의료에 관심을 보이는 국민들이 늘어나면서 나타나는 현상이 아닌가 생각됩니다."

"어디서 그런 걸 느낄 수 있습니까?"

"서울의대를 포함해 몇몇 대학에서 '의미 있는 삶, 품위 있는 죽음'에 대해 강의할 때 반응이 다릅니다. 저희들이 대학에 다닐 때는 그런 걸 배울 기회가 없었습니다. 환자들의 통증이나 존엄사 등을 이해하기 어려웠지요. 지금은 서울의대 본과 3, 4학년생들이 통증 관리나 환자에 대한 이해, 의사소통 등을 배우고 있습니다. 환자들이 겪고 있는 어려움을 알기 시작한 것입니다."

2002년 그는 국립암센터에서 '삶의 질 향상 연구과장'이라는 조금 아리송한 직책을 맡은 적이 있었다. 웰빙 시대에 어울리는 거창한 국민복지 정책을 떠올렸다. '삶의 질 향상'은 현재의 삶과 더불어 삶의 마지막 단계인 죽음의 질도 높여보자는 취지를 담고 있었다. 환자들의 투병생활이 너무 힘겹고 죽음 또한 비극적이기 때문에 이를 고쳐보자는 병원 측의 의도가 담겨 있었다. 정책의 핵심은 호스피스 완화의료 제도의 도입이었다. 이를 위해 암센터 현장에서 말기환자들을 진료하고 분석하면서 그 연구 결과를 정부에 건의하는 것이다.

그가 오래도록 벌여왔던 '품위 있는 임종을 위하여'라는 캠페인도 그 결과의 하나였다. 신문과 방송을 통해 그가 내놓는 주장은 '사람은 사람답게 치료받고, 사람답게 죽을 수 있는 권리가 있다'는 것이다. 그는 의료계에서 흔히 쓰이는 '존엄사'의 의미전달이 어려워 '품위 있는 죽음' 또는 '품위 있는 임종'이라는 표현을 자주 사용했다.

의사인 그의 입장이 난처할까봐 미처 묻지 못한 질문이 마음속에 쌓이고 있었다. 진심을 말하자면, 암 환자들이 가슴 답답해하는 일이다. 그들이 겪고 있는 통증을 이해하지 못하는 의사들이 의외로 많아서이다. 암은 심한 통증을 일으키는 병이니 참고 견뎌야 한다고 어떤 의사들은 말한다. 환자들이 아픔을 이겨내지 못해 병실에서 떼굴떼굴 구르면 주치의는 무표정한 얼굴로 지나가버리고 뒤따라온 수련의들이 한바탕 호통을 친다. '그런 고통쯤은 이겨내라!'는 것이다.

가족들이 울먹거리며 환자를 부둥켜안고 다독인다. 의사 지시를 잘 따르지 않으면 다음 치료가 까다로워질 것이라는 불안감을 그들은 떨치지 못한다. 서울 시내 중심지 한복판에 있는 큰 종합병원에서도 자주 목격할 수 있는 장면이다. 통증에 시달리는 환자는 인간성을 박탈당한 동물이나 다름없다. 보잘것없는 인격과 존엄도 송두리째 내던졌다.

그들은 들판에서 울부짖는 짐승이 되기도 한다. 그들이 숨을 거두었던 병원이 지금은 어떻게 달라졌는지 난 모른다. 병원 건물 외벽에는 암 환자 검진과 치료를 위해 최신의 첨단 의료장비를 갖추고 있다는 대형 플래카드가 몇 년 동안 나부꼈다. 정나미 떨어지는 병원이었다.

2007년 초부터 정부가 조용히 캠페인을 시작했다. '통증을 말합시다'는 팸플릿을 각 병원에 뿌렸다. 의사들에게 통증을 호소하고 적절한 조치를 받도록 환자들에게 권장하고 있었다. 역시 세상은 변하고 있었다. 정부도 암 환자들의 통증 문제가 심각하다는 것을 뒤늦게 깨달은 것이다. 그 깊은 변화는 치료 이전에 인권 차원의 조치였는지 모른다.

몇 년 전부터 서울아산병원은 신입 인턴들이 환자들의 고통을 직접 체험하는 수습에 들어갔다. 인턴 오리엔테이션 기간에 새내기 의사들이 환자들과 아픔을 같이하도록 한다는 것이다. 코에 튜브를 끼워넣어 영양을 공급받는다든가 정맥에서 피를 뽑는 체험이 고작이었다. 암 환자가 겪는 고통과는 너무나 거리가 멀다. 환자 본인이 아닌 이상 새내기 의사인들 경험할 방법이 없는 것이다. 나는

해피 엔딩, 우리는 존엄하게 죽을 권리가 있다

내가 보고 경험한 일들을 윤영호 박사에게 이야기하지 못했다.

"왜 의사들은 암 환자들에게 진통제 처방을 주저할까요?"

"환자의 통증을 잘 이해하지 못하는 경우도 있고 모르핀을 포함해 진통제를 투여하는 데 두려움을 갖는 등 몇 가지 복합적인 이유가 있습니다. 혹시 무슨 부작용이 나타나지 않을까 걱정하는 것도 이유 중의 하나입니다. 또 모르핀 주사를 놓게 되면 환자가 중독 상태에 빠진다고 믿는 가족들이 굉장히 많아요. 잘못된 선입관입니다. 그 때문에 모르핀 주사를 기피하는 환자들도 있습니다."

"모르핀 10~20밀리그램 정도만 투여해도 무슨 일 나는 것처럼 걱정하는 의사들도 있더군요."

"통증 정도에 따라서는 그보다 훨씬 높여도 괜찮습니다. 왜 말기환자가 격심한 통증을 견뎌야 합니까. 그건 고문이나 마찬가지입니다."

"상상할 수 없을 정도의 심한 통증도 있더군요. 그럴 경우에 진통제는 어느 정도까지?"

"모르핀 투여량이 하루 4,000밀리그램까지 늘어날 수 있지요. 좀 드문 케이스이지만. 그래도 아무런 문제가 발생하지 않습니다. 환자의 통증치료에 적절한 용량의 주사이기 때문입니다. 용량이 어느 정도인가는 중요하지 않습니다. 주사를 맞고 안정을 되찾은 환자를 볼 때마다 내가 정말 잘했구나 하는 생각이 듭니다."

"경륜이 있는 의사와 젊은 의사들 사이에 환자 통증이나 임종을 보는 시각의 차이가 있습니까?"

"그건 경륜의 문제가 아닙니다. 오로지 자질의 문제이지요. 병원에서 오래 근무한 의사들 가운데도 환자의 고통을 이해하지 못하는 경우가 있습니다."

"왜 그럴까요? 임종환자 돌보는 것도 꺼리는 의사들이 많지 않아요?"

"통증을 치료하는 완화의료 기술이 턱없이 부족한 의사들이 꽤 있습니다. 또 요즘에는 의료가 세분화·전문화하면서 이 분야가 전혀 낯선 의사들에게 임종환자 치료가 맡겨지는 경우도 발생하지요. 젊은 의사들은 임종환자 관리에 대한 교육과 훈련을 전혀 받지 못했기 때문에 죽음에 부딪칠 때마다 당황합니다. 이런 상태에서 환자의 인간적 죽음이 보장될 수 있는지 의문입니다."

그가 단호한 어조로 말했을 때 어느 병원의 암병동이 다시 떠올랐다. 통증을 호소하는 환자들의 일그러진 모습과 그들을 윽박지르는 의료진의 굳은 표정이 겹쳐왔다. 아침과 저녁 의료진들이 회진할 때마다 저승사자의 발자국 소리가 복도를 울리는 것 같다고 말한 한 환자의 두려움이 스쳐 지나갔다.

그는 요즘 우리 주변에서 볼 수 있는 수많은 말기 암 환자들에게 진실을 알려주는 캠페인을 서두르고 있다. 삶이 얼마 남아 있지 않은 환자들에게 '말기 암'이라는 사실을 숨겨서는 안 된다는 것, 미처 생각하지 못했던 심각한 증상이 환자를 혼란에 빠뜨린다 하더라도 의료진과 함께 슬기롭게 이겨내야 한다는 것, 이런 것이 환자가 자신의 남은 생을 정리하고 의미 있는 시간을 보낼 수 있도록 도와준다는 것이다. 이를 위해 환자와 가족을 위한 지침서를 만들고 영상 자료를 제작하고 있다.

"의학적으로 '말기'라는 진단에 대해 환자나 가족들이 잘못 아는 경우가 많더군요."

"그래요. 보통 말하는 '암 4기'는 '말기'와 다릅니다. 그걸 혼동하는 사람들이 아주 많아요.

'암 4기'는 현재 4단계 중 마지막 단계에 와 있다는 뜻입니다. 이 단계가 더 악화돼서 말기에 이릅니다. 의사들이 진단을 내린 '말기 암'은 수술이나 항암 화학요법, 방사선 치료 등을 통해서도 생명 연장을 기대할 수 없는 상태를 말합니다.

어느 누구도 말기 암 환자 개개인의 남은 삶을 정확히 예측할 수는 없지만 통계적인 수치를 통해 대략 짐작은 할 수 있습니다. 의료진이 할 수 있는 최선의 길은 환자가 가족과 함께 남아 있는 생을 편안하고 품위 있게 보낼 수 있도록 돕는 것입니다."

말기환자들에게 병의 증상을 알려주고 호스피스 완화의료를 선택할 수 있도록 지원하는 프로그램에 그가 쏟은 정성은 대단했다. 그 프로그램의 이론적 뒷받침을 위해 오랫동안 많은 연구를 거듭해왔고 이의 1단계 정착을 위한 행정에 전념하고 있는 것이다.

호스피스 완화의료 사업과 관련해 내가 머리를 숙이는 또 한 사람의 의사가 있다. 서울대학병원 암센터 소장을 지낸 허대석 박사이다. 그는 고뇌하는 의료인의 상징처럼 느껴진다. 고통받는 환자,

죽어가는 환자들 옆에 항상 그가 있었다. 피로에 지쳐 약간 팬 눈에 우수가 젖어 있고 그 가장자리에 주름이 늘었다. 늘 입을 꽉 다문 과묵형이다. 그러나 말을 쏟기 시작하면 한마디 한마디에 힘을 준 탓으로 뜨거운 에너지가 상대방에게 전달된다.

오후 진료를 끝내고 연구실로 돌아온 그는 가운을 벗은 채 박사학위 심사 자료를 들여다보고 있었다. 예나 다름없이 바지에 멜빵을 한 편한 자세였다. 냉장고에 있는 음료수를 따주며 환자들 이야기를 꺼냈다.

"어려운 일은 항상 현장에서 많이 부딪힙니다. 항암제 치료도 하고 중간에 검사도 합니다만 항암제가 반응을 보이지 않을 때도 있어요. 환자는 아프다고 야단이고 어떻게 할 수 없는 상황이 발생합니다. 보호자를 불러 환자 증상을 자세히 설명하면 잠시 놀랐다가 통곡하지요.

나에게 주어진 2, 3분 안에 환자의 증상을 충분히 설명할 수 없습니다. 다음 환자들이 밖에서 줄시어 있으니까요. 현행 의료제도가 빚어낸 현상입니다. 그렇다고 그 탓만 할 수 없는 게 현실입니다. 결국 진료가 끝난 다음 몇몇 환자들을 다시 상담실로 오게 하여 설명을 드리는데 이게 정말 벅찬 일입니다."

개별 상담은 특별 서비스이다. 궁금증이 많은 환자들을 위해 달리 대책이 없기 때문에 연구시간을 할애할 수밖에 없다는 것이다. 허 박사는 1990년대 초부터 말기환자와 가족들을 위한 상담 프로그램을 만들었다. '등불'이라고 이름을 붙였다. 이에 공감하는 간호사와 약사, 사회복지사들과 함께 일하면서 1998년에 호스피스 학회를 만들었다.

"그때 좋은 일 한다는 반응이라도 있었습니까?"

"좋은 반응을 보자고 한 일은 아니었습니다. 일부 의사들의 호응이 있었지만 호스피스 취지를 이해하는 사람들은 아주 제한적이었어요. 그때 정부가 뭐라고 한 줄 아세요? 지금 응급환자도 제대로 돌보기 어려운데 통증환자, 임종 직전의 환자를 생각할 때냐고 그랬어요. 정말 길 없는 길을 걷는 기분이었지요."

"그래서요, 한바탕 싸웠나요?"

그는 피식 웃었다. 그런데 그 웃음의 여운이 너무 길었다. 대꾸할 가치도 없는 질문을 한다는 의미였나 보다. 한참 후에 내가 멋쩍게 따라 웃었더니 그가 정색을 하며 거꾸로 물었다.

"의료의 본질이 뭡니까?

그는 답변을 기다리지 않았다. 서류를 정리하다가 마음이 심란한지 의자를 빙그르 돌려 창밖을 내려다보았다.

"의료가 단순 과학은 아닙니다. 의료라는 창을 통해 문화도 보고 역사를 보기도 하지요. 시간이 지나면 사회적 반응이 들어옵니다. 여과되지 않고 있는 그대로 들어오거든요. 예를 들어 통증에 찌들어 죽어가는 환자들을 언제까지 계속 방치해야 합니까? 말기환자들의 고통을 언제까지나 못 본 척해야 합니까?

이로 인해 한 가족이 붕괴되고 남아 있는 모두가 상실감에서 헤어나지 못합니다. 매년 26만여 명이 임종하는데 이들을 충분히 관리하지 못한 데서 오는 사회적 손실이 또 얼마나 클까요? 이건 간단한 일이 아닙니다."

"암 환자 치료에 쓰이는 비싼 장비는 엄청나게 들어오고 있지 않습니까?"

"고가의 장비 기준으로 보면 우리나라는 암 치료에서 세계 선두 수준입니다. 거기에다가 역시 값비싼 항암제도 수입하고 있습니다. 여기에 대해서는 어느 누구도 저항하지 않습니다. 전부 오케이입니다. 그런데 정작 암 환자는 누가 돌봐줍니까? 첨단 의료기기가 할 수 있나요? 의료진이 해야지요. 이건 의료수가 제도와 얽혀 있습니다. 호스피스 완화의료 서비스를 하자면 어느 병원이나 적자운영에 빠질 수밖에 없거든요.

제도를 뜯어고친다고 해서 또 됩니까? 사회인식과 맞물려 있습니다. 사회인식이 달라질 때까지 기다릴 수밖에요. 이게 안 바뀌니 암 환자를 돌보는 게 더 어려워집니다. 아직도 우리 사회가 호스피스 제도를 이해히지 못하는 것이 현실이니까요. 이것이 의료 양극화 현상을 가져오는 한 단면입니다."

"우리나라처럼 영안실이 초호화판으로 꾸며진 곳도 없다고 하더군요?"

"그렇습니다. 죽은 사람 시신이 호화판 영안실에 있으면 뭐 합니까. 그 사람이 살아 있을 때 고통 없도록, 그리고 편안하게 떠나도록 돌봐줬어야 하는데 그렇게 해주지는 않고 정작 죽고나자마자 번쩍하는 영안실에 넣어두다니. 우리나라는 임종실을 갖춘 병원이

손에 꼽을 정도로 적어요. 조용한 임종실은 없고 화려한 영안실만
있는 나라. 이 같은 의료현장이 우리 사회의 축소판입니다. 그래서
의료의 본질을 다시 따져보자는 게 제 생각입니다."

"왜 모두가 기계 중심이 됐을까요?"

"지금 우리나라 의료의 본질이 어디에 있느냐 하면 컴퓨터 하
드웨어에 있어요. 의료 행위 하나하나가 기계 중심이고 기술 중심
입니다. 그것으로 환자를 치료하고 안심시킬 수 있을까요? 우리는
소프트웨어적인 해결 노력이 아주 미약합니다. 이 부분에 대한 깨
우침이 적어요. 이건 그냥 해결될 일이 아니지요."

"환자나 가족들도 돈만 있으면 의료 문제가 다 해결될 수 있다
고 생각하지 않나요?"

"모두가 마찬가지입니다. 행정기관도 그래요. 과거에도 비슷한
문제가 발생하면 돈으로 문제를 풀어가려고 했지요. 우리들의 인
식은 달라지지 않았는데 말입니다. 지금 환자들이 겪고 있는 고통
을 줄여주고, 두렵기 짝이 없는 임종 문화를 고치기 위해서 근본적
인 인식 전환이 있어야 합니다. 생각해보세요. 내일 모레쯤이면 이
세상을 떠날 것이 분명한 환자들에게 온갖 의료기기를 부착시켜
중환자실에 모셔놓을 이유가 뭐냐 이거죠. 환자에겐 그처럼 고통
스러운 일이 없습니다."

"환자나 가족만의 문제인가요?"

"의사들에게도 문제가 있습니다. 잘못하면 형사처벌의 대상자
가 되니까 그냥 중환자실에 환자를 모셔두는 거죠. 그러면 아무 탈

이 없거든요. 환자야 고통스럽건 말건 말입니다. 그래서 의사들이 방어 치료에 매달립니다. 1997년 보라매병원 사건의 영향이 크죠."

1997년 12월, 58세의 남성 환자가 응급실로 실려 왔다. 급성경막하혈종이라는 진단이 내려졌다. 일곱 시간에 걸친 혈종 제거 수술이 끝났으나 환자는 혼수상태에서 깨어나지 못했다. 더 이상의 치료가 불가능한 상태였다. 병원 측은 경제적인 이유를 내세워 여러 차례 환자의 퇴원을 요구하는 가족의 요청을 물리쳤다가 이틀 만에 허가했다. 집에 도착한 환자는 인공호흡기를 제거하자마자 숨을 거두었다. 법원은 형법에 따라 의사에게 살인방조죄를, 가족에게 살인죄를 적용해 처벌했다.

의료계의 반발이 거셌다. 회복이 어려운 환자에게 단순히 생명을 연장시키는 행위는 '생명존중'이라는 미명에 지나지 않으며 인간이 자연스럽게 사망할 수 있는 기회를 빼앗는 행위라고 법원 당국을 비난했다. 이 재판은 회복 불능 상태에서도 환자에게 의료행위를 계속해야 한다는 윤리적 측면만을 강조함으로써 의사들의 과잉진료 현상을 부추기는 꼴이 되었다.

그러나 이 사건을 법원에 기소해 '우수 수사'로 표창까지 했던 검찰에게 변화가 나타나기 시작했다. 2006년 6월 간경화 말기환자에게서 인공호흡기 호스를 떼어낸 의사에 대해서는 검찰이 무혐의 처리했다. 환자가 살아날 가능성이 없는 상태에서 이뤄진 점을 참작한 것이다. 보라매병원 사건이 일어난 지 10년이 가까워진 시점에서 취해진 검찰의 이런 입장을 존엄사에 대한 이해로 해석하기

해피 엔딩, 우리는 존엄하게 죽을 권리가 있다

는 어렵다. 사안이 민감하기도 하고 검찰의 깊은 속내를 판단하기도 힘들기 때문이다.

허대석 박사는 이 부분에 대해서 구체적인 언급을 하지 않았다. 그는 로댕의 '생각하는 사람'의 모습으로 다시 돌아갔다. 우울한 표정은 도대체 풀리지 않았다. 그가 쓴 호스피스 관련 논문이나 세미나 자료에는 '의사 허대석'과 '인간 허대석' 사이의 갈등이 나타난다. 이럴 수도 없고 저럴 수도 없는 현실과의 마찰이 그를 더욱 괴롭히고 있다. 꼼짝하지 않는 현실이 그의 고통의 뿌리이다.

서울대학병원 응급실은 항상 앵앵거리는 구급차 사이렌 소리로 요란하다. 실려 온 환자들의 상당수가 무서운 통증을 이겨내지 못하는 암 환자들이다. 그들이 응급실을 점령한다. 그들은 이곳에서 통증을 덜거나 생명을 이어가는 단순한 처치만 받을 뿐이다. 반드시 큰 병원에 있어야 될 이유가 없는데도 그들은 의미 없는 치료를 받는다. 이 때문에 긴급히 도움을 받아야 할 또 다른 응급환자들이 제때 치료를 받지 못하고 있다. 그를 고뇌에 빠뜨리는 현장이다.

"그대로 넘길 수 없는 문제들이군요."

"앞으로 더 큰일은 노인 문제입니다. 이 나라가 산업화·근대화의 길로 접어들면서 주변 여건이 많이 달라졌습니다. 어디서 어떻게 접근해 어려운 일들을 해결할까를 생각해야 합니다. 지금 부딪히고 있는 여러 가지 갈등 가운데 가장 큰 것이 임종입니다. 고통 속에서 숨져가는 환자들을 저는 매일 봅니다. 지금은 그들에게 존엄을 찾아주어야 할 때입니다.

그래서 이 문제부터 손을 대야지요. 인간은 관계 속에서 존재한다 하지 않습니까? 여덟 살 난 어린이가 암으로 사망한 부모 곁을 떠날 때 그 슬픔이 얼마나 큰지 아세요? 엄청난 것입니다. 그 아이가 성장하기까지 무슨 일이 생기겠어요? 좋은 죽음, 편안한 임종은 환자와 가족을 위한 것입니다. 현재의 임종 문화를 마냥 생각 없이 버려둘 수는 없어요."

그는 입이 마른 듯 음료수를 들이켰다. 전화벨이 요란하게 울렸다. 그는 시계를 쳐다보았다. 학위 심사위원회에 참석하기 위해 서류를 챙기고 하얀 가운을 걸쳤다.

"우리 사회 지도층 인사들 가운데 존엄사를 맞이한 사람이 있나요? 혹시 기억나는 분은?"

"글쎄요, 별로 없어요. 그들은 정리할 게 너무 많아서 그런지. 오히려 평범한 사람들이 빨리 마음을 비우고 편안한 죽음을 맞이하는 경우가 많아요. 나도 그들에게서 많이 배웁니다. 요즘에는 좀 여유 있는 일부 환자들이 호스피스 병동을 찾아갑니다. 다가오는 임종을 차분하게 준비하겠다는 뜻이지요. 서울대학병원에서도 몇몇 환자들에게 경기도 포천에 있는 모현호스피스를 소개하고 있습니다."

그의 연구실이 있는 12층의 긴 복도를 빠져나왔다. 비상계단을 통해 11층으로, 다시 10층의 각 병실을 거쳐 9층 복도를 걸을 때 환자들의 웅얼거림과 각종 의료기기가 작동하는 소리, 황급히 뛰어가는 의료진의 구두 소리, 가족들의 흐느낌 등이 섞여 들렸다. 1층 접수창구와 외래환자 대기실은 여전히 왁자지껄했다.

'인간은 관계 속에서 존재한다'는 허대석 박사의 말이 되살아났다. 생과 사의 경계선에서 일하는 의사들의 고뇌와 열정은 왜 결실을 맺지 못하는 것일까. 그들은 어떤 인간관계를 맺으며 이 사회와 대화하는지 궁금했다.

최후의 한 시간

"스물여덟 살의 골육종 말기환자가 있었어요. 그의 입과 기도로 길쭉한 관이 들어가 있었기 때문에 이야기를 나눌 수 없었습니다. 그는 일그러진 얼굴을 하며 제게 손짓했습니다. 침대 옆에 갔더니 손바닥에 뭘 쓰는 시늉을 했어요. 메모지와 볼펜을 달라는 뜻이었습니다. 그는 힘 빠진 손으로 이렇게 갈겨썼습니다. '간호사 누나, 나를 호스피스 병동으로 보내줘요.'

그 메모지를 넘겨주면서 저를 쳐다보는 젊은 남성 환자의 애절한 눈빛을 잊을 수 없었습니다. 가족들은 환자를 호스피스 병동으로 옮기는 것을 한사코 반대했어요. 거기 가면 모든 게 끝장이라고 우기는데 당해낼 재간이 없었습니다. 환자가 그렇게 희망했는데도 말입니다. 하루가 지나고 이틀이 흘렀습니다. 가족은 역시 요지부동이었습니다. 다음 날 밤 환자는 고통 속에서 세상을 떠나고 말았

해피 엔딩, 우리는 존엄하게 죽을 권리가 있다

어요."

배옥란 간호사는 환자의 숨이 끊어진 중환자실 침대 옆에서 눈물을 쏟는 가족이 얄미웠다고 말했다. 전라남도 순천의 성가롤로병원에서 호스피스 일을 맡고 있는 그녀는 환자 가족 모임에서 그 이야기가 나올 때마다 마음이 아파 눈물을 흘렸다. 환자가 엄청난 통증에 시달리다 떠났다는 아픔이 첫 번째 이유이고 답답한 가족에 화가 나서가 두 번째였다.

호스피스 간호사로 일한 지 꼭 11년. 배 간호사는 자신의 인생이 말기환자들의 마지막 시간을 아름다운 추억으로 채워주는 역할로 짜여져 있는 것은 아닌가 생각하고 있다. 그녀는 지금까지 1,200여 명의 죽음을 지켜보았다. 가는 사람을 떠나보낼 때마다 마음이 소용돌이쳤다. 그냥 직업으로 호스피스 일을 하겠지 하고 그녀를 넘겨보는 사람들도 있다고 한다. 그러나 그녀는 떠나가는 사람들의 한 달을 위하여 또는 하루, 한 시간을 위하여 기쁘게 일해왔다고 말했다.

"꼭 한 달이 아닙니다. 마지막 한 시간, 10분, 1분이라도 환자를 편하게만 해줄 수 있다면 하는 생각으로 저는 정말 열심히 일했어요. 그게 저의 사는 방식이었습니다."

휴일 비번일 때 만난 그녀는 갈색 개량 한복 차림으로 나타났다. 한 가닥 꽁지머리 스타일이었다. 화장기 없는 맨얼굴의 환한 표정이 순정파 여인의 모습 같다가도 어찌 보면 장난꾸러기 선머슴의 인상을 준다. 이제 40세를 갓 넘었다. 그 나이가 진짜냐고 되물었을 때 얼굴이 홍당무가 되었다. 죽어가는 사람들의 최후 10분을 위해 뛰는 사람이 웃음의 샘물이 있을까 싶어 내가 물었다.

"두려웠던 적은 없었나요? 호스피스 병동에서 오랫동안 일해오면서."

"별로. 죽음은 결코 두렵지 않아요. 가시는 분들이 임종 직전에 편안하게 떠나는 모습을 자주 보는데 그땐 저도 마음이 차분해지거든요. 그런데 이와는 전혀 다른 주검을 볼 때는 무섭고 두려워져요."

"아무리 호스피스 간호사라고 하지만 환자들의 죽음과 자주 마주치면 마음이 무거워지지 않나요?"

"좋은 임종을 하신 분들하고 정이 많이 들었어요. 정말 아름다운 모습으로 남아 있습니다. 그분들이 가고 난 다음에는 마음이 흔들려요. 소용돌이친다는 표현이 딱 들어맞아요."

"그럴 때는 어떻게 슬픔을 달래요?"

"저는 차(茶)를 참 좋아해요. 집에서 차를 끓이고 냄새를 맡고 또 혀끝으로 맛을 보지요. 차의 향기가 저의 마음을 다스리는 데 최고였어요. 차를 마시고 이곳 순천의 산을 올려다보면 한결 정신이 맑아져요. 떠나간 분들과의 좋은 추억도 회상할 수 있고요. 차를 마시기 시작한 지 벌써 20년이 넘었습니다. 병원 비번일 때는 남편과 이곳 다인(茶人)들과 함께 지리산 골짜기로 들어가 야생차를 따가지고 옵니다."

"말기환자들을 보면 언제쯤 임종을 맞게 될 것 같다고 알게 될

해피 엔딩, 우리는 존엄하게 죽을 권리가 있다

터인데 어떻게 그들의 마음을 편안하게 해주지요?"

"말기환자들은 대개 초조와 불안 속에서 두려움을 갖게 됩니다. 의사의 지시에 따라 여러 가지 진통제와 수면제를 정해진 시간에 복용하도록 하지만 환자가 심리적으로 안정을 찾도록 하려면 대화도 잘 나눠야 해요. 그리고 목욕을 자주 시켜드리지요. 어느 남성 환자는 손도 못 잡게 할 만큼 까다로웠는데 나중엔 목욕봉사를 하면서 이야기가 트였어요."

"남성 환자 목욕도?"

"간호사나 자원봉사자가 부족하다 보니 어쩔 수 없는 경우가 있어요. 그분이 처음엔 제게 마구 화를 내고 욕을 퍼부었어요. 아주 난감했어요. 그런데 어느 날 내가 딸 같은데 어떠냐, 목욕을 해야 기분이 좋다며 달랬더니 그때부터 환자가 마음을 열고 목욕봉사를 받았어요. 그 뒤부터는 180도 달라졌어요."

"180도라면? 어떻게 달라졌나요?"

"그 환자는 전립선암 환자였습니다. 페니스에 삽입한 고무줄이 오줌통과 연결되어 있는데 목욕을 시키자면 헐렁한 팬티를 안 벗길 도리가 없지요. 그 부분만 가린 채 몸을 닦아드리고 나면 그렇게 시원해할 수가 없어요. 환자가 말도 많아지고 유쾌한 표정이 되지요. 어떤 환자는 가족들이 시켜주는 목욕에도 완강히 거부반응을 보이거든요."

그녀의 이야기를 실감할 수 있었던 장면이 떠올랐다. 경기도 용인 산골짜기에 있는 한 호스피스 병동에서 밤을 지새울 때였다. 40

대 여성 자원봉사자를 따라 말기 폐암 환자의 병실에 들어갔다. 60대 남성 환자의 대변을 받아낼 시간이었다. 그 환자는 2개월 전까지만 해도 자원봉사자를 소리쳐 물리쳤지만 지금은 잘 순응한다. 부끄럼도 없어지고 자분자분 이야기도 잘한다.

남성 봉사자들이 부족하니 여성이 나설 수밖에 없다. 죽음을 앞둔 환자의 옹고집을 꺾고 절망에서 일으켜 세워주기까지가 무척 힘겹다. 냄새나는 대변을 받아내면서 환자와 겨우 친해졌단다. 내가 그녀의 뒤를 따라 병실로 들어서자 천장을 보고 있던 환자가 돌아누워버렸다. 그 여인이 내게 눈을 찡긋하는 사인을 보고서야 나는 조용히 병실에서 물러났다.

그런데 이 같은 상황보다 순천의 배 간호사에게 더욱 힘든 것은 가족들에게 환자의 고통과 죽음을 이해시키는 일이다. 골수이식까지 받은 네 살배기 백혈병 어린이 환자를 간호할 때였다. 부모는 아이를 살려야 한다며 온갖 치료를 요청했다. 이미 말기에 접어든 아이는 고통에 찌들어 기의 죽어가는 모습이었다. 간신히 부모를 설득시켜 소아병동에서 호스피스 병동으로 아이를 옮긴 며칠 후 웃음이 찾아왔다. 의사는 적절한 진통제와 진정제를 처방했다. 1개월 후 아이가 세상을 떠났으나 부모는 그래도 그 기간 동안 웃으며 이야기하고 아이 얼굴을 매만지며 사랑을 주고받을 수 있어서 좋은 추억이 되었노라고 말했다.

"참 이해하기 어려운 일이 한두 가지가 아니에요. 환자는 아파 죽겠다는데 보호자들이 진통제 주사를 놓지 말라고 야단입니다.

중독되거나 부작용이 많다는 겁니다. 의사와 간호사 판단을 존중하지 않아요. 가족과의 간담회에서 그렇게 열심히 설명하는데도 소용이 없어요. 아내가 아파 죽겠다는데도 나이 든 남편은 진통제 주사를 맞지 말고 이겨내라고 야단이에요. 그런데 젊은 자녀분들이 부모님을 간호할 때는 진통제 치료를 즉각 받아들이거든요."

"쉽지 않은 일이군요."

"저는 이승과 저승의 경계선을 넘나들면서 일하는 간호사입니다. 호스피스 병동에서 일하려면 늘 마음을 열어야 해요. 환자도 그제서야 마음을 활짝 열어요. 이렇게 돌봐주는 게 너무 좋구나, 이렇게 해야 저분들이 편안하게 가는구나 하고 난 늘 생각해요. 죽음에 관한 책도 많이 봤어요. 처음엔 막연하게 알고 있었던 죽음을 조금씩 알게 되면서 환자들과 깊이 있는 이야기를 나눌 수 있었어요."

"그런 환자들에게서 어떤 모습을 볼 수 있습니까?"

"저는 알아요. 그렇게 지내다 보니까 임종 시에 환자들이 편안한 생각에 빠지더군요. 그때 그들의 신체에서 근육이 풀려가는 걸 알아차립니다. 저도 마음이 한결 가벼워지고요."

배 간호사는 웃고 있었다. 그런데 눈가에는 눈물이 맺혔다. 이따금 돌아가신 분들이 꿈에 나타나기도 한단다. 혹시 좋은 곳으로 가지 못하고 구천에서 헤매는 것은 아닐까 하는 걱정에 깊은 잠을 이루지 못하는 날도 있다고 했다. 그녀는 성가롤로 병원의 호스피스 팀장으로 일하고 있는 변 율리아 수녀를 자랑한다. 그녀에게서 죽음이 두렵지 않다는 것과 죽어가는 사람을 편하게 모시는 법을 배웠다.

"수녀님은 조산사 자격증을 가지고 계셨어요. 젊은 시절부터 분만실에서 새 생명을 받아내는 역할을 도맡아 해오셨지요. 그런데 지금은 호스피스 병동에서 또 다른 소중한 생명들을 마지막까지 보호하며 저세상으로 안내하는 역할을 하고 계세요. 정말 벅찬일입니다. 벌써 일흔을 바라보는 수녀님이신데 그 앞에 서면 저는 언제나 조그마해져요."

성가롤로 병원의 10층 병동은 VIP실로 통한다. 전망이 좋고 병실 내부도 아기자기하게 꾸며져 있어, 환자들은 이곳을 VIP실이라고 부른다. 그러나 6층과 7층에 있는 내과, 외과 병동의 말기환자들은 자신의 병실이 10층으로 옮겨지면 큰일나는 줄 안다. 10층이 바로 호스피스 병동이기 때문이다. 그곳이 죽음의 병동이라는 소문이 돌고 돌았다. 사람들이 제대로 깨우쳐가는 길은 험난하다. 간혹 젊은 말기환자들이 제 길을 찾아오는 경우가 있다. 스스로 호스피스 병동을 두드린다. 낡은 선입관에서 빠져나오지 못하는 사람일수록 이곳을 기피한다.

배 간호사는 조그마한 소망과 정열을 지니고 있었다. 수많은 죽음 앞에서 당당하고 열심히 살아야겠다는 것, 호스피스 병동의 말기환자들이 기운을 얻어 마지막 한 시간까지 소중히 여기도록 인간적인 대접을 한다는 것, 자신의 남편과 아들딸이 모두 건강하게 살 수 있도록 도와준다는 것. 참 야무진 여성이다. 나와 헤어진 후

활기차게 걷는 뒷모습이 그림으로 남아 있다.

그녀를 만나기 두 달 전 나는 서울대학병원에서 어떤 기업 회장의 엄숙한 장례식이 풍비박산난 현장을 목격하고 충격을 받았다. 오랜 시간 중환자실에 머물다 타계한 회장의 시신을 앞에 두고 유가족 사이에 재산 싸움이 붙었다. 서로 몸싸움을 벌이는가 싶더니 예정된 장례식마저 연기해버렸다. 조문객들의 놀란 표정과 안타까운 눈빛이 영안실을 더욱 어둡게 만들었다. 검은 상복을 입은, 세상의 위엄과 존엄을 모두 갖춘 것처럼 보이는 유가족들의 얼굴에는 떠나는 자의 명복을 비는 슬픔이 전혀 보이지 않았다. 오직 살벌했을 뿐이다.

조화 속에 파묻혀 있는 고인의 영정이 비참했다. 조문객들이 영안실 밖에 놓여 있는 휴지통 앞에서 담배 연기를 뻑뻑 뿜어대다 발길을 돌렸다. 그들은 말이 없었다. 따지고 보면 이날 영안실 풍경은 우리가 어떻게 죽어야 할 것인가를 가르쳐주는 아주 생생한 체험장이었다.

고인의 명예와 자존심은 모두 뭉개져버리고 그가 땀 흘려 벌어들인 수천억 원의 재산도 의미가 없어졌다. 각종 의료기기에 매달린 채 맞게 된 중환자실에서의 고통스런 죽음이 그의 모든 것을 덮어버렸고 또 무너뜨렸다. 그는 성공한 기업인이었지만 패망한 기업인으로 남았으며 실패한 인생으로 낙인찍혔다. 그러나 고인은 조문객들에게 중요한 선물을 남겼다. 누구나 세상을 떠나기 전 마지막 몇 달, 마지막 며칠을 평소에 준비하도록 깨닫게 만들었다.

이경식 가톨릭의대 교수는 우리 사회 지도층의 내로라하는 인물의 죽음에 대해 할 말이 많다. 그는 종합병원으로서는 처음으로 호스피스 병동을 운영한 강남성모병원의 산증인이다.

"재벌 총수나 정치인들은 참 어려워요. 욕심을 버리지 못하니까요. 삶의 태도 여하에 따라 편안함이 결정되는데 그 사람들은 그걸 못해요. 돈 많은 사람, 권력을 가지고 있는 사람들은 가족 관계가 아주 복잡해요. 그들은 마지막까지 대우만 받으려고 하다 결국 이도저도 못하고 떠나버려요. 안타까운 죽음이지요. 힘들여서 재산을 긁어모으거나 명예를 쌓아온 사람들은 존엄한 죽음과 너무 멀리 떨어져 있습니다."

그는 서울의 이름 있는 병원에서 숨겨간 유명 인사들의 마지막 모습을 알고 있었다. 그러나 결코 말문을 열지 않았다.

"지금은 누가 누구를 따라야 할까요? 옛날엔 누군가 따를 사람이 있었지요. 세상을 사는 중심이 어디에 있다고 봅니까? 왜 우리는 인간의 존엄성에 대한 인식이 부족할까요? 그동안 모두가 평등주의, 평등주의 하고 부르짖어왔는데 왜 인간 존엄성의 평등을 찾기는 어려운가요?

경제력으로 보면 서민층이라 할 수 있는 일반 국민들의 죽음이 훨씬 아름답고 훌륭합니다. 가난한 사람들을 돕는 사람들도 그들 가운데 많습니다. 그들은 서울대학병원이나 서울삼성의료원, 고려대학교병원, 세브란스 병원 등 3차 의료기관에서 이곳으로 온 사람들입니다."

그는 내게 많은 질문을 쏟아냈다. 그건 우리들의 문제였다.

그가 호스피스 활동을 벌여온 지도 20년이 넘었다. 그는 일주일에 평균 두 명의 환자를 저세상으로 떠나보낸다. 의사로 사는 그의 인생의 당연한 과정이라 여긴다. 그들의 죽음이 자신의 삶이었다.

"나도 내 인생의 마지막을 준비하고 있습니다. 언제 어떻게 될지 모르지 않아요? 정년도 머지않았어요. 남아 있는 시간은 말기환자들과 함께할 겁니다."

"후배 의사들에게 뭘 남기고 싶습니까?"

"죽음을 가르치고 있는데 이 일을 계속하고 싶습니다. 의과대학에서 죽어가는 환자나 죽은 환자를 어떻게 대할 것인지 가르치지 않고 있습니다. 환자 살리는 데만 전념하고 있거든요. 한번 자세히 들여다보세요. 응급실이나 중환자실, 일반병실에서 환자들이 죽어가는데 정작 의사들은 죽음의 실체를 잘 몰라요. 저는 수련의들이 호스피스 병동에서 이것을 깨닫도록 지도합니다."

"초보 의사들이 죽음에 눈을 뜬 뒤 어떤 반응을 보입니까?"

"의사라 하더라도 환자를 다 살릴 수 있는 게 아니라는 한계점을 직시합니다. 그리고 겸손을 배우지요. 호스피스는 실습이지 결코 이론이 아닙니다. 죽어가는 환자를 같이 돌보는 것이지요. 질병을 치료하는 것이 아니라 인간을 치료하는 것이다, 이겁니다."

그는 감정이 억제된 낮은 목소리로 또박또박 말했다. 높낮음도 없는 똑같은 톤이었다. 그와 함께 호스피스 병동을 들렀을 때 간호사와 자원봉사자들의 발걸음이 빨라졌다. 침대에 누워 있던 수척한 환자들이 애써 그에게 웃음을 지어 보였다. 그는 환자들의 손을 잡기도 하고 등을 두들겨주기도 했다.

죽음을 앞둔 환자들은 의외로 자존심이 강하다. 똥오줌을 싸며 인간적 자존심이 다 무너져 있을 때 그들을 인간적으로 대접해주는 곳이 호스피스 병동이고, 그들에게 손을 내미는 사람들이 의사, 간호사, 자원봉사자들이다.

중소기업을 경영하는 서봉원 사장도 그들 가운데 한 사람이다. 68세의 그는 매주 금요일이면 호스피스 병동에 들어가 자원봉사를 한다. 10여 년 전부터 줄기차게 해오던 일이다. 몇몇 대학의 평생교육원과 큰 병원에서 운영하는 호스피스 기관에서 관련 교육도 여러 차례 받았다. 2007년에는 자신이 심장수술까지 받았으나 퇴원 한 달 후부터 다시 호스피스 봉사에 나섰다.

"제가 수술받고 나서 병원 중환자실에 며칠 있어봤더니 정말 의료진들이 환자의 통증을 이해하지 못하더군요. 아주 고통스러웠어요. 호스피스 병동에서 봉사활동을 할 땐 그저 그러려니 했는데 중환자실에 있으면서 문제의 심각성을 다시 깨닫게 되었어요. 몸이 낫자마자 다시 봉사를 시작했습니다.

호스피스 간호사들과 같이 일하는 것이 더 없는 즐거움입니다. 그들에게는 인간미가 넘쳐흘러요. 말기환자들의 아픔을 보고 그냥 넘어가는 법이 없습니다. 환자가 숨을 거두는 최후의 1분도 챙겨주는 사람들입니다."

그는 이동 침대를 끌고 가서 환자 옮기는 일을 돕거나 경험 없는 봉사자들이 환자 목욕을 시킬 때 사고가 나지 않도록 여러 가지 주의사항을 전달한다. 욕창이 생긴 환자들의 체위 관리를 위해 엉덩이의 왼쪽과 오른쪽 아래에 기저귀를 끼워넣는 방법도 알려준다. 목욕이 끝날 때까지 환자를 웃기는 일도 그가 전담한다.

　"이 아저씨, 병기 손질 잘 해드려. 또 쓸모가 있을지 모르니까."

　"병기가 뭐예요?"

　젊은 봉사자가 의아한 얼굴로 물었다.

　"병기? 아직 군대도 안 갔다 왔어? 아, 그 아래 중요한 물건 있잖아. 그게 주요 병기이지. 권총만 병기인가."

　모두들 키득키득거렸다. 무표정하게 누워 있던 환자도 이를 드러내며 활짝 웃었다. 서 사장은 오랜만에 보는 그의 미소를 보고 흐뭇해했다. 웃음은 진통제보다 더 훌륭한 암 치료제라고 믿었다.

　서 사장이 다시 환자에게 물었다.

　"병기를 또 써먹을 자신 있지?"

　환자는 대답 대신 고개를 끄덕였다.

　"목욕을 하고 저렇게 한바탕 웃고 난 다음에는 환자가 아주 깊은 잠에 빠져듭니다. 그때 자는 모습이 얼마나 행복해 보이는지 압니까? 우리는 척 보면 압니다. 여성 봉사자들이 남성 환자를 목욕시켜주는 경우도 있습니다. 그때는 아무래도 조심스럽지요. 그러나 거꾸로 남성이 여성 환자를 목욕시키는 일은 없습니다."

　서 사장과 봉사자 모두들 땀으로 범벅이었다. 욕실 온도를 높인

데다 환자를 이동 침대로 옮기는 일도 쉽지 않았던 까닭이다.

욕실 밖에서 기다리던 환자의 아내가 궁금한 얼굴을 하며 서 사장에게 물었다.

"왜 그렇게 웃었어요? 말 없는 우리 남편이 입이라도 뗐나요?"

"아, 아닙니다. 비밀입니다."

병실의 긴 복도로 웃음소리가 퍼졌다가 메아리로 돌아왔다. 환자는 그날 밤 단잠을 잤다. 며칠 후에 그가 세상을 떠났다는 이야기를 전해 들었다.

해피 엔딩, 우리는 존엄하게 죽을 권리가 있다

최종현 SK 회장의 죽음 여행

아차산 언덕길에 깔린 안개가 걷히기 시작했다. 광진 나루를 둘러 싸고 흐르는 한강 물이 아스라이 보였다. 가벼운 옷차림의 시민들이 산 오르막 모퉁이 길을 돌면서 야호 소리를 지르거나 심호흡하는 모습이 정겹다. 자동차 창문을 활짝 열어젖혔다. 아차산 기슭의 맑은 공기와 한강의 물 기운을 마음껏 들이마시고 싶은 욕심이 앞섰다. 숲길 사이로 넓게 퍼져 있는 진달래와 철쭉, 개나리는 아직도 움틀 준비가 되어 있지 않았다. 머지않아 꽃 소식을 전하기 위해 백목련 몇 그루가 벌거벗은 가지를 한껏 벌리고 있었다.

　워커힐 호텔 본관에서부터 잰걸음으로 아차산 중턱 길에 접어들었다. 바람은 싸늘했지만 3월 중순의 봄 냄새가 나의 온 신경을 끌어내 목욕을 시키는 것 같았다. 거미줄에 감기듯 봄기운이 에워쌌다. 아차산 중턱으로 300미터쯤 걸어 올라갔을 때 중키의 노신사가 나를 기다리고 있었다. 손길승 전 SK 회장이었다. 그의 머리는 더 짧고 희끗해졌다. 두 갈래 길목에서 잠시 팔을 구부렸다 폈다 하며 가볍게 체조하는 그의 얼굴에는 화색이 돌았다.

아차산 중턱에서의 그와의 만남은 오래전부터 나의 희망이었다. 나는 SK 비서실을 통해 몇 달 동안 손 회장을 산속에서 만나보고 싶다고 요청했다. 비서실에서도 적잖이 당황했던 것 같다. 한 달이 지나고 두 달이 지나도 무소식이었다. 중간에 몇 차례 확인 전화를 넣었으나 손 회장은 시원한 대답을 주지 않았다. 나는 산 중턱에 있는 빌라에서 10년 전 세상을 떠난 최종현 전 SK 회장이 맞이했던 죽음의 분위기를 느끼고 싶다고 말했다.

나는 최 전 회장의 죽음에 대해 손 회장과 3개월 전 한 차례 인터뷰를 한 적이 있었다. 그는 최 회장을 오래도록 곁에서 지켜본 몇 사람 가운데 한 명이었다. 첫 번째 인터뷰에서 최 회장이 세상을 떠나기까지의 과정을 나는 소상히 물었고 그는 자상하게 설명해주었다. 그럼에도 나는 최 회장이 마지막 숨을 거둔 산속의 빌라에서 인터뷰를 다시 진행하고 싶은 뜻을 꺾을 수 없었다. 최 회장의 죽음을 현장에서 이해하고 싶었다.

최종현 전 회장이 암으로 세상을 떠난 1998년 나는 일본 도쿄에서 근무했다. 그때 《일본경제신문》의 산업부 기자가 한밤중에 전화를 걸어왔다. 최 회장의 암 투병 과정이 좀 특이한데 자세한 이야기를 알 수 있느냐는 문의였다. 대그룹 회장이 항암제나 방사선 치료를 거부한 이유가 무엇인지를 궁금해했고 그 과정에서 가족과

해피 엔딩, 우리는 존엄하게 죽을 권리가 있다

회사 중역들은 어떤 조치를 취했는지 알고 싶어했다. 일본에서도 듣기 어려운 대기업 회장의 임종 이야기라 뉴스로 다루고 싶다는 뜻이었다.

그러나 서울에서 전해온 소식은 깊은 내용이 없었고 비탄에 빠진 SK 측은 더 이상 설명할 것이 없다며 입을 닫았다. 그 후 나는 최 회장의 타계에 대해 잊고 있었다. 최 회장의 죽음에 다시 관심을 갖게 된 것은 내가 호스피스 고위과정 교육을 받을 때부터였다. 나는 돈과 명예와 권력을 가진 그에게서 죽음을 준비하는 모습을 찾고 싶었다. 마지막까지 암과 싸우면서 죽음의 고통을 어떻게 줄여 갔을까, 자신의 운명을 차분하게 맞이하는 것은 가능한 일인가를 생각해보았다. 최종현 전 SK 회장의 임종 시기로 더듬어갔다.

손길승 전 회장은 산길을 오르면서 잠시 말이 없었다. 최 전 회장이 오랫동안 살았던 그리고 마지막까지 투병생활을 했던 빌라까지 걸어 올라가면서 회상에 젖은 탓일까. 두 갈래 길에 늘어서 있던 소나무 숲을 지나자 산벚나무와 왕벚나무들이 나타났다.

"이 숲길에서 최 회장이 거의 35년을 지내신 셈이군요."

"그렇습니다. 1970년대 초반부터 이곳에 있는 단출한 빌라에서 사셨지요. 바로 저 왼쪽에 있는 잔디밭이 처음 사셨던 집터였습니다. 아주 작은 집이었지요. 지금의 최태원 회장이 고등학교 시절까지 이곳에서 보냈습니다."

115제곱미터, 35평 정도의 좁은 집터였다. 타원형 잔디밭 가장자리에 모아진 검불들 사이로 푸릇푸릇 잡초들이 솟아났다. 열 걸음 정도 나아가서 아래를 내려다보면 남한강과 북한강이 만나는 광나루 방면이 보인다. 돈 많은 대기업 회장이 초기에 왜 이렇게 좁은 땅, 좁은 집에 살았을까 묻고 싶었다.

"생각보다 너무 작은 집이었군요. 좀 불편했겠어요."

나는 에둘러 물었다. 워커힐 호텔과 주변의 일부 산비탈이 그의 기업 소유라고 한들 주거 생활의 본거지는 비좁았겠구나 생각했다.

"좀 그랬지요. 그런데 최종현 회장은 이런 이야기를 한 적이 있었어요. 아이들이 장성할 때까지는 내가 불편하더라도 좀 참아야 한다, 좋은 집에 있으면 앞으로 아이들의 생활에 별 도움이 안 된다는 것이었습니다. 또 이런 이야기도 있었어요. 자신의 사주에 집이 없다는 겁니다. 대문도 없고요. 사실 전에 사셨던 이 빌라는 좁고 대문이 없었어요. 나중에 다른 곳으로 옮기셨는데 그 빌라가 여기서 조금 더 걸어 올라가면 있습니다. 거기에도 대문이 없어요. 경계선만 있을 뿐입니다. 그 빌라는 워커힐 소유였지요."

길가의 작은 산벚나무마다 등줄기에 군데군데 구멍이 패여 있었다. 산새들의 보금자리로 안성맞춤이었다. 새들의 지저귐에 더 가까이 접근한 듯 기분이 상쾌해졌다. 다시 150미터쯤 올라가자 긴 컨테이너형 2층 건물이 눈에 들어왔다. 빌라치곤 너무 밋밋한 콘크리트 건물이었다. 화려하거나 아담한 건축도 아니거니와 눈에 띄는 장식도 없었다. 오히려 창고형 사무실로 제격이었다. 이곳에서의 생활이 최 회장의 품성이었을까 아니면 괴벽이었을까 알 수 없었다. 풍수지리학자인 최창조 전 서울대학교 교수가 이 건물을 보고 느낀 소감을 적은 글이 생각났다. 최 회장이 지은 심기신(心氣身) 수련에 관한 책, 『마음을 다스리고 몸을 움직여라』에 대한 추천사에서였다.

그분이 살던 워커힐 구내에 있는 독립 건물은 나 같은 풍수학인이 보기에 문제가 상당히 심각한 곳이었다. 몇 가지 이유가 있었지만 가장 중요한 것은 그곳이 남한강과 북한강이 만나 광나루 쪽을 찌를 듯 달려드는 곳이기 때문이었다. 그런 곳은 일시 머물며 완상(玩賞)하고 휴식을 취하기에는 적당하지만 장기간 머물며 살기에는 매우 문제가 많은 곳이었기에 직간접적으로 그곳을 떠나 다른 곳으로 이사할 것을 여러 번 권한 적이 있었다. 하지만 허사였다.

세상에 널리 알려진 풍수지리학자가 이곳이 주거지로 적당치 않다고 경고 비슷한 권고를 여러 차례 했음에도 불구하고 그냥 눌러 앉았던 최 회장의 고집스러움에 흥미가 쏠렸다. 그런데 이보다 나의 호기심을 더욱 자극시킨 것은 최창조 교수가 이어붙인 다음과 같은 글귀였다.

이 세상 모든 것 중에 사람이 가장 귀중한 것인데 어찌 사람의 기가 땅의 기운에 눌릴 수 있겠는가, 나는 이곳이 좋기 때문에 그런 이유로 집을 옮길 수 없다는 게 [최종현 회장이 이사를 거부하는] 이유였다. 그분의 말씀은 옳았다. 풍수 논리상으로도 인기(人氣)가 지기(地氣)에 휘둘리면 그 사람은 평생 집터를 찾아 옮겨다닐 수 밖에 없기 때문이다.

나는 빌라의 정면에 있는 넓은 잔디밭에 섰다.

"이 빌라가 최 회장이 세상을 떠나시기까지 20여 년을 보낸 곳인가요?"

"네, 이곳에서 참 오래 사셨지요. 그리고 돌아가시는 날까지 수련하시던 곳이지요. 운명하실 때까지 거의 반년 동안은 외출도 없었습니다. 자주 산소호흡기를 코에 끼고 계셨지요. 물론 그동안 항암제 치료나 방사선 치료를 전혀 받지 않았습니다."

"어떻게 그게 가능했을까요? 폐암 치료를 사실상 중단하신 건가요?"

"죽음을 받아들이는 자세가 남달랐어요. 폐암이 악화됐을 때 더 이상 치료기 필요 없다고 생각하셨지요. 병원에 가보았자 이 약 써보자, 저 약 써보자며 최신약들을 투여할 게 뻔하지 않느냐는 것이었습니다. 자신을 실험 대상으로 삼는 것 같아 싫다고 했습니다. '아니, 내가 모르모트야. 난 그러는 게 싫다'고 하셨지요."

나는 잠시 질문을 어떻게 이어가면 좋을까를 생각했다.

"2층 창문이 여러 개 있군요. 최 회장이 돌아가시기 전까지 생활했던 공간이 저기입니까?"

나는 2층에 있는 여섯 개의 창문을 가리켰다. 그는 뒷짐을 쥔 채

해피 엔딩, 우리는 존엄하게 죽을 권리가 있다

고개를 끄덕였다. 코에 가정용 산소호흡기를 끼고 창문을 통해 한 강을 내려다보며 수련을 계속했을 최 회장의 모습을 그려보았다.

"최 회장은 평소에도 그런 말씀을 했어요. 만약 내가 아파서 더 이상 치료가 필요 없다고 판단될 때 강제로 생명을 연장시키는 일은 하지 말라고."

"그때 손 회장은 어떤 입장이었나요?"

"최 회장 본인의 생각이 너무 확고해서 누가 더 이상 말할 계제가 못 되었지요."

손 회장은 1960년대 중반 SK의 전신인 선경 그룹에 입사한 후 40여 년을 최 회장과 함께 보냈다. 최 회장과 함께 그룹을 일으킨 공신이며 2인자의 길을 걸었다. 그렇다 한들 대기업의 오너는 오너다. 덩치가 커진 SK 그룹의 경영대권이 최 회장의 심중에 따라 향배가 달라질 수 있었다.

당시 그가 전국경제인연합회 회장이라는 묵직한 타이틀로 재계의 중심에 서 있을 때, 삶과 죽음에 관한 입장을 2인자에게 밝히는 상황을 상상하기란 쉽지 않다. 비록 '의학적 치료가 한계에 도달할 때'라는 전제가 붙긴 했지만 최종현 전 회장은 불필요한 치료를 중단해달라는 의견을 전문경영인 손길승에게 전했다. 두 사람 사이의 인간적 신뢰관계에 눈이 뜨였다.

최 회상에서 그 말을 들었을 때 손 회장 자신은 어떤 느낌이었느냐며 궁금증을 쏟아내고 싶었다. 잔디밭 위를 거닐면서 그의 얼굴 표정을 살폈다. 귀에 익지 않은 산새 울음이 정적을 갈랐다.

나는 그의 마음을 줄기차게 헤집는 질문에 손 회장 자신이 익숙지 않다는 걸 깨달았다. 그는 오히려 나의 질문 의도를 분석할 것이고 자칫 인터뷰가 엉망이 될 수 있다는 걱정이 앞섰다.

손 회장은 최 회장이 세상을 떠난 이후 SK 그룹의 경영권을 이어받았고 그 자신 또한 전국경제인연합회 회장을 지냈으며 많은 풍파를 겪어왔다. 그가 노태우 전 대통령의 비자금 사건이나 SK 그룹의 분식회계 문제로 시달리면서 세상의 뉴스나 인심에 매우 예민해졌을 것이라는 생각이 들었다. 경영 일선에서 물러난 이후 손 회장은 3년 넘게 줄곧 침묵을 지켜왔다. 최종현 회장이 세상을 떠나기까지의 이야기를 더듬어가면서 손 회장의 침묵을 깨야 했다. 나는 조금은 점잖은 자세가 필요했다. 한 호흡씩 쉬어가며 그를 쳐다보았다. 최종현 회장이 심기신 수련에 관해 쓴 육필 원고에서 자신의 죽음에 대해 언급한 대목을 기억해냈다.

나는 행여 내가 의식 작용을 못하게 되는 경우에 약물과 산소호흡기로 생명을 연장시키는 일은 하지 않도록 주위에 당부해놓고 있다. 식물 인간이 되어서까지 죽는 기한을 늦추고 싶지 않은 것이다.

손 회장에게 그 내용을 상기시켰다. 그는 고개를 끄덕였다.
"최 회장이 남긴 원고에도 그리 쓰여 있더군요. 같은 내용을 직접 말로 하신 때는 언제인가요?"

해피 엔딩, 우리는 존엄하게 죽을 권리가 있다

"1980년대 중반입니다. 몇 번 강조하셨어요."

"무슨 계기가 있었나요?"

"아닙니다. 평소 생각이 그랬어요. 다른 이야기를 하다가 문득 그런 말씀을 하셨지요."

최 회장의 죽음에 관한 유언은 미국의 지도층 인사들이 자신이 건강할 때 의료대리인에게 밝히는 리빙 윌과 내용이 거의 같다. 최 회장이 미국 유학 중에 이에 대한 견문이 있었는지, 또는 이에 영향을 받았는지 확인할 방법이 없었다. 그러나 그가 미국에 체재하던 1950년대 중반과 1960년대 초반에는 품위 있는 죽음에 관한 미국인의 인식이 오늘날처럼 높지 않았다. 미국인의 일상생활에서 리빙 윌 작성이 관습화되기 훨씬 이전이었다. 미국이 품위 있는 죽음을 받아들이기 시작하여, 자연사법(Natural Death Act)을 제정한 해가 1976년이고 이 내용을 더욱 확대해서 보완한 오레곤 주의 존엄사법(Death with Dignity Act)을 제정한 때는 1994년에 이르러서다.

"최 회장이 죽음을 마주볼 수 있었던 담력은 어디에서 나왔을까요?"

"아무래도 심신 수련에서 오는 거겠지요. 쉽지 않은 일이지요."

"최 회장이 처음 미국에서 폐암 수술을 받고 있는 중에 그를 간병해온 부인이 갑자기 세상을 떠나셨지요. 그 어려운 시기에 인생의 동반자까지 잃는다는 건 이중 삼중의 고통이었을 터인데 그걸 어떻게 이겨냈을까요?"

"준비된 운명을 담담하게 받아들이는 연습을 하셨던 것 같습니다. 그런 연습이 몸과 마음을 다스리는 이른바 심기신 수련에 의해 가능했던 것 같습니다. 기(氣)를 활용하여 심신의 건강을 함께 키워가는 수련입니다. 최 회장이 SK 그룹 임직원들에게도 이 수련을 적극 권장했지요."

"마지막 반년 동안은 항암제 투여도 거부한 채 저 건물 2층에서 수련을 계속하셨던 건가요?"

"그렇지요, 자주 산소호흡기를 코에 넣으신 채. 심기신 수련이 최 회장 자신을 돌보는 데 정말 큰 도움을 줬어요. 심기신의 기본은 명상이지요. 호흡을 통해 터득합니다. 최 회장 자신이 내면을 관찰하는 방법이었습니다."

"의사들은 최 회장의 그런 입장을 어떻게 받아들였습니까?"

"물론 의사들은 최 회장에게 적극적인 치료를 권했습니다. 항암제도 최신의 것이 많았지요. 그런 것을 투여해보자고 했습니다. 방사선 치료도 받자고 했고요. 그런데 최 회장은 이런 치료가 한계에 도달했다는 것을 알고 있었어요. 모두 거부했어요. 오히려 한방의학에 관심을 보이셨지요."

"최 회장이 미국에서 수술을 받고 돌아오신 후에는 자신이 완치되어가는 과정에 있다고 믿으셨나요?"

"괜찮아졌다고 생각하셨지요. 그런데 어느 날 암이 재발했다는 통보를 받았어요. 최 회장은 결코 인생을 포기하지 않았어요. 마지막까지 최선을 다해 투병하는 모습이었지요."

"사람의 마음이란, 특히 환자의 마음이란 자주 변하지 않습니까?"

"수시로 변하지요. 그래서 최 회장이 수련에 적극적이었던 것 같습니다. 자신이 나쁘게 가지 않도록 늘 내면을 들여다보는 훈련이었지요."

죽음을 연구해온 미국의 정신의학자 엘리자베스 퀴블러 로스의 말에 따른다면 거의 모든 말기환자들은 몇 단계의 격렬한 감정을 거친다. 분노와 증오, 비탄, 포기 그리고 수용. 환자들은 너무나 보잘것없는 벌거벗은 인간의 모습으로 서게 된다고 말했다. 그리고 그들에게 인간의 삶에 대한 진실을 가르치자고 주장했다.

죽음의 강으로 내몰린 최 회장에겐 그의 재력과 명예 그리고 야망을 정리하는 시간이 꽤 길었다. 그만큼 그는 자신의 마지막 시간을 여유 있게 확보한 것처럼 내게 느껴졌다. 자신의 내면을 들여다본다는 것이 얼마나 어려운 일인가. 나는 10여 년 전부터 국선도를 배운다고 기웃거렸고 참선에 나섰는가 하면 요가에 매달리기도 했다. 여러 가지 호흡수련을 통한 명상훈련에도 불구하고 나는 내 마음을 닦는다는 시도들이 한갓 웃음거리에 지나지 않는다고 생각했다. 그래서 죽음에 맞부딪힌 채 반년 이상을 저 빌라에서 보낸 최 회장의 수련에 관심이 쏠렸다.

"나는 성철 스님의 '산은 산이요, 물은 물이다'는 이야기를 자주 생각합니다. 세상은 변하는 게 너무 많지 않습니까. 늘 깨닫고 정진해야 한다는 가르침이지요. 최 회장은 죽음에 대해서 이 길로 가야 한다는 확신이 있는 것 같았습니다. 그래서 오래전부터 더욱 심신

단련을 해오시지 않았나 싶습니다."

"최 회장은 종교가 있었나요?"

"아니요, 없었습니다. 무종교입니다. 단지 어떤 깨달음을 향해서 걸어가신 거지요."

손 회장은 다시 입을 닫았다. 나는 조심스럽게 물었다.

"최 회장의 감정이 격해 있을 때는 언제였습니까?

"최 회장은 투병 중에도 남의 탓을 하는 일이 없었어요. 누구나 심하게 아플 때는 왜 내가 이렇게 아프냐며 남의 탓을 할 수 있지 않습니까. 그런데 최 회장에게서 그런 모습은 없었습니다. 최 회장이 크게 통곡한 적이 한 번 있었지요."

"무슨 일 때문이었지요?"

"최 회장이 미국에서 암세포가 퍼진 폐를 도려내는 수술을 마친 그날 밤이었습니다. 부인 박계희 여사가 돌아가셨지요. 그 사실을 중환자실에 있는 최 회장에게 말씀드릴 수 없지 않습니까. 박 여사 장례식을 끝내고 한참 후에야 최 회상 따님이 먼저 방에 들어가 말씀을 드렸지요. 그다음 최 회장의 오랜 친구이신 전 언론인 홍사중 씨와 제가 들어가 그동안의 경과를 설명했습니다. 참 어려운 시기였습니다."

"본인이 어떻게 받아들였나요?"

"사실 위로할 방도가 없었어요. 그래서 이렇게 설명했어요. '회장님. 사주를 보니까, 이게 숙명이라고 합니다. 이런 고난을 이겨내야 한다고 합니다.' 그때 표정이 없었어요. 알았다고만 하시기에 우리는 방을 나왔습니다. 그런데 잠시 후에 최 회장이 크게 통곡하는 소리가 났습니다. 밖에서 기다리고 있던 우리들 모두가 울먹거렸습니다. 어떻게 해야 할 줄 몰랐습니다."

그는 마음을 안정시키려는 듯 아차산 정상 쪽으로 시선을 올렸다. 싸늘한 봄바람이 일어났다가 잠들고 다시 일어나는 리듬을 타기 시작했다. 잠시 질문을 멈추었다.

손 회장의 감정 표현은 좀 투박했다. 상황 설명이 언제나 짧았다. 경상도 출신의 무뚝뚝함에서 비롯된 것인지도 모른다고 생각했다. 감정이 섬세하고 나에게 많은 것을 배려해주는 성격으로 보이지만 자신의 감정 표현을 극도로 자제하고 있었다.

"최 회장의 울음이 그게 처음이었나요?"

"그때 한 번뿐이었습니다. 이후로는 최 회장이 내색도 하지 않았어요."

우리는 그대로 빌라 앞 잔디 위를 걷기 시작했다. 빌라는 최 회장이 세상을 떠난 지 10년의 세월이 흐르는 동안 계속 비어 있었다. 그리고 굳게 닫혀 있었다. 그의 영혼이 지금 이곳에 머무르고 있을지도 모른다는 생각이 들었다. 잔디밭에 테이블을 내놓고 차를 한 잔 마시며 한강을 내려다본다면 그의 환영이 바로 나타날 수도 있겠구나 싶었다. 한 인간을 이해한다는 것은 가까운 거리에서 숨 쉬는 경우에 가능할 터이다. 지리적인 거리가 아닌 마음의 거리에서다.

잔디밭 가장자리에 금슬이 좋아 보이는 부부 조각상이 놓여 있

© 최철주

최종현 전 SK 그룹 회장이 20여 년 동안 거주했던 워커힐 위쪽 아차산 기슭 빌라.
항암치료를 중단한 채 이 빌라 2층에서 기거했다. 정원 한쪽 끝에는 부부 조각상
이 놓여 있다.

다. 미소를 머금은 남자와 여자였다. 최 회장의 부인이 생전에 수집했던 작품이었다. 70센티미터 높이의 조그마한 부부상이 최 회장 부부가 타계한 빌라의 끝자락에서 한강을 내려다보고 있었다.

나는 아차산 산책길에 있는 빌라 앞에서 손길승 전 회장을 인터뷰하기 3개월 전에 그를 만난 적이 있었다. 2008년 정월 초였다. 새해가 밝고 나흘 뒤였다. 창덕궁 앞에 있는 운니동의 골목길에 숨어 있는 조그마한 한식집에서 그를 기다리고 있었다. 두 사람이 앉아서 식사할 수 있는 작은 방이었다. 그는 약속된 시간에 혼자 나타났다.

음식을 먹으면서 죽음 이야기를 꺼낸다는 것은 아무리 매끄러운 화술을 지닌 사람이라도 어려운 일이다. 그런데 그는 의외로 그런 화제에 끼어드는 데 주저하지 않았다. 그는 자신의 아버지가 암으로 세상을 떠날 즈음에 얼마나 많은 고통을 겪었는지 잘 알고 있었다. 큰 형님이 간경화 증세로 투병하는 과정에서도 삶과 죽음을 가까이에서 지켜보았다.

그런데 화제가 진행되면서 마음이 무거워지기 시작했다. 새우 조림과 오징어볶음에 국수를 버무린 요리가 들어오고 뒤이어 육회가 놓였다. 그는 젓가락으로 음식을 집다가 자신의 부모님도 말기에는 치료를 중단했다는 부분에서 잠시 눈시울을 붉혔다. 분위기가 머쓱해졌다. 그가 눈을 깜박거리며 어색함을 풀 때까지 나는 젓가락을 밥상 위에 탁탁 두들기며 애호박전을 맛있게 먹어댔다.

"부모님이나 가족들이 어려운 결정을 내리셨군요."

"힘든 일이었지요. 그분들에게서도 제가 많이 배웠습니다."

식당의 작은 앞마당 처마에 붙어 있는 스피커에서 가야금 선율이 흘렀다. 비발디의 〈사계〉 중 '겨울'이었다. 주인에게 볼륨을 좀 높여달라고 부탁하고 싶었다.

"최종현 회장이 임종하시기 전의 이야기를 물어도 될까요?"

"그러세요."

"최 회장의 임종을 지켜본 느낌이랄까요, 그런 것에 대해서."

"1998년 8월, 그분이 돌아가시기 꼭 24시간 전에 워커힐 부근에 있는 자택으로 갔었지요. 밤 8시 30분이었습니다. 식탁에는 2인분의 밥상이 차려져 있었습니다. 그분은 무거운 몸으로 거실에서 나와 저와 식탁에 마주 앉았습니다. 최 회장은 나더러 이것저것 먹으라고 일렀습니다."

"그때 최 회장이 정상적인 식사가 가능했습니까?"

"예, 약간. 남이 식사를 떠넘겨주는 것을 싫어했습니다. 꼭 본인의 손으로 식사했어요. 그러나 최 회장의 식사량은 매우 적었습니다. 고기 국물과 과일 등에는 손을 대지 않았습니다. 다른 음식을 조금 입에 넣긴 했으나 많이 들지 못했습니다. 최 회장은 내가 식사를 마칠 때까지 식탁 한쪽 끝을 지키시더군요. 내가 먹는 모습을 바라보고 있을 뿐이었습니다."

"아주 거북한 식사 자리였군요."

"음식물이 제대로 목으로 넘어갈 리 있겠어요? 나는 무언가 느꼈을 뿐입니다. 내가 음식물을 먹었다는 것보다는 그냥 삼켰다는 게 옳아요.”

“최 회장이 무슨 생각을 하셨을까요?”

“그분은 이미 자신의 죽음을 알고 있었던 것 같았습니다. 최 회장의 얼굴에서 그것을 읽었어요. 그것이 그분과의 마지막 식사 자리였습니다. 마지막 자리를 만들어 나를 먹여 보냈어요. 그리고 하루가 지나자 그만 떠나셨습니다.”

침묵이 흘렀다. 손 회장의 이야기로 짐작한다면 죽음을 앞둔 한 그룹의 오너와 2인자의 최후의 만찬은 한국적이면서도 이색적이었다. 한 사람은 먹여 보내려 하고 다른 한 사람은 그 뜻을 받아 음식을 넘겼다. 죽음을 준비하는 사람과 그것을 쭉 지켜봐온 동지 사이의 마지막 시간에 수많은 상념들이 지나갔을 터이다. 나는 손 회장의 짤막짤막한 설명을 들으면서 마음속으로는 상황을 몇 개월 전으로 되감아보고, 이내 최 회장이 타계한 날까지 시간을 앞으로 돌려보았다. 떠나가는 사람과 보내는 사람의 교감이 편안한 죽음에 어떤 영향을 주었을까를 생각했다.

“식사를 끝내고 바로 나오셨나요?”

“아니요. 제가 식사를 끝낸 것을 보고 과일을 내오라고 하면서 옆자리로 옮겼습니다. 최 회장도 과일을 들었는데 목에 가래가 끼자 그걸 빼냈어요. 그러고는 제가 과일을 다 먹은 것을 지켜보고는 ‘이만 가봐’라고 하시더군요. 그래서 안녕히 주무시라고 말씀드렸습니다.”

손 회장과 나 사이에 놓인 밥상에 굴비구이가 들어왔다. 나는 침묵의 공간을 메우기 위해 "굴비가 맛있어 보이는군요"라고 말했다. 그는 당시의 회상에서 잠시 벗어난 듯 젓가락으로 오징어볶음에 버무린 국수를 집었으나 몇 개의 국숫발이 쪼르륵 빠져나갔다. 검정 바탕에 흰색 줄무늬가 있는 그의 넥타이에 붉은 국물이 튀었다.

"저기, 넥타이에 국물이."

그는 말없이 물수건으로 얼룩을 닦아냈다.

"최 회장은 정말 긴 죽음의 시간을 기다렸습니다. 삶의 마지막을 행동으로 보여주었습니다. 자신이 유언했던 대로 말입니다."

식당에 흐르던 가야금 연주곡은 귀에 익은 가락으로 넘어갔다. 〈아무르 강의 물결〉이었다. '아니, 저런 곡도 가야금 선율을 탈 수 있나?' 하고 생각했다. 17년 전 매서운 추위가 몰아치던 겨울, 내가 시베리아 벌판을 돌아 아무르 강변에 이르렀을 때의 추억이 잠깐 스쳐 지나갔다. 세상은 다 얼어붙어 있었고 움직이는 것은 아무르 강의 물결과 강변의 보잘것없는 나뭇가지들뿐이었다. 말로만 듣던 얼어붙은 땅에서 숨이 끊어질 것 같은 폐쇄감에 몰렸던 기억이 가야금 가락에 흘렀다.

"최 회장이 돌아가신 후 화장을 하셨지요. 가족이나 손 회장 자신이 좀 허전하다는 생각이 안 들었습니까?"

"전혀. 화장해달라는 건 본인의 유언이었으니까요. 오래전부터의 뜻이었습니다."

"우리나라 장례 문화가 오늘날처럼 화장으로 바뀐 데는 최 회장의 역할이 컸다는 이야기들이 많이 나옵니다. 최 회장이 처음 화

해피 엔딩, 우리는 존엄하게 죽을 권리가 있다

장을 고민한 게 언제인가요?"

"1990년대 초였지요. 그때 어느 전직 대통령이 조상의 묘소를 크게 꾸민다고 해서 시중에 화제를 뿌렸습니다. 당시엔 돈 있는 사람들의 생각이 다 그랬습니다. 그때 최 회장이 풍수지리학자인 서울대학교 최창조 교수에게 의견을 물었어요. 최 교수는 풍수 원리상 화장은 금기사항이 아니며 사회 지도층 인사들부터 앞장선다면 우리나라 묘지 문제는 속히 해결될 수 있을 것이라고 말했습니다. 그때부터 최 회장이 줄곧 화장을 생각했던 같습니다."

"좋은 묘소를 가져야 출세한다고 하잖았어요?"

"그때까진 그랬어요. 최 회장은 이런 인습을 바꾸고 싶어했습니다. 그룹 다과회에서 임원들이 그래도 좋은 묘소를 차리는 것이 집안에 행운을 가져다주지 않겠느냐고 말했지요. 그러니까 최 회장은 '시체를 땅에 묻으면 온갖 벌레들이 뜯어 먹을 텐데 생각만 해도 끔찍하지 않느냐, 그걸 한번 상상해봐라' 하셨지요. 최 회장의 말에 임원들은 마치 자신의 몸에 벌레들이 스멀스멀 기어들어오는 것을 느낀 듯이 인상을 찡그렸습니다. 그 뒤부터 최 회장은 본격적으로 우리나라에 화장 문화를 정착시키기 위해 그룹 차원의 지원 대책을 마련하기 시작했습니다."

1990년대 중반부터 저명인사들이 사후 화장을 공개 서약하는 일이 잇따랐다. 일부 지도층 인사들이 추진해왔던 불법호화묘지 조성에 브레이크가 걸렸다. 국민의 눈이 따가웠다. 케이블 TV 홈쇼핑에서는 화장 문화를 상업적 기회로 잡아 납골당을 판매해 대박을 터뜨렸다. 매장 위주의 장례 문화 개선과 국토의 효율적 이용 등을 목적으로 한 '장사 등에 관한 법률' 제정에 시동이 걸린 것도 그 즈음이었다.

2002년 암 투병 중이던 소설가 이문구 씨가 자신이 죽으면 화장해달라고 유언했다. '나를 화장해 뼛가루 하나 남기지 말고 고향 관촌 뒷산에 뿌려라'는 유언에 따라 그의 유해는 한 줌의 재가 되어 자연으로 돌아갔다. 짧은 시간에 우리는 화장 문화를 거역할 수 없는 시대의 흐름으로 받아들였다.

"지금은 대도시에서 사람이 죽은 후 화장하는 비율이 70퍼센트에 이르렀습니다. 1990년대 초의 17퍼센트에 비교하면 엄청 달라진 것이지요. 최 회장의 삶에서 결국 중요한 것은 무엇이었습니까? 기업 성장인가요? 품위 있는 죽음인가요?"

"기업은 반드시 성장해야지요. 국가 경제를 위해서 말입니다. 그러나 최 회장은 오랜 경영을 통해 사람을 아주 중요하게 생각했습니다. 사람을 키우는 데 투자를 많이 했습니다. 심기신 수련도 이런 투자의 하나였습니다. 그리고 또 중요한 것이 있습니다. 최 회장과 같은 부유층이나 사회 지도층이 모범을 보여야 한다는 거였지요."

1960년대부터 70세가 되던 해인 1998년 타계할 때까지 이어져왔던 최종현 회장의 기업경영 방식에는 긍정적인 평가와 함께 여러 시각의 비판이 내려질 것이다. 그는 여러 정권을 거치면서 숨찬 고비를 넘겼다. 그만큼 우여곡절도 많았다. 그의 뒤를 이어 SK 그룹을 지휘했고 한때 전국경제인연합회 회장을 지낸 손 회장에게 최 회장의 경영 스타일과 성과를 묻는 것은 적절치 않은 일이었다. 나는 더 이상의 질문은 하지 않기로 했다.

최 회장이 세상을 떠난 지 꼭 10년 되는 해에 그의 마지막 세계에 접근해 호기심을 어느 정도 풀게 되어 다행이라고 생각했다. 그가 오래 살아온 아차산 기슭의 산벚나무 고목에서 새소리의 음원을 찾듯 오랫동안 죽음을 준비해온 최 회장의 생각을 어렴풋이 더 들어갈 수 있어서 좋았다.

그런데도 나는 한동안 마냥 멈칫거렸다. '물어야 될까 말까, 아니 그냥 입을 닫을까' 하고 생각했던 질문이었다. 손 회장 자신에 관한 궁금증이었다.

"이런 질문, 괜찮을까요?"

그는 나를 빠끔히 쳐다보았다. 그가 오히려 더 의아스러워하는 표정이었다. 잠시 후 그의 표정이 풀린 것을 눈치 챘다.

"손 회장 슬하에 신체장애 아들이 있다는 이야기를 오래전에 들었습니다. 경영자 입장이면서 보통의 부모들보다 몇 배의 고통을 겪으며 아이를 키웠다는 이야기를요. 그 아들 이야기를 들려줄 수 있나요? 제가 좀 무례한가요?"

나는 정말 내가 무례한 사람으로 보이지 않기를 바랐다. 한 아이의 됨됨이와 품성에 관한 순수한 질문이 달리 받아들여지지 말았으면 하고 생각했다. 많은 사람의 삶과 죽음을 지켜본 그의 인생의 단면을 엿보고 싶었다. 나는 내가 보고 들은 바를 이야기했다.

"참 우연한 일이었습니다. 최 회장이 돌아가신 다음 달, 저는 도쿄에서 후배들과 함께 일본의 유명한 소설가 집을 찾아갔습니다. 노벨 문학상을 받은 바 있는 오에 겐자부로의 집이었습니다. 도쿄 세다가야 구에 있는 그의 집 정원에서 새 울음소리가 우리를 맞았습니다. 그런데 우리가 앉자마자 오에 씨는 자기 아들을 불러내겠다고 했어요. 우리가 오히려 놀랐습니다. 왜냐하면 그의 아들이 장애가 있고 말을 못하는 것으로 알고 있었거든요. 잠시 후에 건장한 청년이 응접실로 들어왔습니다. 그러더니 대뜸 '안뇽…… 하세요' 하고 한국어로 더듬더듬 인사말을 건넸습니다."

손 회장은 아무 말 없이 듣고만 있었다.

"그때 오에 씨가 우리한테 아들 자랑을 했어요. 아들 히카리에게 한국에서 손님이 온다고 했더니 한국어 인사말 공부를 하더랍니다. 아들이 장애라서 외부 활동이 좀 어렵긴 하지만 자꾸 사람들과 어울리게 해주고 싶어서 불러냈다고 말하더군요. 히카리의 얼굴도 매우 밝았습니다. 아주 인상적인 장면이었어요. 그러고는 오에 씨가 한 다음 이야기를 잊을 수 없었습니다. '내 인생에서 중심이었던 것은 하나가 문학이요, 다른 하나가 장애아로 태어난 아들 히카리와의 생활입니다'라고요."

손 회장은 젓가락으로 앞 접시에 담긴 음식물을 가지런히 놓았다.

"첫째 아들에게 청각장애가 있습니다. 아들은 정상인과 비슷하게 말할 수는 있지만, 다른 사람의 말을 알아듣지 못하는 어려움을 겪고 있습니다. 상대방이 말하는 입모양을 보고 그 사람이 무슨 말을 하는지 얼른 알아듣지요.

아들을 키우는 데 아내가 무척 고생했습니다. 어릴 때부터 발성 연습을 시키고 상대방의 입술 움직임을 읽는 훈련도 게을리하지 않도록 채근하고⋯⋯. 말로 형언할 수 없는 고생을 해서 오늘날과 같이 정상인과 비슷하게 말도 하고 또 알아듣습니다. 아들과 함께 가끔 여행도 합니다."

나는 순간 그의 아픔을 건드린 것이 가슴 아팠다. 왜 그런 질문을 참지 못했을까 하고 후회했다. 그러나 나는 그에게서 남다른 마음의 깊이를 들여다볼 수 있게 된 데에 감사했다. 아들과 말을 주고 받으면서 보통의 아버지와 다른 눈과 귀를 갖게 됐을 것이라고 생각했다. 큰 그룹의 최고 경영자를 지낸 그의 대화법이 인내심을 가지고 상대방을 지켜보는 데서 시작됐을지 모른다고 상상했다. 그의 표정이 달라지지 않는 것에 나는 마음을 놓았다.

"그 아이가 지금 열심히 그림을 그리고 있습니다. 화가로 활동하고 싶어하지요. 그 아이의 심성대로 좋은 그림을 그릴 수 있으리라고 봅니다. 그런데 아직은 저와 같이 공개 석상에 잘 나서지는 않습니다. 너무 순진하니까요."

언짢은 질문도 받아준 그에게 감사했다. 그도 나를 이해했으리라고 스스로 위안했다. 우리가 운니동 음식점을 나설 때까지 가야금 연주곡은 계속 흘렀다.

염장이가 된 국회 사무차장

내가 사무실에 들어섰을 때 그는 반듯한 모습으로 앉아 있었다. 비즈니스 타운이 돼버린 서울 마포구 공덕동 일대의 한 빌딩에서 그는 국회 전·현직 공직자 모임을 이끌고 있는 몇 가지 사업 구상으로 바빴다.

나는 우연히 한 선배의 이야기를 귀담아 듣고 그를 찾아나선 것이다. 국회사무처의 사무차장 시절부터 남모르게 염 봉사를 해온 친구가 있는데 그가 지난 15년 동안 이를 극비에 부친 채 숨어서 봉사해왔다는 것이다. 국회 사무차장이면 차관급 고위 공직자다. 그가 이른바 염장이란다. 말이 염 봉사활동이지 아무나 선뜻 나설 수 있는 일이 아니다. 행여 다른 사람에게 알려지거나 매스컴의 화젯거리가 되지 않도록 늘 쉬쉬 해온 탓에 지금까지 단 한 차례의 인터뷰도 이뤄진 적이 없다고 했다. 나는 그를 만날 수 있도록 선배를 졸랐고 선배는 그를 설득하는 데 애를 먹었다.

그런데 그가 어느 날 결단을 내렸다. 2007년 12월 영하 8도의 찬바람이 부는 날 그는 나와의 인터뷰를 받아들였다. 자신의 이름을 절대 공개해서는 안 된다는 조건을 달았다. 꽤 까다로운 사람은 아닐까 걱정하며 사무실 문을 열었지만 곧 마음이 편안해짐을 느꼈다. 그의 얼굴이 웃고 있었다.

나는 그즈음에 대학로 소극장에서 〈염쟁이 유씨〉라는 1인극을 본 적이 있었다. 시골 공연배우 유순웅 씨가 죽음의 창문을 통해 삶을 바라보는 마당극이었다. 그런데 거기에는 슬픔이 없고 유쾌한 이야기들이 왁자지껄하게 떠벌려졌다. 연극은 더욱 유명해졌고, 한 번 연장되고 또 연장돼서 1년 넘게 앵콜 요청을 받았다.

나는 그에게 유순웅 씨의 연극 이야기를 꺼내려다 그만두었다. 인터뷰 내용이 희석될지 모른다는 걱정에서였다. 내가 메모 수첩을 꺼내고 만년필 뚜껑을 열자 그는 "인터뷰에서 정말 이름을 밝혀서는 안 됩니다"라고 다시 못을 박았다. 어쨌든 72세의 그를 아주 맹맹한 3인칭 형식으로 '그'라고 밖에 표현할 수 없게 되었다. 얼굴 없는 그림자와의 이야기가 시작되었다.

"이름을 꼭 비밀로 해야 하나요?"

그냥 지나갈까 했는데 기어코 되묻고 말았다. 그는 약간 머쓱한 표정으로 두 손을 모아 쥐면서 잠시 생각에 잠겼다. 나에게 익명을 계속 요구한 게 부담스러운 듯했다.

"글쎄요. 아무래도 고위 공직자가 염장이를 한다 하면 여러 사람들 입에 오르내리지 않겠어요. 마치 제가 무슨 대단한 봉사나 하고 있는 것처럼 보이기 쉽고……. 또 있지요. 제가 접촉하는 사람들에게 혐오감을 줄 수도 있지 않겠어요."

"왜 염 봉사를 하시나요?"

"사람들이 시신 다루는 걸 제일 싫어하지 않습니까. 저는 남이 쉽게 나서지 못하는 일을 하고 싶었습니다. 정말 마음속에서 우러나는 그런 봉사였어요. 딱히 무슨 계기가 있어서 시작한 건 아닙니다. 제가 세상에서 받은 행복만큼 그것을 이 세상에 다시 돌려주어야겠다는 생각뿐이었습니다."

"종교적인 신념에서 온 건가요?"

"가톨릭 신자이긴 합니다만. 저는 세상 살면서 그렇게 험한 꼴을 보지 않고 살았습니다. 물론 갖가지 풍파를 겪긴 했지요. 그러나 저와 아내가 건강하고 아이들이 잘 크고 했으니 그저 모든 것에 감사할 뿐입니다. 그러니 봉사로 갚아야 한다고 생각했습니다."

따지고 보면 그의 염장이 노릇은 국회 사무차장이 되기 식전부터이다. 국회의 기획예산과 행정, 입법 정보화사업 등을 총괄하는 책임자의 봉사활동치고는 벅찬 일처럼 느껴진다. 내가 염장이에게 경외감 비슷한 느낌을 갖기 시작한 것은 유순웅 씨의 〈염쟁이 유씨〉 공연을 보고 난 뒤부터이다. 죽은 사람에게 정성을 다하는 염장이의 얼굴은 인상파 화가가 그린 한 장의 그림이었다. 거기에 오만 가지의 감정이 덩어리로 뭉쳐 있는 느낌이었다. 그러나 내 앞에 있는 그의 얼굴은 배우의 표정이 아니었다. 그가 감정을 억제하고 표정을 나타내지 않는 데 익숙해 있기 때문인지 모른다.

"염 봉사를 시작할 때 가족과 상의했나요?"

"아내에게 먼저 말했지요. 내가 몇 년 후에 퇴직하게 되니 지금부터 염 봉사를 시작하면 어떨까 하고 넌지시 던져봤지요. 그랬더니 아내가 깜짝 놀라면서 언제부터 그런 생각을 했느냐고 묻더니 좋은 일이라고 맞장구를 쳐주었어요. 참 신기했어요. 아내가 맞장구까지 쳐주는 게 말입니다. 나는 정말 마음 가볍게 염 봉사를 시작한 거지요."

"시신을 다루는 일이 무섭지 않습니까?"

"처음에는 아주 무서웠지요. 영안실 한쪽의 보관소에서 시신을 꺼내 큰 받침대에 올려놓습니다. 네 명이 한 팀이 되어 시신을 조심스럽게 다루지요. 나는 장갑을 끼고 시신의 머리만 쥐고 있는데도 온몸이 부들부들 떨려서 혼났습니다. 잘못하면 시신의 머리가 따로 놀기도 하니까 정말 조심해서 염을 배우기 시작했습니다."

"국회에서 업무처리가 끝난 시간에 염 봉사가 시작됩니까?"

"저녁에 염이 시작되는 경우가 많습니다. 그러나 어떤 날은 낮에도 아주 급하게 염을 해주어야 할 일이 생깁니다. 그러면 국회 자리를 잠시 비우는 경우가 있었어요."

"국회 자리를 그렇게 쉽게 비울 수 있었나요?"

"국회도 여의도에 있고 제가 당시에 염 봉사를 했던 병원도 여의도에 있었기 때문에 비상시에는 한 시간 정도 시간을 비울 수 있었지요. 낮에 염장이 노릇을 하는 경우는 정말 부득이한 경우이고 대부분은 저녁이나 밤에 하지요."

"염 봉사를 비밀로 했다면 정말 곤란한 일이 많았겠군요. 갑자기 높은 사람이 찾거나 하면 어떻게 했지요?"

"제가 염을 한다는 걸 제 비서 한 사람을 빼곤 아무도 몰랐지요. 그런데 일이 꼬여서 어느 날 갑자기 국회의장이 저를 긴급 호출하는 경우가 더러 있었습니다. 지금은 고인이 된 황낙주 의장이었지요. 그런데 한번은 그분이 저에게 '국회 자리를 그렇게 비우면 어떡하느냐'며 야단을 치셨어요. 그럴 땐 몸이 좋지 않아 잠시 병원에 들렀다고 말하곤 했지요. 여간 조심스럽지 않았어요."

"염이 끝나면 냄새도 나고 마음도 좀 언짢을 때가 있을 터인데 어떤가요?"

"냄새가 나지요. 처음 수습 때는 시신이 내가 정말 소중히 모셔야 할 신이라고 생각했지요. 그러면 그 냄새를 금방 잊어버리곤 합니다. 제가 염을 끝내고 집에 들어가면 아내가 현관에서 기다립니다. 옷을 받아들고 곧장 샤워를 할 수 있게 도와주는데 한 번도 얼굴을 찡그리지 않았어요. 샤워가 끝나면 아내와 마주 앉아서 저녁 식사를 하는 경우가 많았지요."

"그런데 염을 끝내고 바로 음식이 넘어가나요?"

그는 허허 하고 웃었다.

"처음엔 식사가 제대로 안 됐어요. 비위가 약해서 좀 고통스러웠지요. 그래서 속으로 '괜찮아, 괜찮아, 이 까짓것' 하며 식사를 했는데 지금은 뭐 보통이지요. 맛있게 식사합니다. '괜찮아' 하는 생각이 정말 중요해요. 그런 마음가짐이 없으면 어려운 일을 이겨내는 게 쉽지 않지요."

"시신의 얼굴이 잊혀집니까?"

"아니지요. 식사 중에도 염 했던 일이 떠오르곤 합니다. 죽은 사람의 모습이 왜 생각나지 않겠어요. 잊어버리고 있다가 생각나고, 생각났다가 잊어버리고……."

갈색 뿔테 안경 사이로 보이는 그의 눈빛이 따뜻했다. 온화한 시선이 나를 편하게 해주었다. 종이컵에 담긴 커피가 탁자 위에 놓이면서 잠시 이야기가 중단되었다. 산 자가 죽은 자를 내려다 봤을 때 순간순간 얼마나 많은 생각들이 오갔을까. 자신의 가족이 아닌 제3자가 시신이 되어 누워 있을 때 그는 무슨 생각을 하며 손놀림을 계속할까. 자원봉사자의 염은 장의사의 직업적인 염과 어떻게 다를까.

"그렇게 오랫동안 염 봉사를 하다 보면 망자가 살아온 인생도 대강 짚을 수 있으시겠네요?"

"느낌으로 알지요. 염을 시작하기 전에 시신을 점검합니다. 그때 죽은 사람의 얼굴을 보면 그가 어떻게 살아왔는지 짐작할 수 있지요. 시신의 얼굴 표정은 그 사람이 경제적으로 여유 있게 살았거나 아니면 가난하게 살았거나 하는 것과 별 상관이 없습니다. 중요한 건 그 사람이 인생을 살아가는 마음이지요. 시신을 보면 이 사람은 살아생전에 정말 지옥을 겪었구나, 또 어떤 사람은 잘 살았구나 하는 것들을 금세 알아차립니다. 장례식이 끝난 후에 입 소문을 통해 그 집안의 이야기를 들어보면 내가 받았던 인상과 거개가 다 맞아떨어져요."

"시신의 표정을 통해 죽음을 미리 준비한 사람과 그렇지 않은 사람을 구별할 수 있습니까?"

"죽음을 엄숙하게 받아들인 사람의 얼굴은 잠자듯이 평온해 보입니다. 그 사람들은 정말 죽음을 두려워하지 않았던 것 같아요. 하루아침에 되는 일이 아니겠지요. 평생 수련해서 그럴 겁니다."

"죽은 자의 이야기는 전부 비밀인가요?"

"철저하게 비밀이지요. 그건 철칙입니다. 염 봉사자에겐 입이 가장 중요합니다. 함부로 이름을 들이댈 수 없습니다. 난 망자의 삶을 그렇게 자세하게 말할 수 없어요."

"죽음 앞에서는 인간의 본능이라는 게 나타나겠지요. 시신을 둘러싸고 서 있는 유가족들의 표정도 제각각일 것이고 그런 모습을 통해 망자의 삶이 어땠다고 그려낼 수 있을까요?"

"망자가 재산이 많을 경우 유족들의 반응이 기지긱색이지요. 시신을 둘러싸고 있는 사람들의 눈빛이 달라요. 서로 부딪치면 충돌할 것 같은 긴장이 쏟아집니다. 그만큼 매우 예민해 있지요. 환자가 병원에 있을 때 자주 간병하지 못한 가족이나 나중에 나타난 가족이 제일 많이 웁니다. 뒤늦게 효도 경쟁도 벌어지고요."

그가 염하는 도중에 피부로 느끼는 유족들의 긴장은 참으로 드라마틱하다. 죽은 자의 재산은 얼마나 될까, 내가 얼마나 재산을 차지할 수 있을까, 그리고 나는 망자의 시신 앞에서 어떻게 처신하는 게 옳을까, 이렇게 서로 다른 계산을 하면서 유족들은 통곡하기도 하고 시신이 누워 있는 침대에 매달리기도 한다. 어떤 자는 눈을 감고 회한의 표정을 짓는다. 염이 진행되는 영안실은 죽은 자와 산 자의 관계가 소멸되지 않은 채 적나라하게 드러난다. 그 관계는 죽은 자가 생전에 걸어온 인생이 지배한다.

"좋은 기억으로 남아 있는 유가족이 있습니까?"

"있지요. 어떤 남자 노인이 세상을 떠났을 때 그 집 며느리들과 손자 손녀들이 영안실에서 너무 애절하게 울더군요. 망자의 얼굴에 나타난 평화로움이 그의 인생을 잘 말해줬어요. 유족들의 얼굴에서도 그게 나타납니다. 죽은 자와 산 자의 모습이 모두 일치하는 겁니다. 그런 분은 살아생전에 자녀들과 많은 사랑을 주고받았다는 느낌이 들어요. 나도 행복감을 느낄 정도였습니다. 그런 분의 염을 끝내고 나면 고단함도 다 달아나버립니다."

"염 봉사활동이 그렇게 힘든 건가요?"

"시신의 옷을 벗기고 뒤처리를 잘 해줘야 해요. 임종할 때 몸을 떨며 대소변을 남기는 게 보통인데 머리부터 발끝까지 알코올 솜으로 잘 닦아내야 합니다. 교통사고로 사망한 사람들은 시신이 크게 훼손돼 잔손질이 많습니다. 입 안에 고여 있는 피도 정성껏 닦아냅니다. 특히 오랫동안 투병생활을 해온 환자의 경우는 등창이 심해서 보기 흉하지 않게 마무리를 해줘야 하거든요. 시신이 굳어 있을 때는 조금씩 힘을 주어서 근육을 유연하게 만든 다음 팔다리를 펴주지요. 그게 제일 힘든 일입니다."

"염을 할 때는 유가족들이 전부 지켜봅니까?"

"그렇지 않는 경우도 있어요. 한번은 어떤 할머니가 아파트에서 사망한 지 며칠 후에 발견됐어요. 그때가 여름철이었습니다. 아파트 문을 열고 들어갔을 때 시신 썩는 냄새가 코를 찔렀어요. 너무 오래돼서 시신의 피부가 검게 변해 있었습니다. 잘못 다루면 살점이 떨어져나갈 참이었지요. 나중에 그 할머니의 염을 하려던 때 뒤늦게 소식을 듣고 달려온 딸이 있었습니다. 현직 교수인데 마침 미국 연수 중이다가 급히 귀국한 것입니다. 그런데 그 딸이 어머니 시신에서 나는 냄새를 맡자마자 코를 쥐고 밖으로 나가버렸어요. 어떡합니까. 별수 없었지요. 난 꼼짝 않고 염을 끝냈습니다."

"시신이 여자인 경우도 있을 텐데요."

"여성 봉사자가 부족할 경우에는 남성들이 여성 시신을 맡게 될 때가 있습니다. 그럴 때는 시신의 아랫부분은 팀원 가운데 여성이 소독하고 다른 부분은 전부 남성이 맡습니다. 그 반대되는 경우도 더러 있습니다."

"여러 가지 사고로 험한 모습이 돼버린 시신은 다루기가 더 어렵겠군요?"

"잠자는 것처럼 시신을 잘 모시는 게 기본입니다. 여성의 시신은 화장을 해서 생전의 모습을 찾도록 애씁니다. 남성의 경우엔 면도도 해주고 얼굴을 깨끗하게 다듬어줍니다. 곁에 있던 유족들이 흡족해하지요."

"염을 끝내고 날 때마다 별 생각이 다 드시겠군요?"

해피 엔딩, 우리는 존엄하게 죽을 권리가 있다

"우선 온몸이 다 젖어요. 죽은 사람은 굉장히 무겁습니다. 시신의 등 밑으로 손을 넣어보면 들어가질 않아요. 산 사람은 손이 들어갑니다. 무거운 시신과 씨름하다 보니 땀에 젖을 수밖에요. 내가 터득한 건 이런 겁니다. 사람도 숨이 끊어지면 물건이 된다, 나무토막이지요. 그러니 그렇게 아옹다옹하며 헐뜯고 살 필요가 없다, 조금은 바보스럽게 사는 것도 괜찮다는 생각이 자꾸 듭니다."

"봉사활동을 같이 하는 팀원들끼리의 유대감도 강하겠군요."

"세 명 내지 네 명으로 구성된 팀원들의 손발이 잘 맞지 않으면 굉장히 힘들어요. 서로 호흡이 맞아야 수월하게 염이 끝납니다. 일을 마치고 난 다음에 우리끼리 차 한잔 하면서 수고했다고 서로 위로합니다. 물론 죽은 자에 대한 이야기는 일체 삼가지요."

나는 그가 참 대단한 사람이라고 느꼈다. 내가 10년 수련을 한다 한들 그처럼 염 봉사를 할 수 있을 것 같지 않았다. 산 사람도 우습게 여기는 세상에 고위 공직자가 숨어서 그런 봉사활동을 한다는 건 대단한 선택으로 여겨졌다. 험한 세상의 눈으로 보면 그도 모자란 사람들의 한 축에 끼일 만하지 않은가.

"자신의 죽음을 생각하고 있나요?"

"언젠가는 오겠지요. 그때가 오면 내가 평안하게 죽도록 내버려두라고 가족에게 말해두었습니다. 내가 아파 누워 있을 경우에는 치료는 하되 무리하게 하지 말고, 나는 죽음이 두렵지 않다라고."

"염을 하면서 나도 언젠가는 시신이 되어 내가 염을 하던 저 침대에 누워 있겠구나 생각이 드는 때가 있나요?"

"물론입니다. 그런 생각이 왜 안 떠오르겠습니까. 내가 염을 해준 시신들이 아주 많습니다. 그중에는 정말 닮고 싶은 사람도 있습니다. 이분처럼 깨끗하게 가고 싶다고 마음속으로 되뇌곤 합니다. 구체적으로 말씀드리기는 좀 어렵군요. 어떻든 살아 있을 때 인생을 성실히 사는 사람들이 편안하게 갈 수 있다는 느낌이 자꾸 들지요."

"외로운 사람들, 아픈 사람들을 일으켜 세우는 방법은 뭘까요?"

"간단하지요. 손 한번 잡아주는 겁니다. 그리고 사랑하는 감정을 얼굴로 표현해야 해요. 그게 다른 어떤 수단보다도 더 좋은 거지요. 그런데 사람들이 알면서도 그걸 못해요."

2007년 대학로에 있는 두레홀 2관으로 연극 〈염쟁이 유씨〉를 보러 갔을 때 150석 규모의 소극장이 젊은 관객들로 빽빽이 들어찬 것을 보고 놀랐다. 이처럼 서먹서먹한 소재의 연극이 어떻게 20, 30대 남녀들을 끌어들일 수 있을까. 극장 입구에 내걸린 '근조(謹弔)' 등이 쓸쓸해 보이고 초상집으로 꾸며진 무대는 귀신이 나올 듯한 분위기였다. 그런데 배우 유순웅 씨는 해학과 익살을 통해 모든 죽음을 삶과 연결한다. 좋은 삶이 좋은 죽음을 가져온다고 소리친다.

"삶이 차곡차곡 쌓여서 죽음이 되는 것처럼 모든 변화는 대수롭지 않은 것들이 보태져서 이루어지는 법이여. 죽는 거 무서워들 말어. 잘 사는 게 더 어렵고 힘들어."

해피 엔딩, 우리는 존엄하게 죽을 권리가 있다

이 연극에서 정성을 다하여 타인의 저승길을 도와주는 배우의 모습이 내가 지금 만나고 있는 사람과 똑 닮았다는 생각에 미치자 묘한 전율이 느껴졌다. 단지 그에게는 배우가 쏟아내는 익살이나 과장된 표정이 없었을 뿐 말이 같았고 생각도 닮았다. 그래서 그의 이야기가 내게 더 진하게 다가왔다.

그와 만난 지 4개월이 지난 2008년 봄 나는 해질 무렵에 그와 통화를 시도했다. 지난 몇 달 동안 그가 어떻게 지냈는지 궁금했고 이름을 감춘 인터뷰가 영 재미없으므로 차제에 실체를 드러내는 것이 어떻겠느냐며 그를 설득하고 싶어서였다. 몇 차례 휴대전화 번호를 눌렀지만 곧장 응답이 없었다. 한참 후에 그의 목소리가 터졌다. 지하철 안이라 수신 상태가 좋지 않다고 설명했다. 나는 며칠 후 공덕동에 있는 그의 사무실을 다시 찾아갔다. 갈색 뿔테 안경 너머로 보이는 그의 눈빛은 여전히 맑았다.

"지금도 염 봉사를 계속하시나요?"

"이제는 전속팀으로는 활동하지 않습니다. 나이도 있고 해서요. 그러나 손이 모자랄 때는 달려가 도와줍니다. 요즘엔 노인네들 시신 처리가 많습니다."

"그래도 좀 무리가 되시겠군요."

"계속 하기엔 아무래도 무리이지요. 특별한 경우에만 제가 나섭니다. 제가 사는 경기도 수지 지역 아파트에는 노인들이 많이 삽니다. 대개가 사회활동을 접고 은퇴한 사람들인데 부부들끼리 산책하고 여행하고 그렇게들 시간을 보내지요. 그런데 이곳에서 8킬로미터쯤 떨어진 곳에 서울대 분당병원이 있는데 이따금 제 휴대 전화로 문자 메시지가 들어옵니다. 병원 영안실로 좀 와달라고요. 그러면 전화로 다시 확인하고 발인 시간에 맞춰 시신의 입관과 출관 등을 돕는 일에 나섭니다. 가서 보면 수지 쪽 아파트에 사는 노인네들이 있어요."

"요즘에도 염 봉사 하시고 잠 못 이루는 경우가 있습니까?

"자꾸 생각나니까 쉽게 잠에 들지 못할 때가 있지요. 그러나 곧 잊어버립니다. 하루 이틀 하는 일이 아니지 않습니까."

"그런데 이젠 실명을 밝히실 때가 되지 않았나요? 좋은 일을 해오셨는데 이름을 밝히는 게 다른 봉사자들에게 힘을 실어주는 계기가 될 수도 있을 텐데요."

"그런가요. 사실은 두 달 전에 국회에서 발행되는 《국회보》라는 월간지에 제 이름이 짤막하게 등장했어요. 제 염 봉사 사실을 뒤늦게 알고서 그쪽에서 인터뷰를 청해왔지요. 그래 이제는 별수 없다는 생각이 듭니다. 제 이름 그대로 밝혀도 할 수 없지요."

"정말 괜찮겠습니까?"

나는 그를 올려다보았다. 의례적인 확인 절차를 밟으려는 나 자신이 좀 얄밉게 느껴졌다. 마음 한구석에서는 그의 이름을 내놓을 수 있어 다행이라는 생각이 찔끔거렸다. 그는 잠시 어색한 표정을 지었으나 곧 웃음으로 바꾸었다. 그의 이름은 이기곤이다. 염장이 이기곤 씨다. 국회 사무차장 직에서 물러나 한국의정연구회 회장 일을 맡고 있다.

죽음에 부딪힌 한국 언론

비싼 땅에 자리 잡고 있는 강남의 큰 종합병원에 아주 특이한 환자가 입원해 있다. 60대 초반의 사나이. 주말이면 그는 조심스럽게 병원을 빠져나간다. 환자의 특별 외출이다. 댄디한 옷차림으로 보면 전혀 환자 같지 않다. 약간 큰 키에 중절모를 쓴 그는 가장 성공한 인생을 살고 있는 듯한 모습을 갖추었다. 그의 저고리 양쪽 소매 끝에 감추어져 있는 두 손을 주의 깊게 들여다보지 않는다면 누구나 그런 인상을 받는다.

그는 12년간 줄곧 이 병원에 머물렀다. 그동안 그가 지불한 입원 치료비 총액은 약 24억 원. 엄청난 비용이다. 그러나 그는 돈에 신경쓰지 않는다. 그는 희귀한 병을 앓고 있고, 자신이 앓고 있는 병의 이름조차 모른다. 이제 그 환자가 자신의 이상한 병이 치료되기를 기대하지도 않는다는 소리가 들렸다. 단지 그는 남아 있는 인생을 나름대로 의미 있게 보내려고 애쓴다. 담당의사 이외에는 누구도 그와의 접촉이 불가능하다. 무엇보다 본인이 원하지 않는다. 병원 측은 그의 존재에 대한 공식적인 확인을 거부했다.

그의 인생은 무엇일까. 주말 외출하는 그의 모습을 우연히 지켜본 뒤, 내가 이 의문의 환자에 대한 이야기를 들은 것은 병원 당국자로부터였다. 그는 이 환자를 잘 알고 있었다. 그 환자는 시간이 지나면서 자신의 손발을 잘라내야 하는 특이한 병을 고민해왔다. 병원에서 오랫동안 그를 지켜보며 면밀한 진단을 시도했지만 아직도 병명이 밝혀지지 않았다. 어느 날 그는 재산을 다 정리하고 병원으로 주거를 옮겼다. 오로지 재산상속에만 관심을 쏟고 있는 자녀들과의 관계도 끊었다. 가지고 있는 부동산도 모두 정리했다. 그래도 그는 밝은 표정으로 병원 당국자를 만난다.

내가 이 환자에 대한 취재를 시도하자 모든 접근 루트는 사실상 봉쇄되고 말았다. 이제 이 환자가 어떤 상태에 있는지 확인할 방법이 없다. 그는 세상의 호기심을 자극할 수 있는 모든 요소를 지니고 있었다. 과거의 성공한 인생과 돈, 건강, 재산 싸움, 가족과의 결별 그리고 눈앞의 죽음.

나는 그가 언론을 두려워하고 있음을 알아차렸다. 시끄러운 언론에 노출되어 자신의 편안한 시간들이 파괴되지 않기를 바라는 것처럼 느껴졌다. 병원 관계자는 그 환자에 대해 두 번 다시 입도 뻥긋하지 않았다. 환자의 프라이버시를 지켜달라고 간곡히 부탁했다. 환자의 남아 있는 인생에 파문을 일으키지 말아달라고 말했다.

해피 엔딩, 우리는 존엄하게 죽을 권리가 있다

나는 그 환자가 갖고 있는 다양한 화제와 인간적 고뇌에 접근하고 싶은 욕심이 앞섰다. 그러다가도 프라이버시를 침범당하는 환자의 고통을 생각했고 이로 인해 그가 언젠가 부딪힐 최악의 경우를 상상했다. 병원 관계자는 내가 나타날 때마다 늘 경계심을 늦추지 않았다. 나는 오랫동안 그 병원으로 발걸음을 옮기지 않았다.

그때 병원 관계자가 내게 흘린 말 가운데 '언론은 믿을 수 없다'는 표현이 지금도 귀에 꽂혀 있다. 언론은 무언가 뉴스를 만들어내는 데만 몰두하고 사람의 생명에 관한 문제도 화젯거리 중심의 소재로 다루려 한다고 불평했다. 그들이 언론을 항상 경계하고 때로는 배척하는 태도는 어디서 오는 것일까.

매스컴에 대한 의료 관계자들의 반응은 일반적으로 부정적이다. 생명기술은 엄청난 속도로 발전하는데 매스컴 관계자들이 지니고 있는 지식은 너무 얇고 가벼웠다. 양쪽의 대화가 이뤄질 수 있는 광장이 형성되는 데 많은 장애물이 가로서 있었다. 한쪽은 전문가 집단이고 다른 한쪽은 비전문가들이었다. 비전문가인 언론인들의 의학 상식은 일반인 수준을 맴돌았다.

특히 의료인들은 엘리트층이라는 자존심이 사뭇 강했고, 언론인들은 여론 형성의 리더라는 자존심이 남 못지않았다. 때로는 양자의 자존심이 충돌했다. 의료의 진실이 가려지거나 잘못 전달되는 일들도 벌어졌다. 의료인들은 특히 죽음의 문제를 다루는 언론의 태도가 지나치게 자극적이어서 통제 불가능할 정도라는 불만을 입에 올렸다. 언론의 센세이셔널리즘이 비판의 과녁이었다.

어느 날 나는 한 세미나에서 서울의대 허대석 교수의 주제 발표를 듣다가 바늘방석에 앉은 듯 불안감을 떨치지 못한 일이 있었다. 그는 암 환자의 임종을 가장 인간적인 사랑과 편안함으로 이끌어 갈 수는 없을까 고민하면서 호스피스 제도의 정착을 주장해온 인물이다. 그는 강단에 올라서면서 스크린에 띄워진 발표 자료를 가리켰다. 강연장에는 의사와 간호사, 자원봉사자들 그리고 호스피스 관계자들이 빽빽이 들어서 있었다. 가톨릭 수녀들과 몇 명의 여스님들의 모습도 보였다.

"2002년 대한의사협회가 소생 가능성이 거의 없는 환자의 치료 중단을 담은 의료지침을 발표했을 때 한국 언론들은 이를 두고 '소극적인 안락사'로 뭇매질을 가했습니다. 참 기가 찰 노릇이었습니다."

스크린은 서울의 한 일간지에서 보도한 톱기사를 5, 6초 동안 비추었다. "의사협회, 소극적 안락사 인정." 시커먼 활자가 독자에게 주는 메시지가 자극적이었다. '안락사 인정'은 위압적인 단어였다. 그 화면은 4년 전 이 보도가 지녔던 센세이션을 다시 상기시켰다. 그러나 참석자들은 덤덤한 표정으로 스크린을 내려다보았다. 오랫동안 익숙해진 일이었던 것처럼.

그는 청중을 향해 돌아섰다가 강단 쪽으로 시선을 내렸다. 그리고 잠시 침묵이 흘렀다. 이 주제에 대해 언론이 얼마나 의료 현실을 왜곡해왔는지 비판적인 분석이 뒤이어 나올 듯한 분위기였다. 그러나 스크린 화면은 다음 장면으로 넘어갔다. 암 환자의 통증치료에 관한 사례 발표였다. 그의 목소리도 차분해졌다.

한일 월드컵으로 전국이 들떠 있었던 2002년, 대한의사협회의 산하단체인 대한의학회는 '임종환자의 연명치료 중단에 관한 의료윤리지침'을 발표해 세상의 이목을 집중시켰다. 의사가 의학적으로 의미가 없거나 쓸모없는 치료를 보류 또는 철회할 수 있다는 내용 때문이었다. 2001년에 이어 두 번째였다. 한국에서도 존엄사를 받아들이는 것이 좋겠다는 요구의 신호탄이었다. 그러나 사태는 엉뚱한 방향으로 흘러갔다.

한국 의사들이 말기환자들에 대해 소극적인 안락사를 받아들이는 것처럼 언론이 보도하면서 의사들에게 돌팔매질이 시작되었다. 종교계가 가세했고 시민단체들도 힘을 합쳤다. 의사들은 말기환자들의 생명을 가볍게 보는 집단으로, 윤리의식이 희미한 집단으로 묘사되었다. 돈 있는 환자들만이 더 치료를 받을 수 있고 가난한 환자들은 치료를 받기 어렵게 될 것이라는 대립적 상황을 걱정하는 목소리도 높았다.

당시 언론은 수많은 말기환자들이 겪고 있는 고통의 실태를 보도한 적이 거의 없었다. 언론과 병원에 입원해 있는 환자들, 그리고 이들을 치료하는 의료진 사이에는 문제 인식에 엄청난 틈새가 있었을 것이다. 의학적으로 무의미한 치료의 중단이 어떤 절차로 이뤄지는지 구체적으로 따져보는 치밀함은 언론 어디에도 나타나지 않았다. '존엄사'와 '안락사'의 차이가 무엇인지 기본적인 상식을 갖추려는 노력 또한 보이지 않았다. 우리의 삶과 죽음이 어떻게 이어지는 것이 행복한 삶인지에 관한 토론이 있었는지 기억에 남아 있는 것이 없었다.

그때는 웰빙이라는 단어를 입에 올리기 시작한 무렵이었다. 웰빙은 잘 먹고 잘 사는 정도의 의미로만 여겨졌다. 웰빙이 우리들 삶에 어떤 의미를 갖는지는 미처 따지지 못했다. 삶과 죽음을 완전히 분리해서 생각하는 일상이었기 때문에 생사(生死) 저널리즘에 관심이 쏠릴 기미도 없었다. 언론은 인간의 삶과 죽음에 관한 고민을 해보지 못한 채 의료윤리지침을 '소극적 안락사 인정'으로 단정하는 실수를 저질렀다.

결국 '안락사'에만 초점을 맞춘 언론이 여론을 이끌어갔다. '존엄사'는 숨 쉴 공간을 찾기는커녕 병원의 영안실 구석으로 숨어들어갔다. 더욱 기가 막힌 일은 여론의 역풍을 이겨내지 못한 대한의사협회가 무의미한 치료 중단에 관한 지침을 사실상 철회해버린 것이다. 그 뒤 6년의 세월이 흐르는 동안 의사들은 줄곧 침묵을 지켰다. 의사들은 거센 언론과 씨름하는 것처럼 힘든 일이 없다고 쑤념했다. 그 사이에 힘들고 고통스럽게 세상을 떠나는 것은 환자였고 가족들은 그것을 지켜보는 아픔을 안았다.

"매일 내 곁에서 환자들이 떠나갑니다. 그냥 떠나가는 게 아니라 고통 속에서 몸부림치다 갑니다. 그것을 견뎌낸다는 것은 사실 너무나 힘든 일입니다."

허대석 교수가 침묵을 견디지 못한 채 세미나에서 다시 그 문제를 끌어낸 이유를 알았다. 나는 그가 오랜 침묵에 지쳐 있었음을 깨달았다. 강의 30분 동안 이 문제에 대해 단지 30여 초만 할당할 수밖에 없는 전문가의 고뇌가 읽혔다.

그로부터 1년 후에 연세대학교 의과대학을 방문했을 때 손명세 교수의 얼굴에서 나는 똑같은 그늘을 발견했다. 손 교수는 지금도 그 지침이 다시 거론조차 못 되는 현실을 안타까워하고 있었다. 그는 유엔 산하 세계보건기구(WHO)의 집행이사로 활동하면서도 국내 말기환자들의 편안한 죽음을 위한 제도적 방안을 연구해왔다. 그는 의료인들의 선의의 뜻을 전달하는 언론의 시각이 왜 비틀어지고 있는지 늘 의문을 가지고 있었다.

"회복 가능성이 거의 없는 환자들에 대한 치료 중단 이야기는 아주 쑥 들어가버렸습니다. 왜 의사들의 목소리가 들리지 않을까요?"

"언론에 대한 두려움 같은 게 있습니다. 언론이 무서운 거지요. 환자와 그 가족들을 위해 존엄사 이야기를 꺼냈다 하면 또 무슨 일들이 터질지 알 수 없어요. 환자를 위한 제도 마련에 앞장서고자 하는 의사들이 드뭅니다. 이를 공론화하는 데 언론이라는 벽이 너무 높습니다."

"왜 언론과 의료계의 사이가 그처럼 매끄럽지 못할까요?"

나는 그에게 둘 사이가 왜 앙숙이냐고 묻고 싶었다.

"예를 들면 말기환자의 연명치료 중단에 관한 의료계의 의견에 대해서 깊이 있는 분석이 없습니다. 이것저것 자세히 알아보고 전

후좌우 사정을 파악해야 의료계의 선의를 이해할 수 있지 않습니까. 그런데 그게 없어요. 우리들한테 전화해서 기자들이 하고 싶은 말만 찾아냅니다. 그것만 기사화하는 경우를 이따금 보게 되는데 그때마다 '어, 이게 아닌데' 하고 놀라게 됩니다. 언론이 그냥 비틀어 써요."

"언론에 왜 그런 습벽이 생겼을까요?"

"2000년 의약 분업이 실시될 때 의사들이 파업을 한 적이 있는데 그때부터 의사들에 대한 시각이 곱지 않았다고 봅니다. 우리들은 분명히 회복하기 어려운 말기환자들의 편안한 임종을 위해 존엄사 문제를 꺼냈는데 언론은 이를 환자를 죽이는 안락사로 몰아붙였거든요."

그는 표현에 매우 신중했지만 '언론의 시각이 근본적으로 꼬여 있다'는 나의 표현에 머리를 끄덕였다.

"언론이 왜 그렇게 됐다고 보십니까?"

"우리나라의 문화적 토양이 그런 게 아닌가 생각합니다. 사회적으로 강한 집단에서 나오는 제안들에는 긍정적인 면과 부정적인 면이 있는데 전체를 파악하지 않은 채 부정적인 측면을 몇 배 부각시키는 현상들이지요. 의료계를 보는 언론의 시각도 예외는 아닙니다."

"의료를 하나의 시장으로 본다면 이 시장에서 여러 가지 일들이 많이 벌어지고 있지요. 언론이 어떻게 이해하고 있습니까?"

"한국은 광복 이후 보건 공급 체계를 만들 때 국가 투자가 없었

해피 엔딩, 우리는 존엄하게 죽을 권리가 있다

습니다. 그럴 여력이 거의 없었지요. 그런데 의사들은 외국에서 공부하면서 본 것, 배운 것이 많았습니다. 결국 의료시스템은 그들을 중심으로 한 민간이 만들기 시작했습니다. 이로 인해 시장 기능이 과도하게 도입된 부분이 있다는 것을 인정합니다. 병원 건물을 많이 짓고 수익을 늘리는 데 바쁜 일부 의사들도 있었지요. 그들이 비판의 표적이 되고 결국에는 국민과 의료계가 대립하는 구조가 생겨났습니다."

"병원들이 문을 열면서 부동산 투자를 염두에 둔 경우도 적지 않았지요."

"일반 종합병원뿐 아니라 대학병원들도 그랬지요. 부가가치가 많다고 보는 겁니다. 거기에다가 의약 분업을 반대하고 한때 파업으로 치달으면서 사회적 이슈로 떠올랐습니다. 의사에 대한 사회적 반감이 더욱 커진 계기가 되었지요. 언론은 이를 비판의 호재로 삼지 않았나 생각합니다. 의료계가 오랫동안 준비해서 내놓은 존엄사 문제를 철회할 수밖에 없었던 먼 배경에 이런 이유들이 깔려 있었습니다. 당시에는 언론의 무작정한 비판을 당해낼 재간이 없었다고 봅니다. 정말 안타까운 일이었지요."

점심시간이 가까워졌다. 세브란스 병원의 20층 스카이라운지는 아직 조용했다. 창문을 통해 보이는 신촌 일대의 전경을 잠시 내려다보면서 손 교수는 자신의 의견을 막힘없이 쏟았다. 우리는 시간을 아끼기 위해 도시락을 들면서 이야기를 시작했다. 그러나 손 교수는 젓가락으로 몇 번 음식을 집어 들었다가 놓곤 했다. 그는 화제에 집중해 있었다.

"또 언론의 공격을 받을까 걱정되지 않습니까?"

"벌써 몇 년의 세월이 흘렀는데 아직도 그런 말조차 못 한다면 정말 이상한 일이 돼버리지요. 인터뷰까지 하고 있는데."

손 교수는 언론의 변화를 기다리고 있는 눈치였다. 지금이 바로 변화의 시기라는 것이다. 그는 수많은 사람이 병원에서 죽어가고 있고 그들이 맞이했던 죽음의 고통이 얼마나 큰지 언론이 제대로 알기를 바랐다. 죽음의 질을 이해하는 언론을 기대하는 것이다.

"정말 언론이 말기환자들과 그 가족을 도와주어야 합니다. 이제는 말기환자들의 연명치료 중단에 관한 의사들의 입장을 충분히 이해할 수 있을 거라고 봅니다. 어떤 일을 하는데 긍정적인 요소가 98퍼센트이고 부정적인 부분이 2퍼센트라고 칩시다. 가끔 언론이 2퍼센트를 너무 부각시키는 나머지 98퍼센트의 선의가 죽어버리고 맙니다. 긍정적인 측면이 거의 알려지지 못한 채 묻혀버리거든요. 그런 일을 당할 때마다 의료인들은 기운이 쭉 빠지고 맙니다."

"6년 전에는 안락사와 존엄사를 혼동하고 있는 언론 때문에 속을 많이 끓였지요? 그때 손 교수는 용어 자체가 혼란을 가져올 수 있으니 '존엄사'라는 말 대신에 '의미 없는 치료 중단'으로 바꿔 쓰면 어떻겠느냐는 의견을 내놓으신 적이 있지요. 지금도 같은 생각인가요?"

"아닙니다. 지금은 상황이 많이 개선된 편입니다. '존엄사'라는 단어를 그대로 써도 무리가 없다고 봅니다."

해피 엔딩, 우리는 존엄하게 죽을 권리가 있다

'안락사'는 옛날 유럽에서 독약을 마시고 고통 없는 죽음에 이르거나, 독일 나치 정권에서처럼 신체적·정신적 장애인을 제거하는 방법으로도 이용되었기 때문에 이를 머릿속에 떠올리는 사람들이 많다. 20세기 후반에는 일부 국가에서 의식 없는 환자의 치료를 중단하는 것에 대해서도 안락사라는 용어를 사용했다. 이 용어에 대한 문화적 배경이 다른 한국인은 공포감마저 느낀다.

그래서 '안락사'는 '편안한 죽음'이라는 의미보다 '무언가 비인간적이고 끔찍한 것'이라는 느낌을 준다. 이에 비해 '존엄사'는 '존엄한 죽음'으로 매우 긍정적이며 어떤 사람의 죽음에 좋은 선입감을 갖게 만든다. 이같이 두 용어가 특정한 가치평가적 의미를 지니고 있으며 죽음의 형태를 객관적으로 따져보는 데 어려움을 준다는 것이 지금까지 손명세 교수의 주장이었다. 이 때문에 엄청난 오해들이 생기고 결국 환자들의 편안한 죽음이 어렵게 됐다는 것이다. 그는 몇 년 전까지 '존엄사'라는 말 대신에 '치료 중단'이라는 중립적인 용어를 쓰면 어떨까 하는 생각을 가지고 있었다. 그러나 이제는 국민의 이해도가 어느 정도 높아졌기 때문에 '존엄사'를 바로 사용해도 무리가 없다는 설명이었다.

"미국은 '존엄사'라는 용어가 사회적 통념으로 받아들여지기까지 시간이 그렇게 길지 않았습니다. 1970년대 후반부터 언론이 적극적으로 '죽음의 질'을 찾기 시작한 탓이지요."

"그렇습니다. 우리가 배울 게 많지요."

"너무 많은 논의를 거쳐왔기 때문에 관련법에도 보면 행동구축

조항이란 게 있더군요. 미국 오레곤 주의 존엄사법을 들여다보다 '존엄사'에 대해 달리 이의를 제기하지 못하도록 강제하는 조항이 눈에 띄었습니다. 한국이 '존엄사'에 대해 언론의 이해를 얻으려면 의료계가 어떤 대책을 마련해야 합니까?"

"병원에 윤리위원회가 구성되고 이 위원회의 활동이 보장되어야 합니다. 말기환자나 그의 가족이 요구하는 치료 중단이 타당한 것인지를 따져보는 것이지요. 환자들이 편안하게 죽음을 맞이하고 싶어하고 의사들의 의학적 판단이 뒷받침 됐다 하더라도 인권유린이다, 뭐다 해서 여러 가지 문제가 발생할 수 있습니다. 이런 일이 없도록 하기 위해 윤리위원회가 가동되어야 합니다. 절차적 정당성을 확보해두는 것이지요."

"윤리위원회를 구성한 병원이 많습니까?"

"몇 군데밖에 없습니다. 생각보다 꽤 적어요. 의료계와 법조계, 종교계, 언론인 등으로 구성된 윤리위원회를 운영하는 데 시간과 비용이 들어가고 운영도 좀 까다롭습니다. 그래서 보통 병원들이 윤리위원회 구성을 아주 꺼려합니다. 그러나 이 위원회가 병원이 겪게 될 여러 가지 어려움을 보완해주는 일종의 보호 기능도 있다는 걸 알아야 합니다. 우리나라에서 윤리위원회가 활발하게 움직이고 있는 병원은 손가락 몇 개 꼽을 정도에 지나지 않습니다."

"세브란스 병원에서는 말기환자의 생명유지 장치를 뗄 것인가 말 것인가 하는 문제로 윤리위원회가 소집되는 일이 있습니까?"

"몇 차례 있었지요. 그런 경우 윤리위원 모두는 인간적인 갈등

해피 엔딩, 우리는 존엄하게 죽을 권리가 있다

을 겪습니다. 어떤 복지회에서 맡긴 한 아이가 뇌사 상태에 빠진 경우가 있었습니다. 중환자실에 꽤 오래 입원해 있었지요. 어느 날엔가 복지회에서 그 아이를 데려가겠다고 하는데 병원에서는 함부로 퇴원시킬 수 없는 상황이었어요. 이때 윤리위원회를 소집해서 각 위원들의 의견을 듣고 퇴원을 결정한 일이 있었습니다."

인간의 생명을 다루는 윤리위원회의 고뇌는 엄청난 것이다. 위원들이 생각하는 생명과 인권은 환자나 가족이 생각하는 가치관과 반드시 일치하지 않는다. 삶의 질이나 죽음의 질에 대한 느낌과 이해가 달라 윤리위원들은 최종 판단을 내리기까지 진통을 겪는다. 꺼져가는 생명을 지켜보는 아픔에 시달리고 실오라기 같은 삶의 끝에 매달리는 인간의 본능에도 다가간다. 환자가 요구하는 죽음의 존엄도 지켜주어야 한다. 그래서 윤리위원들은 그들의 삶에서 겪었던 것보다 몇 배의 갈등 속에 빠진다.

"결국 윤리위원들의 보람은 뭘까요?"

"따지자면 사회봉사이지요. 한 인간의 마지막 삶이 의미 있는 것이 되도록 도와주는 것입니다."

손 교수는 윤리위원회의 활동에 정신적인 고통이 따르긴 하지만 그러나 매우 보람 있는 것으로 여기고 있었다.

"모든 병원들이 이런 윤리적인 문제를 더욱 성의 있게 점검해야 합니다. 그것이 환자와 병원을 위해 좋은 일이지요. 이런 일들이 눈에 보이는 결실을 맺으려면 정부의 지원이 필요하지요. 존엄사나 연명치료 중단 이야기만 나오면 세상이 시끄러워질까봐 기겁을

하고 목소리를 죽이는 공무원들이 이런 걸 눈여겨봤으면 좋겠어
요."

손 교수는 점심도 제대로 들지 못한 채 인터뷰를 마쳤다. 그가
늘 다져왔던 생각들을 정리해준 것이 고마웠다.

의학의 생명기술이 진보하고 인간의 삶이 다양해지면서 건강
과 관련된 정보가 넘쳐흐르고 있다. 그러나 우리의 일상생활에서
생(生)만 있고 사(死)는 없는 것처럼 세상을 비추는 것은 언론의 무
관심과 편견에 일부 책임이 있다. 언론은 독자나 시청자들이 죽음
과 거리를 두고 싶어한다며 죽음 이야기를 적게 다루는 것이 이익
이라는 고정된 사고방식에서 여전히 빠져나오지 못하고 있다. 생
사 저널리즘이 바닥조차 형성하지 못한 이유 중에 하나이다.

말기환자의 연명치료 중단에 관한 대한의학회의 지침을 제대로
이해하려는 자세가 갖춰져 있다면 그 지침이 윤리적인 토대 위에서
마련된 것인가를 엄격히 따지는 순서를 밟았어야 한다. 그런데 언
론은 핵심을 지켜보지 않았거나 비켜가는 잘못을 저질렀다. 그 때
문에 지금껏 큰 병원에서조차 윤리위원회를 만들지 않은 채 적당히
위기를 모면해가는 우스꽝스러운 일들이 벌어지고 있다. 언론이 죽
음을 알지 못하니 사실과 다른 모습으로 죽음이 그려진다.

2007년 12월 명지대학교에서 열린 한국죽음학회 추계학술대
회에서 연사가 강단에 올라섰다. 가톨릭대학교의 강남성모병원 호
스피스센터에서 일하는 한 여성 전문가는 '죽음을 맞이하는 성인
의 태도'를 분석하다가 갑자기 목소리 톤이 달라졌고 표정도 굳어

졌다. 언론에 한마디 하고 지나가겠다는 것이다. 그러나 조심스러워했다.

"요즘 드라마에서 나오는 죽음이 있잖아요. 그게 사실은 거짓입니다."

방청석에 앉아 자료를 읽고 있던 사람들이 모두 고개를 들었다. 거짓 죽음? 왜 방송은 사실과 다른 죽음을 꾸미는 것일까 궁금해하는 얼굴이었다. 그녀는 방송에 나오는 인간의 죽음이 편하게 맞이하는 것으로 그려지는데 그건 현실과 다르다는 입장이었다.

"한국인은 사망 때까지 전 과정이 죽음에 대한 부정으로 가득차 있습니다. 아주 고통스러운 모습으로 죽어가고 있거든요. 편하게 죽는 사람이 드뭅니다. 죽음 전문가인 엘리자베스 퀴블러 로스에 따르면 인간은 5단계의 마지막에서 죽음을 수용한다고 하는데, 제가 한국에서 직접 목격한 거의 모든 환자들은 그렇지 않았습니다. 죽음을 부정하는 환자들을 '죽음을 수용했다'고 말하기는 어렵습니다."

나는 우리나라 방송사의 드라마 제작자들이 외국 영화나 드라마에서 나오는 죽음 장면에서 많은 영향을 받았으리라고 생각한다. 미국이나 유럽 그리고 일본의 영상물들에서 우리가 볼 수 있는 죽음은 갱 영화나 암살극이 아닌 이상 대부분 '멋있어 보이는 죽음'이었다. 가족에게 둘러싸인 환자가 마지막 유언을 남기며 조용히 숨을 거두는 장면이 많다. 존엄사의 장면이다.

그런데 죽음을 부정하면서 고통스러운 모습으로 세상을 떠나는 우리의 임종 현장을 외국의 존엄사의 모습으로 그리는 것은 위장이며 왜곡이다. 멋있어 보이는 죽음은 외국의 현실이고 고통스러운 죽음은 우리의 현실이다. 임종을 맞이하는 우리의 자화상에 초점을 맞추고 어떤 생사관을 가지고 사는 것이 웰빙인지를 언론이 국민들에게 보여주어야 한다.

우리는 두 종류의 사회를 본다. 죽음과 함께 사는 사회와 죽음과 격리된 사회이다. 언론이 사회의 거울이라면 어떤 사회가 삶의 질을 높이는 것인지 보여주어야 한다. 죽음을 지켜보는 것은 마음 아픈 일이다. 죽음을 못 본 척 하거나 눈 감아버리는 사회의 삶이 얼마나 고달픈 것인지 우리는 안다. 그런데 언제까지 죽음을 외면하고 은폐할 수 있을까. 1인당 국민소득이 높은 나라는 죽음의 문화도 한 차원 높아지는 것을 눈여겨볼 수 있다. 우리 사회도 인간의 존엄을 찾으면서 웰빙과 웰다잉을 이야기하는 문화가 뿌리내릴 수는 없을까. 언론이 눈을 감을수록 죽음은 더욱 두렵고 공포로만 남는다.

죽음을 다루는 언론 기사의 틀은 만날 똑같다. 20년 전이나 지금이나 거의 변함이 없다. 죽은 자의 인생이 한 줄의 부고로 끝나면 다행이다. 좀 잘난 사람은 두 줄 이상이고 더 잘난 사람의 인생은 맹맹한 과거 나열로 서너 줄이 된다. 과장되기 십상이다. '언어'가 진부한 것은 경범죄에 해당한다는 말을 기자들은 경구로 삼아왔다. 그러나 어떤 이슈를 들여다보는 '시각'에 변함이 없는 것은 중범죄라는 경구를 잊어버렸다. 죽음의 문화를 바라보는 시각이 예

해피 엔딩, 우리는 존엄하게 죽을 권리가 있다

나 지금이나 다름이 없는 것은 경범죄일까, 혹은 중범죄일까.

안락사와 존엄사를 구별하지 않은 채 마구 혼동해서 쓰는 것도 한국 언론의 현실이다. 분명히 존엄사인 경우를 안락사로 표현해서 독자나 시청자의 눈길을 사로잡는 경우도 있다. 이런 언론의 태도는 보통의 서민들조차 '존엄사'를 '안락사'에 대한 저항을 누그러뜨리기 위해 그럴 듯하게 포장한 말로 오해하게 만들었다. 언론은 자신들의 무의식이 죽음에 이르는 우리들의 삶을 어렵게 만든다는 것을 모르고 있다. 말기환자들이 편안한 죽음을 선택할 기회를 상실한 채 고통스럽게 삶을 마감하고 있다는 사실을 언론은 지나쳐 본다. 그것이 우리의 현실이다.

'안락사'와 '존엄사'는 일본이 만들어낸 말이다. 한국 언론들은 아직도 그 뜻을 정확히 구별하지 않은 채 습관적으로 사용하는 경향이 짙다. 의학적으로 치료에 의미가 없고 회복 가능성도 없을 때 환자가 자신에게 인공호흡기를 부착하지 말라고 부탁하는 경우도 '안락사'라고 표현하는 일이 많다. 그런데 이런 경우 일본에서는 '존엄사'에 해당한다.

사회복지학을 연구하는 박지영 박사는 죽음을 경험한 사람들을 많이 만난다. 그런데 그녀는 언론을 향해 화를 내는 일이 자주 있다. 기자들의 무뢰한 같은 행동을 보면 참지 못한다. 어른의 폭력에 시달려온 아이들이나 죽은 사람의 유가족 또는 자살을 기도했던 사람들에게 마이크를 들이대며 소감을 묻는 따위의 취재 현장을 볼 때 그녀의 혈압이 올라간다.

10여 년 전 미국의 한 통계에서는 당시의 아이들이 성인이 될 때까지 TV에서 2만 번쯤 죽는 장면을 보게 된다고 밝혔다. 지금은 대략 3만 번에 이를 것으로 추정되고 있다. 미국 어린이들은 어렸을 때부터 생사 교육을 받고 자라기 때문에 인간의 죽음에 대한 문제의식이 우리와는 다를 수밖에 없다. 우리는 어른이 되어서도 마음의 준비가 없는 상태여서 그런 문제에 맞닥뜨리면 혼절해버리는 경우가 허다하다.

우리나라 TV 드라마는 시청자들의 눈물샘을 자극하기 위해 주인공 죽이기에 나서는 경우가 적지 않다. 한 방송사가 이런 드라마에 성공하면 뒤이어 다른 방송사도 주인공 죽이기 경쟁을 한다. 누군가 멋있게 죽어야 시청자가 몰입하고 시청률도 오르는 경향이 있다. 드라마에 나오는 매력적인 죽음은 방송사의 수입에도 매력적인 요소라는 이야기다. 그래서 불치병을 앓고 있는 주인공이나 자살자는 드라마에서 점점 늘어나고, 극적 긴장을 위해 죽음의 코드가 더 많이 활용된다.

그러나 영상시대를 이끌어가는 TV가 정색을 하고 죽음 문제를 깊이 있게 다룬 일은 많지 않다. TV에서 밤늦은 시간에 가볍게 다루고 지나가는 경우가 고작이고 라디오 프로그램이 몇 차례 전파를 탔을 뿐이다.

해피 엔딩, 우리는 존엄하게 죽을 권리가 있다

그녀는 오래도록 죽음을 연구해왔다. 효자동의 작은 한옥 카페에서 차를 마시며 몇 시간을 이야기하다 뒤늦게 알아차렸다. 그녀는 죽음이 아니라 삶을 연구하는 전문가였다. 그녀는 생명을 끊으려 했던 사람들만을 찾아다녔다. 도시에서 농촌으로, 농촌에서 다시 도시로 전국을 누볐다. 그리고 만난 사람들의 '한숨'의 의미에 뛰어들었다.

그녀가 2006년에 내놓은 「노인 자살 생존자의 자살 경험에 관한 연구」 논문은 그래서 흥미를 끌었다. 죽음이 죽음의 문제가 아니라 삶의 문제라고 말하고 있었다. 정신병리적 시각을 떠나 자살자의 경험을 이해하는 측면에서 작성된 것이었다. 철저히 현장 중심으로 꾸며졌다. 사회복지학을 연구하는 박지영 박사의 땀의 결과였다.

그녀는 재미있는 이야기를 쏟아낼 것 같은 후더분한 인상이었다. 카페의 한옥 추녀 끝에 매달린 낙엽이 겨울바람에 팔랑거리는 모습을 지켜보았다.

"저는 노인들의 자살 경험이 어떤 것인지 대답을 찾아 나섰어요. 제가 만난 사람 가운데는 학력도 높고 중산층인 분들도 많았어요. 그런데 그분들은 이 사회에서 정신적으로 동떨어진 곳에서 살고 있었습니다. 그들의 한숨이 점점 깊어진 거지요.

난 그들과 여러 차례 인터뷰하면서 끌어안고 울다가 웃었어요. 연구자가 그래서는 안 되지요. 그런데도 인간 본연의 문제에 들어서면 눈물이 흘러나오는 것을 어떻게 할 수 없었어요. 그들에게서 삶의 진면목을 본 겁니다."

자살을 기도하는 고학력 노인들의 특징은 가족들조차 전혀 눈치 챌 수 없을 만큼 죽음 준비에 철저하다는 것이다. 그녀가 만난 열일곱 명 가운데 열두 명이 굶어죽는 방법을 선택했다. 멀리 떨어져 있는 자녀들이 방문한다는 연락이 올 때는 물 한 모금으로 버티다가 그들이 떠나면 다시 식음을 전폐하고 죽음으로 걸어간다.

"노인들이 곡기를 끊는 이유는 자식들에게 누를 끼치지 않고 깨끗하게 죽는 모습을 보여주고 싶어서예요. 자식들에게 배반당한 슬픔, 부모 노릇을 제대로 못한 데 대한 회한 등이 마구 얽힌 상황에서 자살을 기도했는데도 이런 생각들을 하더군요.

그리고 나머지 유형의 사람들을 보면 여자들은 주로 목을 매고 남자들은 투신 수단을 선택하는 경우가 많았어요. 여자들에게는

해피 엔딩, 우리는 존엄하게 죽을 권리가 있다

새끼줄 등이 익숙한 자살 도구였습니다. '자살 기도'라는 소외된 문제를 풀어가기 위해서는 그들과 사회적 연결고리를 만들어줘야 해요. 그들이 고립되지 않게요."

그녀는 이런 예를 들었다. 서울 종로에는 피카디리 극장 뒤편으로 쪽방촌이 숨어 있다. 쪽방의 하루 숙박료는 7,000원, 8,000원이다. 그런데 이곳에서 먹고 자는 노인들이 어떻게 삶을 버텨내는지 아는 사람은 몇이나 될까. 일주일마다 동사무소 상담사들이 나타나 "잘 계시지요? 별일 없으세요?" 하며 건네는 따뜻한 인사말이 이들이 세상을 살아가는 힘의 원천이었다. 대부분의 사람은 잘 이해하지 못하지만.

그런데 그게 사실이었다. 어쩌다 상담사들이 일주일을 거르게 되면 쪽방 사람들은 단단히 스트레스를 받는다. 상담사가 왜 오지 않나 하고 문밖에서 기다리며 불안해한다. 그들은 마음으로 다가오는 말 한마디를 귀에 담고 싶어한다. 고립된 쪽방 사람들과 이 사회와의 연결고리 역할을 간신히 지탱해온 것은 상담사의 정감 넘치는 인사말이었다.

진행성 암 환자나 말기 암 환자들도 우리들 속에서 숨을 쉴 수 있는 것은 단순히 항암제 덕이 아니다. 방사선 치료의 도움 때문만은 더욱 아니다. 의료진과 가족의 따뜻한 말이 중요한 치료제였다. 호스피스 병동에서 환자들의 얼굴을 유심히 관찰해보면 그게 정말이구나 깨닫게 된다.

민간단체로서는 처음으로 호스피스 치료를 시작한 경기도 성남시의 보바스 기념병원은 환자 가족에게 대화하는 방법을 알려주는 강좌를 개설했다. 몸과 마음이 지친 말기환자들에게 생기가 돌도록 하는 말은 무엇인지, 그들이 마지막까지 삶의 의욕을 갖도록 하는 언어와 몸짓은 어떤 것인지를 가르쳐준다. 그런데 알고 보면 대단한 것이 아니다. 환자 입장에서 생각하고 환자 입장에서 듣고 싶은 이야기를 꺼내는 아주 순수한 배려다.

병원의 중앙에 있는 기둥과 게시판에는 "끝까지 듣고 충분히 설명하는 병원"이라는 표어가 붙어 있다. 2006년부터 내걸었다. 박진노 완화의학센터장은 환자들의 마음에 상처가 생기지 않도록 자원봉사자들을 교육한다. 간병인들에게도 마찬가지이다.

"환자가 고통을 호소해올 때가 많습니다. 우리들에게 의지하는 거죠. 솔직히 말하자면 우리를 깊이 신뢰한다는 뜻입니다. 만약 내가 퉁명스럽게 이야기하거나 무성의하게 답변하면 그들은 엄청 충격을 받습니다. 저는 필요한 경우 밤중에도 상담을 받습니다. 제가 병원으로 나오기도 하지요. 환자의 궁금증이 풀리도록 설명해수고 격려해주면 굳어진 환자 얼굴이 풀립니다."

"그렇게 하다 보면 의사들이 일에 치이게 되지 않나요?"

"그런 면이 있지요. 적자운영의 요인도 되고요. 그러나 호스피스 병원의 특성상 어쩔 수 없어요. 재단 쪽에서 충분히 이해해주어서 제가 스트레스를 덜 받습니다. 우리는 의사와 환자뿐 아니라 환자와 가족의 대화도 아주 중요하게 여깁니다. 우리가 모르는 환자의 가족 간 갈등도 해결되어야 환자가 편해지고 치료에도 도움이

해피 엔딩, 우리는 존엄하게 죽을 권리가 있다

되거든요.”

일류라고 하는 서울대학병원 등이나 대기업이 경영하는 종합병원에서 친절한 의사를 만나기는 쉽지 않다. 대부분이 무뚝뚝하다. 권위를 자랑하는 의사일수록 얼굴은 석고상처럼 굳어 있다. 환자에게 따뜻한 말 한마디 하는 일이 드물다. 암 환자들에게는 무표정한 의사의 진찰을 받는 것처럼 괴로운 일이 없다. 마치 의사들은 언어표현 능력을 상실한 것처럼 느껴진다. 그들의 말은 ‘로봇의 기계음’으로 들린다.

“전문의로서 환자를 진찰할 때 진료실 캐비닛에 카메라를 달아놓고 우리들이 진료하는 행위를 촬영한 적이 있었습니다. 자기반성을 위해서였지요. 당시 평가에서 왜 환자를 쳐다보지 않았느냐, 왜 표정은 그렇게 딱딱하나, 왜 어려운 학술 용어만 쓰나 등 여러 가지 지적을 받았습니다. 그런데 우리들 태도가 잠시 고쳐지는 듯하더니 얼마 후에 다시 뚱한 모습으로 되돌아갔습니다.”

“진찰해야 할 환자들이 너무 많고 의료수가 제도가 개선되지 않는 게 유일한 이유일까요?”

“의사의 오만 때문이지요. 환자 수가 많다는 것은 핑계에 지나지 않습니다. 인격과 교양에 관한 문제입니다. 환자를 사람으로 안보고 질병으로만 보기 때문이지요. 더구나 의사는 말솜씨가 형편없어요. 따뜻한 이야기? 그런 거 기대 못 해요.”

서울대학병원 구내 레스토랑에서 만난 한 의사의 이야기다. 그의 이름을 밝힐 수 없어 못내 아쉽다. 의사가 병만 보고 환자를 눈여겨보지 않는다는 것은 기업이 제품 판매에만 몰두하고 고객을 안중에도 두지 않는 것보다 심한 행위이다. 대학에서 인문학 등 교양 과목을 이수하고 다양한 사회인들과 대화를 나눌 수 있는 소양을 갖추도록 커리큘럼을 짜야 한다는 그의 견해는 결코 새삼스러운 것이 아니다.

"의사들이 1급 기능인화하고 있다는 비판에 대해 어떻게 생각하세요?"

"의료 권력화 현상 때문이지요. 이 사회가 왜 의사면허 제도를 실시하고 있는지 의사들은 그 의미를 잘 모르고 있어요. 의사 자신들의 책임이지요. 그들이 사회적 비판을 잘 견뎌내는 이유는 일이 너무 전문화되어 있기 때문에 대체 능력이 없다는 데 있어요. 그래서 의사 집단은 더 우월적 지위를 누리고 오만해지지요. 아무리 똑똑한 사람들도 그들 앞에서는 꼼짝 못 합니다. 하다못해 대통령까지도 말입니다. 우리 의사들이 내부석으로 단련이 필요한 시점인데 말입니다.

의사도 말기 암 환자들에게 어떻게 인간적인 접근을 할 것인지를 알아야 호스피스 완화의료 치료도 가능합니다. 돌같이 차디차보이는 의사가 호스피스를 권장했다고 칩시다. 환자는 그 한마디를 죽음의 선고로 받아들일 겁니다. 그러니까 환자가 완화의료나 호스피스를 무서워하고 그 제도에 저항하기도 합니다. 몸에 와닿는 따뜻한 설명이 없으니까요."

해피 엔딩, 우리는 존엄하게 죽을 권리가 있다

그는 환자에게 던지는 의사의 언어와 환자를 대하는 의사의 표정도 중요한 치료제라고 믿고 있었다. 의사와 환자의 커뮤니케이션이 상호작용하며 치료가 진행되어야 환자도 안정을 찾는다는 것이다. 말기환자인 경우 더욱 그러하다.

2008년 4월에 서울을 방문한 로널드 레이건 전 미국 대통령의 아들 론 레이건 씨도 언어의 중요성을 설명했다. 아버지가 치매에 걸려 죽음에 이르기까지 과정을 설명하면서다.

"아버지는 위대한 대통령이었지만 알츠하이머병에 걸린 후에는 어려움을 많이 겪었습니다. 이 병으로 신음하고 있는 아버지와 의사소통한다는 것은 말처럼 쉽지 않았어요. 거추장스럽게 느껴질 때도 있었습니다. 그렇다고 관심을 접으면 환자의 증상은 금방 악화됩니다. 그래서 항상 따뜻한 말로 아버지를 보살펴드렸습니다. 어머니 낸시 레이건의 역할이 아주 컸어요."

환자가 강대국의 대통령을 지낸 사람이건 한국의 시골에 사는 촌로이건 인간의 본성은 마찬가지이다. 따뜻한 말에는 환자도 반응하고 평화스런 모습으로 변한다.

내가 보바스 기념병원에서 마주쳤던 의사들의 표정은 한결같이 밝았다. "끝까지 듣고 충분히 설명하는 병원"의 표어대로 실행하기 위해 자기훈련을 해온 것처럼 보였다. 환자들이 진료실에 들어가고 나올 때의 모습이나, 의사가 컴퓨터 모니터를 쳐다보며 환자에게 MRI 사진을 설명하는 분위기가 한결 부드럽다.

그로부터 1년 반이 지난 후 나는 연세대 세브란스 병원에서 접수창구 직원이나 간호사들이 "설명 잘하는 병원"이라 쓰인 배지를 가슴에 달고 있는 것을 보게 됐다. 의료진들은 500원짜리 동전 크기의 배지에 적힌 작은 구호가 환자에게 안도감을 준다는 사실을 미처 짐작하지 못할 것이다.

전국의 68개 주요 병원이 '통증을 말합시다'라는 캠페인을 벌이기 시작한 것도 그즈음이었다. 암 환자들에게 희망을 주는 메시지였다. 의과대학에서 제대로 통증을 배우지 못해 진통제 처방에 미숙한 의사들에게는 반성의 기회였다. 정보를 요구하는 환자의 의식 변화가 의사의 변화를 촉구하고, 의사들의 변화가 환자들을 깨우쳐가는 시대에 겨우 다가선 것이다. 이 같은 상호작용과 변화의 선두에는 국립대학병원이 서야 한다. 서울대학병원에 세상의 눈길이 쏠리는 이유는 내로라하는 엘리트 집단이 몰려 있고 국가가 운영하는 병원이기 때문이기도 하다.

흡연과 폐암의 인과관계는 어느 나라나 또 누구나 인정하고 있는 바이다. 우리나라에서 담배소송을 둘러싸고 7년 4개월 동안 갑론을박이 계속되고, 2007년 1심 법원이 원고 패소 판결을 내릴 때까지 서울대학병원은 오로지 침묵을 지켰다. 서울의대 교수로 구성된 다섯 명의 감정인은 그 인과관계에 대해 '확인 불가능'이라는 의견서를 재판부에 제출한 후 무려 3년 동안 입을 닫아버린 것이다.

'흡연은 폐암 등 각종 질병의 원인입니다'라는 담뱃갑 경고문을 읽고, 공공장소에서 같은 내용의 표어를 매일 보아왔던 국민들에게 법원의 판결은 물론 서울의대 교수들의 감정의견은 의구심을 갖기에 충분했다. 판사가 법리적인 판단을 통해 판결을 내렸다면 서울의대 교수들은 의학적 근거에 대한 견해를 내놓았어야 옳다.

의대 교수들은 국립대학에 근무하는 의료 전문가이며 국민 건강에 관한 진실된 정보를 정확히 알려야 할 의무를 지고 있다. 판사는 판결로 말한다. 그렇다고 의사도 감정서로 말한다고 뒤로 물러나는 것은 비겁한 일이다. 국민 보건에 중대한 영향을 끼치는 감정 내용을 비밀에 부치거나 혹은 모른 척하는 것은 서울의대 교수의 본연의 자세가 아니다. 의사들의 입장이 어정쩡해서 그렇다면 의과대학 당국이 나서서 그 역할을 할 수 있었을 것이다. 국민이 혼란스러워할 때 의학적 견해를 밝혀주는 것이 의료 권력에 맞는 처신이다.

폐암 말기환자였던 코미디언 이주일 씨는 한 금연 공익광고를 통해 "담배 맛있습니까? 그거 독약입니다"라는 말을 전하고 세상을 떠났다. 침묵의 나른함에 젖어 있었던 의사들이 그의 '계몽' 활동에 부끄러움을 느끼지 않았다면 그것은 한편의 코미디다.

옛날 우리 선조들은 험한 산길을 걷다가 날이 어두워지면 "여기 사람 갑니다" 하고 앞사람 뒷사람에게 소리 질렀다. 사람들은 산울림으로 멀리 퍼져나간 소리를 들으며 밤의 무서움을 이겨냈다. 그들도 "밤길 조심하세요"라고 응답하며 산짐승의 두려움을 극복했다.

통증을 호소하는 환자의 고통을 외면할 수 없는 것처럼, 헌법에 보장된 보건권을 요구하는 국민들에게 침묵을 지킬 수 없는 것이다. 국민들은 건강을 위협받을 때 무서운 산속을 걷기도 하고 황야에서 헤매기도 한다. 그들에게 큰 목소리로 치료 방법을 알리고 건강을 지키는 정보를 자세하게 설명해주는 것 또한 의대 교수들의 일이다. 의료 권력이 이 사회와 소통하는 방법의 하나이다.

　의료수가 제도의 문제점에 대해 그들은 단호하게 의견을 밝힌 적이 없다. 뒤에서 불평했을 뿐이다. 호스피스 완화의료 제도에 대해서도 아직 통합된 목소리를 내지 못했다. 필요성을 강조했을 뿐이다. 품위 있는 죽음 혹은 존엄사에 대한 왜곡 보도가 이어졌을 때도 그들은 입을 닫았다. 존엄사를 안락사로 몰아가는 여론이 형성되어도 의과대학 교수들은 일상화된 침묵 속에서 권위와 위엄을 지켰다. 이 고귀한 의료집단은 국민의 의식수준이 너무 낮다고만 불평했다.

　말기환자들의 연명치료 중단을 또다시 안락사로만 몰아가는 황당한 사태가 발생해도 그들은 계속 침묵을 지킬 것인가. 예상되는 '안락사 괴담'이 얼마나 터무니없는 것인지, 소극적인 안락사와 존엄사가 어떻게 다른 것인지, 애매한 문제들은 어떻게 풀어나가야 할지 그리고 말기환자들의 호스피스 선택은 어떤 의미를 갖는지 의료 권력의 권위 있는 설명에 우리는 귀를 기울이고 싶다.

웰빙을 위한 웰다잉 프로그램

시간이 흐르면서 영원한 것이 아무것도 없다는 것을 거듭 깨닫는다. 품위 있어 보이는 지도자들이 병원을 거쳐 갈 때마다 위선과 가면이 벗겨진다. 그들이 수술실을 지나 중환자실에 놓여 있을 때 우리는 다시 가면을 씌워준다. 꼭 인생이 불쌍해서가 아니다. 고통받고 있는 환자가 안쓰러워서이다. 그런데도 그들은 생명이 계속 이어질 것이라는 환상에서 헤어나지 못한다.

중환자실에 있는 그들은 완전히 기계적인 인체이다. 열 가지 혹은 열다섯 가지 의료기기로 기능한다. 그들은 심장과 신장 등 각종 장기의 집합체로 누워 있다. 이들과 가족 사이에 대화란 상상하기 어렵다. 사랑했다, 지금도 사랑한다, 그동안 고맙다, 잘 있어라라는 말조차 남길 방도가 없다. 환자가 격렬한 통증으로 발작을 일으키는 위기의 순간을 목격하면 누구나 악몽에 시달린다. 유가족 사이에 재산 다툼이 벌어지면 사태는 더욱 악화된다.

이런 그늘을 가려주는 곳이 영안실이다. 각 병원의 영안실은 갈수록 화려해졌다. 세계에서 유례가 없는 일이다. 영안실 꾸미기 경쟁은 죽은 자의 품위를 높여주는 상행위로 발전했다. 영안실에 놓였던 값비싼 조화는 장례식이 끝난 후 젊은 남녀의 결혼식장에서 하객을 맞는다. 조문객과 하객을 가리지 않는 꽃의 운명처럼 우리 사회도 무정하고 비정해졌다. 우리들의 품격은 여기까지 왔다.

조문객들이 간직했던 중환자실의 기억 속에는 죽은 자의 인격도, 품위도 다 사라져버렸다. 죽은 자의 성공과 명예도 망각 속에 깡그리 묻혔다. 죽음은 그저 죽음이 아니고 삶의 끝이었음을 조문객들은 깨달았다. 그래서 좋은 죽음, 품위 있는 죽음이 열심히 삶을 살아가는 사람에게서나 기대할 수 있는 이야기라고 하는지도 모른다.

그런데 무참히 생명을 앗아간 사형수가 형집행장에서 오히려 담담한 표정을 지을 수 있는 배포는 어디서 나오는 것일까 늘 의아스럽게 여겨졌다. 생명도, 희망도 모두 포기한 정신적 공백상태에 이르면 그런 표정을 보일 수 있을지 모르겠다. 동영상이나 영화를 통해 비슷한 장면을 볼 때마다 그들이 생전에 죽음을 생각하고 살았다면 악덕한 짓은 꿈도 꾸지 않았으리라는 상상을 해본다.

한국죽음학회 회장으로 활동하고 있는 이화여대 최준식 교수는 우리 사회의 변화하지 않는 모습을 신기하게 여긴다.

"늘 죽음을 생각하며 살아야 한다고 말하면 사람들이 약간의 관심을 보입니다. 그런데 조금 지나면 전혀 딴판이에요. 완전히 흘

해피 엔딩, 우리는 존엄하게 죽을 권리가 있다

려버린 거지요. 그래서 우리도 빨리 죽음 교육을 해야 하는데 도대체 씨알이 먹히지 않아요. 아니, 대학교에서조차 그런 강의를 할 수 없어요. 관심이 없으니까요.

미국에선 초등학교에서부터 죽음 교육이 시작됩니다. 대학교에서 교양과목으로 쓰이는 죽음학 교과서도 개정판이 계속 나올 정도로 관심을 끌고 있어요. 죽음에 대비하는 교육이 삶을 더욱 알차게 한다는 생각을 가지고 있는 겁니다."

"우리나라에도 그런 계기를 만들 수 없을까요?"

"글쎄요, 이른바 사회 식자층의 반응이 별로 없어요. 하다하다 별 걸 다한다는 반응까지 나오니까요. 생전 죽지 않을 것 같은 생각들을 하며 살고 있으니까요. 그래서 우리 수준에 맞는 죽음 교육을 실시하는 방안을 마련하려고 합니다. 이화여대에는 아직 없지만 극히 일부 대학에서는 교양과목으로 죽음학 강의를 시작한 곳이 있습니다. 그나마 다행이지요. 미국에서는 죽음학회만 해도 10여 개나 됩니다. 학회 활동이 굉장합니다. 전국적이거든요."

"왜 예술가, 문화인들은 죽음에서 모티브를 잡아낼까요?"

"거기에 수많은 소재들이 있다고 봅니다. 화가, 음악가들이 죽음에서 인생을 들여다봅니다. 모든 게 보이지 않겠어요? 거기에서 예술적 영감을 얻는 겁니다. 그런데 우리는 죽음 하면 '아, 생각도 하기 싫다'고 합니다. 아무도 관심 없어요. 지금 죽음학회장 하기도 어려운 처지입니다."

곤혹스러워하는 그의 표정이 내 마음에서 지워지지 않는다.

"죽음학회를 한다니까 사람들이 뭐라고 하는 줄 아세요? 죽음(竹音)연구를 다 하느냐고 물어봅니다. 세상에 그런 착각이 또 어디 있습니까. 실제 그런 세 있는지도 모르겠지만요. 우리들의 무관심을 이젠 탓하지 않습니다. 그게 우리들의 운명이다 하고 지냅니다."

한림대학교의 오진탁 교수는 한 강연에서, 죽음에 대한 오해가 많은 한국적 현상을 비판했다. 우리들이 죽음을 제대로 이해하지 못한다는 말은 인간으로서 존엄함을 지니면서 죽는 사람이 드물다는 뜻이라고 설명했다.

그는 독일이나 미국처럼 초등학교 시절부터 평생교육에 이르기까지 죽음 준비 교육을 철저히 시키고 있는 나라가, 삶을 보다 의미 있게 살도록 국민을 도와준다는 점을 기억해야 한다고 말했다.

2007년 여름, 나는 미국의 롱비치 시에 있는 보더스 서점에서 책 구경을 하다가 'death & dying' 코너를 발견했다. 죽음에 관한 서적만을 모아둔 서가가 한켠에 마련되어 있었다. 작은 서점에서 죽음에 관한 책을 모아 판매하는 것에 눈길이 갔지만 서가에 꽂혀 있는 관련 서적이 140여 권에 이른다는 사실에 놀랐다.

『말기 질환의 여행』, 『아동의 상실감을 어떻게 극복할 것인가』와 같은 책이 눈에 띄었다. 한 쌍의 젊은 남녀가 바로 그 서가의 바닥에 깔린 카펫 위에 배를 깔고 누워서 책을 보다가 잠이 든 듯 두 팔 사이로 얼굴을 묻고 있었다. 그들이 뒤집어놓은 책 제목은 『호스피스 병동에서의 음악적 치료』였다.

　나는 호기심이 발동해서 두 블록 떨어진 웨스트 파크의 롱비치 공공도서관으로 발길을 옮겼다. 죽음에 관한 책이 많이 읽히는지 궁금했다. 도서관의 정문에는 "지식이 날개다"라고 적힌 커다란 플래카드가 바람에 나부끼고 있었다. 열람실의 컴퓨터 자판을 두드리며 '죽음', '존엄사'라고 검색어를 입력했다. 무려 639종류의 책 이름이 모니터에 떴다. '호스피스'라는 주제어에는 166종의 책명이 나왔다. 논문을 포함하면 모두 2,000여 종을 넘는다. 이처럼 많은 책이 출판되었다는 것은 독자도 많고 연구도 활발하다는 의미일 것이다.

　서가에서 노만 캔터가 쓴 『죽음의 법적 미개척 분야』를 뽑았다. 왜 선생들이 학생들에게 죽음을 가르쳐야 하는지 설명한 항목이 보인다. 죽음은 인생에서 가장 중요한 이슈이며 따라서 학생들과 반드시 토론해야 될 주제라고 적혀 있다. 1987년에 발행된 이 책의 맨 뒷장에 대출 카드가 끼어 있다. 이 책을 빌려 읽은 50여 명의 이름이 보인다.

　미국의 죽음 교육의 축은 도서관과 학교였다. 뉴욕 맨해튼에 있는 공공도서관은 엄청난 장서를 이용할 수 있는 평생회원 카드를 내게 발급해주었다. 미국인이건 한국인이건 지식을 얻고자 하는 모든 사람들에게 제한 없이 혜택을 주었다. 운동장 같은 열람실에서 존엄사와 호스피스에 관련된 책을 검색해보았다. 너무 많은 정보의 홍수 속에서 헤매다 도서관 뒤뜰의 브라이언트 공원에서 책을 폈다. 대출 받은 책은 다니엘 토빈의 『편안한 죽음』이었다. 맨해튼을 둘러싸고 있는 삼면의 바다와 강에서 불어오는 초여름 바람이 책 읽기에 안성맞춤이었다.

몇 달 후에 나는 도쿄의 일본 국회도서관 열람실에서 같은 분야의 정보를 검색하고 있었다. 존엄사, 안락사, 호스피스에 관한 책과 논문의 수는 미국의 절반 정도였다. 『생명이 다할 때까지』, 『존엄사 이념의 길』, 『안락사와 존엄사』, 『생의 존엄과 사의 존엄』, 『생과 사, 극한의 의료 윤리학』 등 관심을 끄는 책들이 즐비했다. 일본인의 연구 서적이 전체의 70퍼센트를 차지했다. 일본 국회도서관도 나에게 도서대출 카드를 만들어주었다.

그러나 서울 여의도에 있는 한국 국회도서관의 관련 서적은 80여 종, 그것도 외국 원서이거나 번역서가 대부분이었다. 우리는 관심도 낮거니와 연구 수준도 한참 아래에 머물렀다. 이런 종류의 도서 열람 실적은 거의 없었다.

우리나라에서 매년 암을 비롯해 각종 질병 등으로 사망한 환자는 26만 명. 교통사고와 자살에 의한 사망자 2만여 명도 포함되어 있다. 또 해마다 새로 발생하는 암 환자 12만여 명을 합쳐 모두 36만 명의 환자가 지금 암과 싸우고 있다. 그뿐인가. 통계에 나타나지 않은 적지 않은 식물인간도 우리 곁에 있다. 치매환자는 39만 명이 넘는다. 이들 환자와 가족까지 합치면 해마다 대략 500~600만 명이 죽음을 겪거나 그 고통 속에 시달리고 있는 셈이다. 몸을 제대로 가누지 못하는 중풍 환자 60여 만 명을 감안하면 우리들의 일상은

해피 엔딩, 우리는 존엄하게 죽을 권리가 있다

죽음이라는 불편한 진리와 함께 생활하고 있다. 이 밖에 매년 낙태를 선택하는 200여 만 명의 여성들은 또 어떤 생각을 하고 있을까.

우리는 죽음을 잘 모른다. 교육받지도 않았고 죽음을 준비할 마음의 여유조차 갖지 못했다. 죽음에 부딪히면 원초적 본능이나 관습적 대응에 따라 처리했다. 인간의 존엄은 지켜지기 어려웠고 가족이 붕괴되거나 해체되는 일이 부지기수였다. 재정적 부담도 눈덩이처럼 커졌다. 그런데도 죽음 교육을 실시하자거나 호스피스 완화의료 제도가 필요하다고 제기하면 여론은 이를 계속 무시해버리거나 사실을 왜곡했다.

우리가 이런 상태에서 아무 일 없는 것처럼 지낼 수 있었던 것은 문제의 심각성이 아직 드러나지 않았기 때문이다. 삶의 질을 높이는 데도 힘이 버거운 판에 죽음의 질을 따지자는 것은 행복에 겨운 일이라고 깎아내리는 정부 관리의 무식과 독선이 정책의 진로를 가로막아왔다. 그들이 직접 환자복을 입고 암 투병을 하면서 격렬한 통증에 시달리는 체험을 하지 않는 한 문제를 풀어갈 방법은 없어 보인다. 그들이 치매환자 곁에서 하루를 보내면 전혀 다른 사람으로 변할지도 모른다.

경제력이 커짐에 따라 국가의 품격을 따지는 시대일수록 웰빙(well-being) 속에 웰다잉(well-dying)을 생각하는 사회로 나갈 수밖에 없는 것이 오늘의 현실이다. 웰빙과 웰다잉에도 똑같이 품위와 품격이 있다. 그것이 삶의 보람이요, 의미 있는 인생이기 때문이다. 선진국에서 그런 모습을 볼 수 있고 가까운 일본이나 대만에서도 그렇다.

2007년에 우리나라의 포도주 수입액은 한해 전보다 무려 60퍼센트나 늘었다. 웰빙의 상징적인 지표 가운데 하나이다. 다른 한켠에서는 말기 암 상태에서 인간성을 상실했거나 고통 속에서 죽어간 사람이 늘어났다. 암 이외의 불치병 환자도 증가했다. 손댈 방도가 없는 치매환자의 급증은 사회를 우울하게 만들고 있다.

우리들 마음속의 웰다잉 지표는 이렇게 어둡다. 한 해에 1,200만 명을 넘어선 해외 여행객들도 웰다잉을 마음에 새길 여유가 아직은 없어 보인다. 2007년 가난한 나라 루마니아의 한 장례식에서 연주되는 나팔 소리의 여운과 고적대의 행진을 나는 아직도 잊지 못한다. 죽은 자에게 경쾌한 음악을 들려주는 그 나라 장례식의 '죽음 코드'는 편안함이었다.

서울의대 교수가 워크숍에서 토로한 이야기가 아직도 내 귀를 맴돌고 있다.

"내가 살 아는 형제 의사가 있습니다. 그들의 아버지가 말기 암으로 고생하고 있는데 아버지를 중환자실에 입원시켜버리더군요. 참으로 어처구니없는 일이었습니다. 어떻게 그럴 수가 있는지. 환자가 고통스럽지 않게 호스피스 치료를 해드렸으면 좋았을 텐데 말입니다."

효도 경쟁이 빚어낸 아이러니였다. 주요 병원의 수술실 앞 대기실이나 휴게실에서는 환자의 집중 치료를 둘러싼 가족 간 다툼을 자주 볼 수 있다. 환자가 부모인 경우 치료가 의미 없는 단계에서도

해피 엔딩, 우리는 존엄하게 죽을 권리가 있다

중환자실 입원을 계속 요구할 것인가 말 것인가를 둘러싼 의견 조정 때문이다. 이런 논의에서는 마지막까지 환자 치료를 위해 최선을 다하자는 주장이 항상 우세하다. '효도'라는 이데올로기가 우리의 관습을 지배하고 있어서다.

만약 이런 자리에서 '환자의 말기치료가 회복에 전혀 도움이 안된다는 의사의 견해를 따르는 것이 좋겠다. 가망 없는 중환자실 치료로 환자가 고통을 겪는 것보다는 통증치료를 받으며 인생을 정리할 기회를 주는 것이 좋을 것 같다'는 의견을 제시했다면 그는 가족 내에서의 입장이 매우 어려워지기 십상이다. 환자의 인격이나 품위에 대한 배려는 '최후까지 중환자실 치료를 해주는 것이 효도'라는 가치관에 밀려난다.

보바스 병원의 박진노 완화의학센터 장은 우리들의 잠재의식 가운데 '위장된 효도'라는 관념이 자리 잡고 있어 말기환자들의 여생을 더욱 힘들게 한다고 안타까워한다.

"지금 죽어가는 사람이 있는데 다른 가족이 도착할 때까지 그의 임종 시간을 늦춰달라고 무리하게 요청하는 경우가 있습니다. 환자의 아픔이나 인권, 존엄을 생각하지 못하는 것이지요. 그런 요청을 받아들이려면 환자에게 혈압상승제를 복용시키는 등 몇 단계 처치가 필요합니다. 그때의 죄책감이란 이루 말할 수 없습니다."

우리들의 일상생활은 가족주의 성격이 강하다. 합리성과 자율성이 지배하고 개체성이 강조되는 서구 사회와는 달리 우리는 죽음을 가족의 틀 안에서 처리하려고 한다. 그래서 존엄사를 요구한 죽어가는 자의 뜻이 존중되지 않는 경우가 많다. 서구 문화권에서 볼 수 있는 죽음의 개념에 관심을 보이는 젊은 세대들이 이런 점에서 혼란을 겪고 있다.

말기환자나 치매환자 등이 급속히 증가하면서 우리들이 '불효'와 '효도'의 경계선에서 방황하는 것도 이런 현상의 하나이다. 언뜻 '품위 있는 죽음'을 머리에 떠올리다가도 따지고 보면 할 일이 아무것도 없다는 생각으로 원점에서 헤맨다. 우리는 그렇게 살아왔고 또 그렇게 살아가고 있다. '웰다잉'이라는 문제가 결국 '웰빙'의 틀 안에 있다는 것을 감지하면서도 '품위 있는 죽음'에 무감각한 것처럼 행동한다.

정치인들이 죽음의 문제에 귀를 기울이기 시작한 것은 1998년. 가족끼리 머리를 싸매고 골몰하던 이 문제를 의료계가 사회적 이슈로 내놓았던 해이다. 그해 국회에서 열린 세미나를 통해 호스피스 완화의료의 법적 제도화를 촉구하는 전문가들의 의견이 쏟아졌다. 임종환자의 연명치료 중단을 둘러싼 법률적·의료적 문제나 호스피스 제도의 실시에 따른 재정부담 문제 등이 살얼음 걷듯 논의되었다. 그러나 논의는 시작과 함께 끝이었다.

그로부터 2007년까지 10년 동안 비슷한 의제들이 세미나 테이블 위에 여러 차례 올라왔으나 빛을 보지 못했다. 존엄사에 대한 사회인식의 변화가 미미했고 따라서 가치관의 변화도 더뎠다. 호스피스 제도의 법제화에 따른 재정지원 문제도 시기상조론으로 고개를 들지 못했다. 2008년 7월에야 국회의원 회관에서 관련 토론회가 다시 열렸다. 이 모임에 참석한 김형오 국회의장이 단상에 있는 마이크를 붙잡고 오래전에 자신이 겪었던 죽음 이야기를 꺼냈다. 회의장에 몰려든 방청객 150여 명의 시선이 집중되었다.

"오래전에 제 어머님을 앞으로 떠나보냈습니다. 그때 생명이 꺼져가는 어머니 치료를 위해 수술을 거듭했습니다. 그러나 헛된 일이었습니다. 얼마 후에 돌아가셨지요. 한참 후에 그렇게 해서는 안 된다는 것을 깨달았습니다. 나중에 의사의 이야기도 들어보니 그 단계에서 수술은 무리였다는 것입니다. 차라리 어머님이 수술을 받지 않은 채 좀더 편안하게 계시다가 세상을 떠나도록 했더라면 어땠을까 하고 뒤늦게 후회했습니다."

토론회에서 여당인 한나라당 대표도 호스피스 완화의료 제도를 지원할 필요가 있다고 강조했다. 그것이 비록 정치적 제스처라 하더라도 당면한 문제를 풀기 위해 겨우 한 발자국을 떼고 있는 셈이다. 당시 서울 세브란스 병원에 입원 중인 한 환자 가족이 식물인간이 돼버린 어머님의 인공호흡기를 제거해달라는 소송을 법원에 제출함으로써 존엄사 논쟁이 일기 시작했다. 2008년 가을과 겨울을 지나면서 1심과 2심 법원이 각각 우리나라 최초로 존엄사를 인정하는 판결을 내리면서 국회의원들의 관심도 높아졌다.

한나라당 김충환 의원이 '호스피스 완화의료에 관한 법률안'을, 민주당 전현희 의원이 '암관리법 일부개정법률안'을 그리고 한나라당 신상진 의원은 더욱 적극적인 내용을 담은 '존엄사법안'을 각가 발의하기에 이르렀다. 2009년 5월 대법원이 존엄사에 관한 원심 판결을 다수 의견으로 확정하면서 연명치료 중단을 허용하는 기준을 제시했다. 때를 맞춰 한나라당의 김세연 의원은 '삶의 마지막 단계에서 자연스러운 죽음을 맞이할 권리에 관한 법률안(자연사법)'을 준비하고 있다.

세계 최고의 의료 수준에 이른 한국은 말기환자에 대한 의료나 죽음에 대한 교육 체계가 상대적으로 크게 뒤떨어졌다. 아시아에서 처음으로 호스피스 제도를 도입한 우리나라가 이를 법제화하는 데는 전혀 다른 행보를 보여왔다. 그래서 의료전달 체계가 왜곡되고, 환자들을 보호하고 있는 가족들의 삶도 고달파졌다. '연명치료 중단' 논의에 아예 끼어들고 싶지 않은 정부를 이제 국회가 채근해야 한다.

서울의대 허대석 교수의 주장에는 체념이 서려 있다.

"연간 수십만 명의 임종을 우리가 어떤 시각으로 볼 것이냐가 중요합니다. 이들이 세상을 떠나기 전에 맞게 되는 원천적인 고통 문세를 해결하는 데 근본적인 인식의 전환이 필요한데 우리는 이 점이 항상 더딥니다."

그는 국회에서 '임종환자 연명치료 중단에 관한 법률안' 제정이 더딘 현재의 상황을 너무 안타까워한 나머지 서울대병원만의 독립적인 조치를 취하기로 작정했다. 더 이상 환자들의 고통을 지나쳐볼 수 없다는 판단에서였다. 2009년 5월부터 '사전 의료 지시서'를 작성한 말기 암 환자에게는 무의미한 연명치료를 중단한다고 발표했다. 정부나 국회에 사태의 심각성을 알리는 경고장이었다. 사법

해피 엔딩, 우리는 존엄하게 죽을 권리가 있다

부의 끊임없는 관심을 촉구하는 내용이기도 하다.

우리나라 각 정당의 대표는 죽음의 고통을 눈여겨본 적이 없을까. 대법원 판사나 행정부의 각료들은 가족의 투병이나 임종의 슬픔에서 무엇을 느꼈을까. 그러나 그들은 병원에서 특별대우를 받을 수 있으니 보통 국민이 흘리는 눈물을 온전히 이해하기 어려울지도 모른다. 그들이 호스피스 병동에서 환자들이 떠나는 모습을 제대로 지켜본다면, 그리고 그 모습이 가까운 미래에 자신이라는 것을 떠올릴 수 있다면 호스피스 완화의료 제도의 도움을 받고 싶어할 것이다.

그러던 어느 날 좋은 죽음이 왜 좋은 삶을 말하는 것인지 어렴풋이 깨달을 수 있을지 모르겠다. 사람들은 그들의 모습을 닮아가고 싶어할 것이다. 그들은 모든 이에게 살고 죽는 일에 대한 생각의 씨앗을 뿌려줄 수 있을 것이다. 의학적으로 회복 가능성이 거의 없다고 판단된 사람이 중환자실에서 혈액 투석을 계속하고 영양가 높은 수액 주사에 심폐소생술을 받으며 무한정한 생명연장을 할 것인지, 아니면 가족의 품속에서 임종하는 것이 의미가 있는지를 선택하는 데 힘을 보태줄 수 있을 것이다.

어느 장관 내정자는 국회 청문회에서 자신이 암에 걸리지 않았다는 건강진단 결과를 통보받자 남편이 오피스텔을 선물했다고 말했다. 이 무신경한 발언은 우리의 마음을 심하게 긁어놓았다. 수많은 여성 환자들은 남편의 사랑의 크기를 다시 재보기도 하고, 아내에게 변변한 선물도 마련하지 못한 남편들은 무능한 현실을 자책

했다. 좋은 삶과 좋은 죽음은 화제에 오르지 않았다. 돈과 명예가 세상을 지배하고 있음을 만천하에 확인시켜준 발언이었다. 부동산 투기 혐의에 대해 '땅을 사랑하기 때문'이라고 말한 다른 장관 후보자의 발언보다 더 큰 생채기를 남겼다.

삶과 죽음에 관한 생각의 씨앗이 단단해야 우리들의 생각의 크기도 달라진다. 외국 사람들이 뿌리는 씨앗은 왜 커 보이고 우리의 것은 작아 보일까. 왜 그들이 주는 울림은 크고 우리의 것은 밑으로 깔리고 마는 것일까. 보통의 국민들이 이곳저곳에 뿌려놓은 생각의 씨앗은 수확할 밭이 없고, 그 밭을 경작하는 지도자들도 없다. 우리도 삶과 죽음에 관한 생각의 씨앗을 모으면 크고 단단해질 것이며 작은 죽음이 모아 큰 삶으로 의미를 갖게 될 것이라고 희망을 걸어본다.

암 환자나 생존자들이 사회에 적극 참여해 호스피스 완화의료 제도에 접근할 기회를 찾을 수 있도록 목소리를 내야 한다. 암의 공포를 이겨낸 미국의 '사이클 황제' 랜스 암스트롱이 서울에 와서 한국 환자들까지 위로할 수 있는 힘은 열심히 사는 생사관에서 비롯된 것으로 믿어진다. 그는 고환암 판정을 받고 암세포가 전이된 뇌의 일부분을 잘라내는 대수술 끝에 재기한 사람이다. 세계적 사이클 선수로 각광을 받고 자신의 이름을 딴 랜스 암스트롱 재단을 만들어 암 환자들을 돕고 있다.

환자와 가족들이 깨우치고 뭉쳐서 목소리를 내야 서로 힘을 얻는다. '연명치료 중단'이나 '존엄사'를 얼토당토 않는 안락사 괴담

해피 엔딩, 우리는 존엄하게 죽을 권리가 있다

으로 몰아가는 사태가 일어나지 않도록 서로 대화를 넓혀나가야 한다. 우리들의 삶과 죽음의 질을 높여주는 호스피스 완화의료 제도의 법제화에 정치권이 늦장을 부리면 그들이 시대의 흐름을 알도록 경고할 수밖에 없다.

한 정치인의 쓴 소리가 들려온다. '우리는 치를 대가를 다 치르고 거의 죽을 지경이 돼서야 변화하는 것 같다'고. 그런데 죽을 지경이 돼서 변화하는 것도 늦지 않았다. 좋은 삶을 이끌어가는 죽음에 관한 한.

에필로그

충청북도에 있는 음성 꽃동네에 가면 '연꽃 잎의 이슬'로 불리는 아이가 있다. 작고 귀엽다. 그러나 조금만 흔들어도 어디론가 휩쓸려 갈 듯 한없이 연약한 아이다. 올해 여덟 살의 남자 아이 오리노. 말이 여덟 살이지 두 살짜리 아기처럼 왜소하다. 누운 채 움직이지도 못하고 말도 못 한다. 태어나자마자 버림받은 아이는 다운증후군 증세를 앓고 있다. 오리노의 얼굴을 쳐다보면 세상의 아픔과 순수함이 한꺼번에 밀려온다. 보는 사람의 가슴이 저릴 정도다.

백옥같이 피부가 하얀 아이 옆에서 인기척을 해도 전혀 알아보지 못한다. 작은 침대 곁으로 바짝 다가가서 손을 흔들었다. 내게로 시선을 옮기지 못한다. 더 가까이 갔다. 비디오의 슬로우 모션처럼 서서히 눈동자가 움직인다. 동그르르 동그르르 눈물 몇 방울이 뺨 위로 굴러 떨어진다. 아침 이슬처럼 생명을 기약할 수 없는 아이의 눈에서 정말 이슬 같은 눈물이 흘러내렸다. 아이가 살아 있다는 경외감에 내 몸이 굳어버릴 것 같았다. 아이가 나를 쳐다본다. 무엇을 말하고 싶어하는 것일까. 오리노의 두 손은 굽었고 다리는 뒤틀린 채였다. 보는 것이 아픔 자체였다.

내 옆에 서서 그 아이를 쳐다보고 있는 신현식 의사의 얼굴에는 안타까움이 스며든 미소가 떠오른다.

"오리노는 우리 꽃동네 병원의 마스코트입니다. 여기서 일하는 의사와 간호사, 간호조무사들 모두가 오랫동안 저 아이에게 사랑을 쏟아왔습니다. 저 아이가 여기 온 지 벌써 8년이 다 됩니다. 늘 위태로운 상황이지만 의료진이 이 아이에게 정성을 다하고 있습니다."

얼마 전에는 아이 몸에 욕창이 생기지 않도록 옆으로 옮겨 눕히다 너무 연약해진 뼈에 이상이 생겼다. 그때 간호사들이 아이 침대로 몰려들어 "오리노, 미안하다, 오리노, 미안하다"고 소리치며 울고불고하는 소동을 겪었다. 아이의 아픔이 모두의 아픔이었다. 오리노는 오래전부터 그들의 아이가 돼버렸다. 그러나 오리노는 밥을 먹지 못한다. 위장에 이르는 튜브를 통해 각종 영양을 공급받고 있을 뿐이다. 호스피스 치료의 상징적인 존재였다.

"간호사들이 책을 읽어주면 오리노의 얼굴 표정에 변화가 나타납니다. 이야기의 내용에 반응을 보이는 거죠. 아이의 의식이 살아 있어요. 소아과 전문의와 함께 세 명의 의사가 늘 지켜보고 있습니다."

서울 영동 세브란스 병원에서 근무하다 꽃동네의 공중보건의로 뛰어든 신현식 씨의 관심사는 호스피스 완화의료 치료이다. 환자들이 호스피스 병동에 입원하기를 희망하는 경우가 점차 늘어나 지금은 대기 명단이 작성될 정도로 그의 손길이 바빠졌다. 지금의 36개 병상에서 더 늘리기도 힘겹다. 그러나 말기환자들이 남아 있는 삶을 편안하게 보내고 싶어하는 의지가 강해 의료진들의 진료 업무는 계속 늘어나고 있다.

　5층 호스피스 병동의 말기환자들은 거의 말이 없다. 자원봉사자들의 미소에 응답하고 손 다리를 주물러주는 온정에 머리를 끄덕이는 제스처가 대화의 전부이다. 손잡는 느낌과 손힘의 강약으로 괜찮다, 고맙다, 기분 좋다는 등의 감정을 전달한다.

　꽃동네 입구 쪽에 있는 공작실 안쪽을 돌아보다가 나는 특이한 작품들 앞에서 걸음을 멈춰 섰다. 신현식 의사는 그들의 삶이 작품에 녹아 있다고 말했다.

　"환자에게 진흙을 빚고 굽는 법을 가르쳐주고 난 다음 마음에 드는 작품을 만들라고 하지요. 얼마 후에 그들이 만든 작품을 유심히 보면 거기에는 그들이 살아온 인생의 애환과 희망이 그려져 있습니다. 물론 반성도 나타나고요. 아주 흥미로운 일입니다."

　심장병을 앓고 있는 환자들은 진흙을 빚어 심장 모양의 컵을 만들어냈다. 두뇌에 이상이 있는 사람들은 해골이 그려진 컵을 빚었다. 조폭 출신의 어떤 이는 태극기를 그린 다음 맨 아래쪽 공백에 "착하게 살자"는 구호를 집어넣었다. 그들의 작품은 철제 캐비닛이나 상자 속에 보관되어 있었다. 하나의 접시는 마치 한 사람의 인생을 그려낸 소설을 CD 속에 압축해놓은 것처럼 많은 이야기를 담아놓았다.

그러고 보니 조금 전의 호스피스 병동에 있음직한 '죽음의 코드'는 의미 있는 시간을 찾는 '삶의 코드'였고, 여기 공작실에 있음직한 '삶의 코드'는 '희망의 코드'로 보였다. 호스피스 병동에서 치료를 받던 환자가 어느 날 새벽 홀연히 세상을 떠난다 한들 그는 열린 창문을 통해 산새들의 지저귐을 들을 수 있는 평화를 안고 간다. 공작실에서 작품에 열중하고 있는 일반환자들은 인생의 회한을 접으며 내일을 그릴 수 있는 여유를 찾는다.

꽃동네를 가리켜 지구상에 이런 곳이 있을까 하고 생각하는 도시 사람들에게, 꽃동네는 오히려 세상 살아가는 방법을 가르쳐준다. 너무 외진 지역에 있는 꽃동네 사람들도 한때는 도시 사람들이었다. 세상이 돌고 돌아 또 다른 도시 사람들이 꽃동네에서 세상을 내려다보는 일도 있을 것이다.

내가 꽃동네에 들른 다음 한참 후에 한화 그룹의 김승연 회장이 이곳을 방문했다. 법원으로부터 사회봉사 명령을 받은 그가 꽃동네에 발걸음을 한 것은 그래도 희망의 메시지였다. 그가 이곳을 들렀다는 소식은 우리의 시선을 잠시 삶과 죽음의 문제로 옮겨가게 했다. 누가 어떤 어떤 봉사를 하는가가 아니라 어떤 인생을 걸고 있는가에 대해 잠시 생각의 말미를 주었다.

나는 그가 꽃동네 골짜기에 있는 애덕의 집에 머물렀는지 확인하지 못했다. 애덕의 집 앞에 있는 700제곱미터 크기의 마당에는 수백 개의 하얀 십자가가 꽂혀 있다. 버려진 아이, 병든 아이 그리고 장애아들이 이곳에서 투병하다 세상을 떠나면 또 한 개의 백색 십자가로 남는다. 그런데 벌써 십자가가 넘친다. 하얀 십자가가 빼꼭하게 꽂힌 마당을 비상하는 나비와 잠자리들은 하늘로 간 아이들의 친구였다.

서울대학병원에서도, 신촌 세브란스 병원에서도 암으로 숨져가는 어린이는 계속 늘어나고 있다. 그러나 그들은 대부분 고통스러운 모습으로 떠나갔다. 아이들이 묻힌 다음에야 부모들은 뒤늦은 후회에 몸을 떨곤 한다. 호스피스나 통증치료를 적극적으로 해주지 못한 데 대한 아쉬움에 몸부림치는 것이다. 아이들이 죽으면 어른의 경우처럼 제대로 장례식을 치르지 않는 우리의 관습은 더욱 큰 죄책감을 남긴다.

그들의 부모나 가족들은 서로의 핏줄에 기대며 간신히 아픔의 세월을 버텨낸다. 핵가족 시대의 우리들은 외롭고 자칫 분열 체제로 들어가기 쉽다. 환자가 떠난 이후 가족 간 이음판이 없어져 늘 덜거덕거리듯 불안한 생활을 하는 사람들이 많다. 그래서 자신의 종교를 탐구하다가 그것이 신통치 않으면 황무지가 되어버린 마음을 가누지 못하고 쓰러진다.

여름의 끝자락과 난풍철 사이에 낀 10월 초 오후. 내장산은 한 가족의 흐느낌과 함께 저물었다. 대웅전에서 참배 중이던 그들 가운데 한 명이 몸을 가누지 못하자 예불 중이던 노스님이 동자승을 불러 찬 물수건을 가져오라고 일렀다. 앞으로 엄마를 잃은 20대 딸의 혼절에 놀란 다른 가족들이 눈물 바람이었다. 스님이 쓰러진 여성의 맥을 짚더니 염려할 것 없다며 그대로 편안하게 쉬도록 방석 위에 눕혔다. 다시 예불이 이어졌다.

삽상한 가을바람이 활짝 열어젖힌 본당을 통과하면서 목탁소리를 명부전으로 실어 날랐다. 그 소리는 메아리로 돌아와 다시 본당을 울렸다. 한참 후 독경 소리에 마음이 안정됐을까. 잠이 든 듯했던 여성이 조용히 일어나 옷매무새를 고친 후 가까스로 정좌했다. 예불을 끝낸 스님이 일어서면서 말했다.

"지금 저기 해가 다 저무는 게 보이지요? 아침에 뜬 해는 저녁에 꼭 집니다. 사람도 똑같아요. 때가 되면 갑니다. 돌아가신 분은 그냥 편하게 보내세요. 그게 산 자의 도리입니다. 마음을 비우세요."

그 여성이 일어서서 다소곳한 자세로 합장했다. 네 명의 가족이 뒤를 따랐다. 나는 대웅전에서 우연히 목격한 이 장면을 지금도 잊지 못한다. 그 가족들은 어둠과 함께 사라졌지만 그들이 안고 있을 슬픔이 기억 속에 되살아나곤 한다. 그때 스님이 어느 가족에게 준 말의 무게와 함께였다. 그런데 되돌아보면 우리는 죽음에 관한 이야기를 자주 들을 기회가 없었다.

스님의 설법과 목사의 설교는 삶에만 치우쳐 있고 죽음이 너무 멀리 있는 것처럼 느껴진다. 오로지 삶만을 이끌어가고 지배하려는 우리의 욕심은 커 보인다. 삶 속에 들어가 있는 죽음이라는 주제

음성 꽃동네의 애덕의 집 앞에 있는 십자가 무덤. 한 아이가 세상을 떠날 때마다
또 하나의 십자가가 꽂힌다. 하얀 십자가가 빼곡하게 꽂힌 마당을 비상하는 나비
와 잠자리들은 하늘로 간 아이들의 친구였다.

를 장악하는 힘은 한없이 약하다. 신도들이 죽음 이야기를 듣기 싫어하기 때문에 설교와 설법도 그런 주제를 피해가는 것일까. 아니면 목사와 스님들의 관심이 거기에 미치지 못해서 죽음의 주제가 등장하지 못하는 것일까.

2007년 여름 서울에 왔던 미국의 기독교 미래학자 레너드 스윗의 이야기가 흥미로웠던 것은 종교와 스타벅스 커피와의 비교 때문이었다. 스타벅스는 단순히 커피를 파는 곳이 아니라 소비자가 원하는 것을 골라서, 원하는 블렌딩을 한다. 커피에 대한 경험도 팔고 소비자의 참여도 적극 유도한다. 소비자가 능동적으로 커피를 마시고 싶어한다는 점을 알고 있기 때문이다. 그런데 교회는 너무나 지도자 중심이어서 신도들은 수동적으로 끌려가기만 한다. 앞으로의 교회는 세상이 요구하는 모습으로 바뀌어야 한다는 게 그의 주장이었다.

다음 해인 2008년 4월 불자 교수와 기독자 교수가 참가한 가운데 서울에서 열린 '종교권력' 세미나는 오늘의 종교가 안고 있는 고뇌의 한 부분을 있는 대로 드러냈다. 교회와 사찰의 집단 권력화 현상에 대한 예외 없는 비판이 일었다. 레너드 스윗의 주장에서 느꼈던 감흥이 여기에서 똘똘 뭉쳐 터져나왔다. 서강대학교 박광서 교수의 논찬에서였다.

"권력화된 종교는 위험하며 사회적으로 미치는 폐해도 큽니다. 인간과 사회를 구원해야 할 종교가 오히려 개혁과 구원의 대상이 되지 않았는가라는 느낌이 든다면 종교과잉과 종교권력을 과감히 거부해야 합니다. 종교로부터 자유로운 세상을 살고 싶은 대다수 국민의 꿈을 위해 이제까지 종교로 세상을 말해왔지만 이제는 세상으로 종교를 말해야 할 시점인 것입니다."

강연장을 가득 메웠던 청중 200여 명의 박수가 오래도록 이어졌다. 종교권력에 대한 비판은 비판대로 의미가 있는 것이지만 '세상으로 종교를 말해야 한다'는 데 목소리를 더 높여야 한다는 생각이 퍼뜩 스쳐 지나갔다. 그쪽으로 시선이 모아지면 삶과 죽음의 문제도 훨씬 균형 있게 다뤄질 수 있을 것이다. 세계 종교 지도자들의 설교에서 얻었던 구원과 위안을 우리나라 안에서도 찾을 수 있을지 모른다.

달라이 라마가 삶과 죽음에 관한 주제를 곧잘 옛날 이야기로 풀어주듯, 우리의 종교 지도자들도 좋은 삶과 좋은 죽음을 안내할 수 있을 것으로 기대하는 것이다.

"죽음을 편안히 맞이할 수 있도록 돕는 것은 바로 지금 우리가 삶을 영위하는 방식입니다."

달라이 라마의 말이다. 알아듣기 쉽다. 그러나 실행하기엔 너무 어려운 말이다. 어떤 천재에게도 '바보의 벽'이 있다고 한다. 천재에게도 낡은 관념이 있고 그 관념으로는 세상과 소통할 수 없는 벽이 있다. 그래서 천재도 변하지 않으면 별 쓸모가 없어진다는 것이다.

서울의 중심지 곳곳에 늘어선 암센터의 중환자실에서 종교인들이 작심하고 하룻밤을 샌다면 그들의 설교나 설법도 실감나는 내용으로 달라질 것이다. 병상이 모자라 암센터가 증설되고 그것도 부족해서 새로운 암병원이 여러 곳에 세워질 예정이다. 서울뿐 아니라 경기도와 경상도, 전라도 일원에 얼마나 많은 암센터가 줄지어 섰는지를 보라. 수많은 환자와 그들의 가족이 병원 안팎에서 토해내는 신음소리를 들어보라.

종교가 내걸고 있는 구원은 무엇이며 또 위안은 무엇인가. 종교인들은 '그림 속의 죽음'에 고정된 시선을 내릴 수 없을까? 갖가지 의료기기에 매달린 채 숨져가는 고통스러운 환자에게로 시선을 올릴 수 없을까? 우리들이 살아가는 진짜 모습을 잘 모르는 '바보의 벽'에서 걸어 나오라. 우리들의 삶과 죽음을 연결시켜주는 역할을 할 수 있을 것이다. 죽음은 종교인 자신들의 문제이기도 하다. 그들은 품위 있는 죽음의 역할 모델도 될 수 있지 않는가.

나는 '소방관의 기도'를 읽을 때마다 엄숙해진다. 시적 어귀로 표현된 소방관의 임무가 가슴을 파고들며 불기둥 속에 숨져간 소방관의 고통스러운 모습이 눈앞에 어른거리기 때문이다. 소방관의 영결식장에서 우리는 그들의 삶과 죽음에 감동하며 흐르는 눈물을 참기 어렵다.

너무 늦기 전에 어린아이를 감싸 안을 수 있게 하시고, 공포에 떨고 있는 노인을 구하게 하소서. 그리고 신의 뜻에 따라 저의 목숨을 잃게 되면, 신의 은총으로 저의 아내와 가족을 돌보아주소서.

우리나라 소방방재청의 한 간부는 미국에서 쓰인 이 기도문이

낭독될 때마다 한국의 정서가 깃든 기도문을 만들 수 없을까 고민하고 있었다. 그때 그는 문화인보다 종교인에게 그 일을 맡기고 싶어했다. 그래서 그 기도문이 소방관의 삶에 더욱 희망을 불어넣어 줄 수 있다면, 소방관의 죽음이 헛되지 않도록 평소에 각오를 다져 놓을 수 있다면 하는 희망을 가지고 있었다. 그의 간절함은 아직도 이뤄지지 않았다.

어느 날 밤 열 시쯤 나는 을지로 입구를 지나다가 명동 대성당으로 발길을 옮겼다. 그 시간에 성당 출입구는 으레 잠겨 있을 것으로 생각했다. 그런데 가볍게 밀친 문이 스르르 열렸다. 70여 명이 훨씬 넘어 보이는 사람들이 긴 갈색 의자 여기저기에 앉아 있는 장면에 흠칫 놀랐다. 머리 숙여 기도하는 사람도 있었고 성당 중앙의 성모자상을 향하여 자세를 고정해놓은 사람도 있었다. 나처럼 종교가 없는 사람도 이곳에서 지친 마음을 쉬게 할 수 있구나 하고 생각했다. 파이프 오르간도 울리지 않았고 미사 강론도 없었다. 그런데 그곳에 그냥 앉아 있는 것만으로도 머리는 점차 맑아졌다.

긴 여행에서 쌓인 피곤함도 서서히 풀렸다. 삶과 죽음을 담보로 팽팽한 긴장이 감돌던 현장이 지금 우리가 걷고 있는 길이다. 그 길이 어렴풋이 보이기 시작했다. 셈에 빠른 우리의 욕심을 조금만 덜어낸다면 정말 아름다운 길이다.

새로운 에필로그

연명의료를 거부한 딸이 세상을 떠난 지 16주기가 되는 2021년 4월 어느 날 나는 빨강과 노랑 장미 네 송이를 화병에 꽂고 있었다. 딸을 위해 쓴 이 책의 1쇄본도 화병 옆에 놓았다. 이런저런 상념을 지워나가다 버릇처럼 스마트폰에서 이메일을 체크했다. 6쇄까지 찍은 바로 그 책을 중쇄하게 되니 에필로그에 덧붙일 게 없느냐는 편집자의 따뜻한 메시지가 눈에 들어왔다.

『해피 엔딩, 우리는 존엄하게 죽을 권리가 있다』가 출판된 뒤 나는 대학교나 지방자치단체, 사회단체 등의 요청으로 존엄하게 죽을 권리에 대한 강의를 지치지 않고 이어왔다. 연명의료 때문에 빚어지는 우리네 삶이 너무 찌들고 비인간적이라는 슬픈 단면을 냉정하게 보고 싶어하는 사람들이 늘어났기 때문이다. 정부의 고위공무원 교육현장에서도 존엄사 토론은 뜨거웠다.

2009년 대법원에서 존엄사를 인정하는 판결이 내려진 이후 10년이 채 안 된 2018년에야 연명의료결정법(일명 웰다잉법)이 시행되면서 존엄한 죽음이 일상의 언어로 오르내리는 데 어려움이 없는 듯했다. 하지만 그것은 허상이었다. 사전연명의료의향서를 작성한 사람들이 꽤 늘어나긴 했으나 당사자와 가족의 생각이 서로 달라 맞부딪치는 경우가 많았다. 임종 시기에 가까워진 환자 자신의 마음도 흔들리는 일이 허다했다. 2020년 코로나 사태가 2021년 중반까지 두 번째, 세 번째 팬데믹으로 번졌지만 의료현장에서는 그런 서류를 확인하는 법적 절차도 제대로 지켜지지 않아 몹시 안타까웠다.

일본은 어떻게 하고 있을까. 연명의료결정법은 아직 제정되지 못했으나 정부 가이드라인이나 의사회의 결정으로 웰다잉 제도가 정착돼가고 있다. 우리나라는 관련법을 제정하는 등 하드웨어 시스템을 잘 갖추긴 했으나 그 내용을 채우는 소프트웨어가 턱없이 부실하다. 일본에서는 민간이 주도하는 죽음 교육이 전국 곳곳에서 차근차근 실시돼왔다. 의사들은 말기 암 환자들을 위한 가정 호스피스 치료에도 적극적이다. 그들이 마지막 시기에 다다른 환자들의 편안한 임종을 돕는다. 사전연명의료의향서를 미리 써놓은 문화 예술인층이 매우 두텁다는 게 특이하다. 보통 사람들의 삶과 죽음에서 스승으로 받들고 싶어하는 롤모델이 일본 사회 여기저기에 있다.

내가 전염병이 번지는 와중에도 방역지침을 준수하며 웰다잉에 관한 소규모 강연이나 토론회를 끌고 갈 수 있었던 것은 존엄한 죽음이라는 의제 때문이다. 정신적·육체적 통증에 시달리는 다수의 목소리가 여전히 들려온다. 이른바 지식인일수록 이런 문제에 대해 가슴과 머리가 동행하지 못하고 서로 어긋나는 부조화 현상을 여러 차례 목격했다. 그들의 탄식을 두 문장으로 정리하면 "알긴 알겠는데 아, 아 그래도 모르겠다. 나중에 생각하겠다." 바로 그것이 현실이다.

딸이 세상을 등진 뒤 몇 년 후에 아내마저 먼길로 떠나버렸지만 내가 지금까지 버티며 강의를 계속하고 글을 쓸 수 있었던 것은 두 사람이 남긴 존엄한 죽음의 의미가 늘 새롭게 느껴지기 때문이라는 것을 고백한다. 우리는 죽음을 둘러싸고 얼마나 심한 가슴앓이를 하고 있는가. 코로나 사태를 겪으면서 한 가닥 한 가닥 생각을 다져가면 어떨까.

저자 최철주

해피 엔딩,
우리는 존엄하게 죽을 권리가 있다

1판 1쇄 펴냄 2008년 8월 20일
1판 6쇄 펴냄 2013년 4월 30일
2판 1쇄 찍음 2021년 6월 8일
2판 1쇄 펴냄 2021년 6월 15일

지은이 최철주

주간 김현숙 | 편집 김주희, 이나연
디자인 이현정, 전미혜
영업 백국현, 정강석 | 관리 오유나

펴낸곳 궁리출판 | 펴낸이 이갑수

등록 1999년 3월 29일 제300-2004-162호
주소 10881 경기도 파주시 회동길 325-12
전화 031-955-9818 | 팩스 031-955-9848
홈페이지 www.kungree.com
전자우편 kungree@kungree.com
페이스북 /kungreepress | 트위터 @kungreepress
인스타그램 /kungree_press

ISBN 978-89-5820-721-4   03330